On Education Development
of European Universities

欧洲大学
教育发展概况

赵 硕 ◎ 著

清华大学出版社
北 京

内 容 简 介

本书以博洛尼亚进程和欧洲高等教育一体化为研究背景,研究和介绍了欧洲大学教育发展模式,详细阐述了博洛尼亚进程的欧洲大学教育的发展与变革。本书的读者对象涉及语言学和教育学专业的本科、硕士和博士研究生,同时也是其它相关学科研究欧洲大学教育体系和教师教育可供借鉴的学术参考书,也可用于大学语言教育和教师培训的专门书籍。

图书在版编目(CIP)数据

欧洲大学教育发展概况 / 赵硕著. —北京:清华大学出版社,2024.12
ISBN 978-7-302-51995-9

Ⅰ. ①欧… Ⅱ. ①赵… Ⅲ. ①高等教育—发展模式—研究—欧洲 Ⅳ. ① G649.501

中国版本图书馆 CIP 数据核字(2019)第 000289 号

责任编辑:徐博文
封面设计:何凤霞
责任校对:王荣静
责任印制:丛怀宇

出版发行:清华大学出版社
          网　　　址:https://www.tup.com.cn, https://www.wqxuetang.com
          地　　　址:北京清华大学学研大厦 A 座　邮　编:100084
          社 总 机:010-83470000　　　　　　邮　购:010-62786544
          投稿与读者服务:010-62776969, c-service@tup.tsinghua.edu.cn
          质量反馈:010-62772015, zhiliang@tup.tsinghua.edu.cn
印 装 者:涿州市般润文化传播有限公司
经　　销:全国新华书店
开　　本:155mm×230mm　**印　张:**15　　**字　数:**224 千字
版　　次:2024 年 12 月第 1 版　　**印　次:**2024 年 12 月第 1 次印刷
定　　价:158.00 元

产品编号:079244-01

《欧洲大学教育发展概况》专著撰写组

负责人：赵　硕

成　员：肖礼彬　庄云缦　赵方方

　　本研究受西北工业大学专著出版基金资助。本研究为西北工业大学2018 年学位与研究生教育研究基金项目阶段成果。本研究为 2017 年中央高校基本科研业务费青年教师科研资助项目《博洛尼亚进程的欧洲大学教师教育研究》（编号：3102017jc19006）阶段成果。本研究为 2018 年陕西省社科联重大理论与现实问题研究项目《基于一流学校和一流学科建设的欧洲大学与陕西高校教育模式比较研究》（编号：2018C066）阶段成果。

序　一

随着欧洲高等教育一体化和欧洲各国交换生项目的实施，欧洲各国进行了大学教育模式的变革，随之形成的"欧洲模式"风靡全球，对全球国际化发展的大学教育改革产生了重要影响，并由此引发了世界各国学者对欧洲大学教育模式的典型特点进行了深入的研究，对全球教育一体化趋势起到了引领作用。

赵硕教授的新作《欧洲大学教育发展概况》正是在欧洲高等教育一体化发展的背景下出炉的，凸显了博洛尼亚进程近二十年来欧洲大学教育发展与变革的地位与重要性，对我国高等教育的国际化发展具有促进和借鉴作用。本专著的学术思想和内容主要聚焦在以下几个方面：（1）研究了博洛尼亚进程的深入发展与欧洲大学教育模式的变革，提出了欧洲大学提升高等教育质量、创建世界一流大学的共同愿景；（2）研究了博洛尼亚进程近二十年来欧洲大学教师教育发展的一般规律，探讨了欧洲大学教师专业发展现状和教师职业群体的生态发展问题；（3）在理论层面对欧洲大学教育作了批判性论述，包括语言观、教学观、教师学科创新能力及其对大学教育发展的意义；（4）研究了博洛尼亚进程以来欧洲大学双语教育和语料库研究的发展趋势，从共时与历时两个层面分析了欧洲大学语言教育模式改革在构建终身学习和教师专业发展体系方面的作用；（5）在实践层面创新性地研究了欧洲大学教师教育发展的学习型组织与生态学术问题，选取了英国、西班牙、芬兰、德国和东欧等国的高等教育模式，以德国大学教师教育研究为案例，详细论述了欧洲大学教师的行动策略及对我国公办和民办高校教师教育和教师专业发展的启示与借鉴。

此外，本专著从博洛尼亚进程以来的欧洲大学教育发展现状出发，穿插介绍了欧洲大学教育政策，研究了欧洲大学教师教育及专业发展策略、合作教学、ICT 网络信息教育及学术生态发展与学科创新能力等内容，从理论与实践结合的角度讨论了欧洲大学翻转课堂、博客化教学等现代信息化教育发展模式，提出了我国公办与民办高校课堂教育自主发展策略，对当下中国大学的"双一流"建设具有一定的借鉴意义。

目前，我国对欧洲高等教育的研究集中在教师教育、双语教育、学分制改革、教育理念和交换生模式上，是一种互相分隔的孤立研究，而本专著综合研究了博洛尼亚进程近二十年来欧洲大学教育发展模式以及欧洲大学教育发展策略，对比较教育学和应用语言学的跨学科研究具有重要的学术应用价值，对我国高等教育的国际化发展和人才培养具有借鉴和参考价值。因此，这是赵硕教授新著的一大亮点。

值得一提的是，本专著对欧洲大学教育模式的综合研究也标志着比较语言教育研究从"工具性专业发展模式"向"主体性专业发展模式"的演变，这从另一个方面也能帮助大学教师思考如何自我发展以适应当今国际一体化趋势以及现代教师的使命，深入挖掘语言教育、信息化教育和课堂教育模式的有效结合手段，对当下中国高校的"双一流"建设和国际化办学都具有积极的现实意义。

近年来，赵硕教授笔耕不辍，在教育国际化领域的研究取得了丰硕的成果，尤其是对欧洲高等教育的研究成绩显著，令人瞩目。我期待他不断推出力作，使更多的高校教师和学者能从中得益。

戴炜栋

2021 年 3 月

于上海外国语大学

序　二

赵硕教授具有外语和高等教育的双重教育背景。他一方面从事外语教育研究，一方面也在不断进行高等教育研究。

2014年，他刚从复旦大学做完博士后研究，经由朋友介绍，曾到我当时所在的中央民族大学外国语学院工作时的办公室来过。我们一起交流过对于外语教育和高等教育的一些看法。那时，我跟他说："我们都身在外语界，在从事外语教育本行的同时，也都做高等教育研究，但我属于跨界，是高等教育界的"业余选手"，而您却是专业队员。"

作为外语学者，我从2007年开始关注高等教育，在《中国科学报》（原《科学时报》）、《中国经济时报》《中国经营报》开设有"高等教育"专栏，也在《中国青年报》《中国高等教育》《中国教育报》《高校教育管理》等报刊发表过多篇有关高等教育的文章。我在《中国科学报》"大学周刊"开设的"海外视点"专栏已经十年有余，迄今还在写，大约每两周一篇文章。但与赵硕教授相比，无论从高等教育专业的学术背景来看，还是从他对高等教育的深入的学理研究来看，我都只能属于"业余选手"。他的学术研究成果是我学习的榜样。

赵硕教授早年分别获得了英语语言文学专业学士学位和外国语言学及应用语言学硕士学位。然而，我不能不提及的是，赵硕教授是迄今我所见过的唯一一位不仅具有双博士学位且具有双博士后研究经历的学者。他除了在上海外国语大学获得英语语言学博士学位，继而在西北工业大学获得教育管理学博士学位外，还在复旦大学和西班牙巴塞罗那大学分别从事过博士后研究。

赵硕教授精通英语和西班牙语，且都有翻译著作出版。他先后在新加坡国立大学、瑞典卡尔斯塔德大学、美国加州大学洛杉矶分校和西班牙巴塞罗那大学从事过学术研究。现在，他还担任《美国国际人文学》杂志编委、《现代语言学》杂志编委、《职业教育》杂志编委。

据我了解，赵硕教授的主要研究领域为比较教育学和应用语言学。他的学术能力与学术影响力令人印象深刻。他先后主持并完成了中国国家社科基金、中国博士后科学基金、教育部人文社科基金等高级别的科研项目，发表学术论文 100 余篇。2014 年，他曾获得美国共同点出版社和西班牙圣巴布罗大学共同颁发的人文研究学者奖；2017 年，他还获得了美国共同点出版社和英国帝国理工大学颁发的新兴人文学者奖。这说明，他的学术影响力也得到了国际学术界的认可。

我很高兴看到赵硕教授最新的学术著作《欧洲大学教育发展概论》即将由清华大学出版社出版。作为对欧洲大学教育发展所做的一次历时性梳理，本专著共分七章，从博洛尼亚进程二十年来欧洲大学教育发展现状出发，介绍了欧洲大学的教育政策，研究了欧洲大学教师教育专业发展理论、合作教学、ICT 网络教育及学术生态发展与学科创新能力等教育模式，从理论与实践结合的角度讨论了博洛尼亚进程的欧洲大学翻转课堂教学、博客化教学模式等课堂教育发展模式。在此基础之上，本专著提出了我国公办与民办高校课堂教育自主发展策略以及对我国大学教育的启示与借鉴。

《欧洲大学教育发展概况》给我印象深刻的地方有两点。

第一，中国学者的批评性立场。赵硕教授在研究博洛尼亚进程的深入发展是如何促进了欧洲大学教育模式的变革以及欧洲大学教师专业发展理论和教师职业群体的生态发展问题的基础上，对欧洲大学教育理论做了批判性论述，包括语言观、教学观、教师学科创新能力及其对大学教育发展的意义。

中国改革开放迄今四十余年。前三十年乃至前三十五年，我们主要以文化输入为主，这其中，我们主要以译介他国文化特别是西方文化为主。但最近十年，尤其是近五年来，在"一带一路"倡议提出之后，我们进入了一个"文化输出"为主的时代。在过去，"文化输入"更多的目的在于学习、借鉴，批评的意味弱一些。但在当今全球化的时代，当中国文化大踏步走出去的时候，中国价值观以及中国学者的立场就凸显了重要的意义。中国的高等教育已经开始进入"双一流"的发展阶段，如何既向西方发达的国家学习，又要坚持我们自身的文化特色，就成为中国学者必须要认真面对的一个重大课题。没有批评性立场，就很难找到自身发展的立身之本。

第二，本专著注重实践层面上的考察与思考。赵硕教授除了对欧洲大学进行了历史性的描述，有深刻的理论研究，还在实践层面做了创新性的研究。他特别选取了博洛尼亚进程二十年来欧洲大学教师教育发展的学习型组织与生态学术问题，以英国、西班牙、芬兰、德国和东欧等国的高等教育模式作为案例，论述欧洲大学教师的行动策略及对我国公办和民办高校大学教师的启示与借鉴意义。

就我个人的高等教育研究而言，除了少量的理论研究而外，我大部分是从实践出发来看待世界高等教育发展的重大事件，研究国外名校在实践中的理想、思路与具体措施。换句话说，国外大学如何在实践中去推行其一以贯之的大学理想乃是我所关注的焦点。比如，在对美国高等教育的研究中，我们经常会关注教学与科研，但我在实践与研究中发现，大学的管理水平也是关键因素之一。我曾经说过，如果一个人在美国常青藤盟校学习的时间不长，一般会从其表面看到它们的很多优点，甚至会有一种美国一流大学近乎是完美的这种感觉。但是，在那里时间久了，如果深入其中，人们就会发现，美国一流大学同样有问题。一些内部或者外部的问题总是时不时地会导致校长下台、院长辞职，但为什么这些一流高校始终运行如常呢？这其中的一个重要原因就是，世界一流大学不仅教学、科研是一流的，其管理和服务质量更是一流的。人人职责明晰，大家各司其职，这是保障一流大学的关键所在。因此，实践性更强的研究对中国高等教育来说，更有价值与意义。

《欧洲大学教育发展概况》这部著作的价值主要体现在以下三个方面。

首先，它提供了一幅欧洲大学教育的发展路线图。在我们总是以美国高等教育为风向标的今天，赵硕教授无疑是为中国高等教育界了解更为古老也更具丰富特色的欧洲提供了一个很好的参照。就我自己而言，除了乌兹别克斯坦之外，我还没有到过像英国、法国、德国、意大利等这些具有悠久的高等教育发展历史的欧洲国家。我的经验都来自美国，但我深知，很多美国高等教育的理想与实践的源头都来自欧洲。

在本书中，赵硕教授通过案例分析法、文献研究法等诸多研究方法，研究了英国、西班牙、芬兰、德国和东欧等国的大学教育模式，以博洛尼亚进程二十年来的高等教育发展为参照维度，将近二十年来欧洲大学的教育发展按照语言教育、信息化教育和课堂教育模式的变革进行梳理，使人们透过繁杂的史实资料捕捉欧洲大学教育模式由"工具性专业发展"向"主体性专业发展"进步的历史轨迹。

其次，欧洲大学的发展历史的对当下中国的大学具有重要的借鉴意义。中国高等教育已经大踏步进入了"双一流"时代，在参照美国发展模式的同时，也需要参照欧洲的模式。而欧洲发展历史中所涉及的教师教育发展、网络教育、翻转课堂等细节问题都将为中国的高等教育提供良好的运行标本。

中国的高校与世界一流高校相比，差距在哪里，有什么需要改进的呢？我认为，一流大学应当更加注重办学细节，要在提高硬指标的同时注重提升软实力。建设一流大学就好比我们要努力成为一个优秀的人。衡量一个人是否优秀有各种各样的指标，如工作要十分出色，成就要非常突出。但如果这个人对他人的态度粗暴，生活也不拘小节，那我们很难说这是个优秀的人。或者说，这样的人徒有优秀的骨架，却并非一个优秀的血肉之躯。一所大学也不例外。虽然我们在建设一流大学时要完成各种硬性指标，而且从某种程度上，也比较容易实现，但如果我们每个人把自己职责范围内的事情都尽可能地做好，那我相信，这所大学就一定会稳步前进。硬指标与软实力并行才能真正彰显一流大学的意义。

最后，作为身在外语界同时研究高等教育的学者，赵硕教授对于欧洲双语教育模式的关注也是我所感兴趣和关心的热点问题，相信也会对当下中国的外语教育改革提供新的发展思路。本专著研究了博洛尼亚进程二十年来欧洲大学双语教育的发展趋势，分析了共时与历时的双语教育模式改革在交换生教学体系中的变革与启示，凸显了博洛尼亚进程二十年来欧洲大学教育发展与变革的地位与重要性，希望能对我国高校教育的国际化地位的提升起到促进和借鉴作用。

外语属于人文学科，而外语教育属于人文教育。虽然人文学科及其教育似乎都是在书斋中可以完成的，但实际上从一开始，人文交流就在人文教育中显出了重要的意义。这一点与中国古人所说"读万卷书行万里路"相近，所谓"行万里路"实际上就是一种交流。从19世纪开始，到20世纪全球化的全面实现乃至到21世纪网络化的今天，人文交流已经成为人文教育不可分割的一部分。

大学是科技与人文交流的先行者和前沿阵地。今天，我们应该认真反思中国的国际交流与合作的目的与使命，特别是在"全球化"和中国"一带一路"倡议的新形势下，在中国的国力与经济实力迅猛增长的时候，在世界格局更加多元、也更需要合作与交流的时候，我们更应该深刻思考国际交流与合作的新形式与新使命。中国高等教育的未来需要更多的国际交流与合作，需要这种互动后的国际经验。而科技与人文教育的国际化将对中国未来的高等教育产生积极而重要的影响。

赵硕教授的《欧洲大学教育发展概况》使我受益，我相信本专著为中国高等教育所提供的这幅难得的参照图景将令很多人受益匪浅。

是为序。

郭英剑

2021 年 3 月

于中国人民大学

前　　言

　　21世纪的博洛尼亚进程以其丰富的内涵以及统一性与一体化相结合的特点，为欧洲高等教育一体化变革带来了广阔的人文背景，对欧洲大学的改革带来了活力和动力，提高了欧洲高等教育在国际市场的竞争力，提升了欧洲各国创建世界一流大学的共同愿景，对当下中国大学的"双一流"建设具有重要的借鉴意义。

　　从知识经济全球化与信息化来看，博洛尼亚进程的欧洲大学教育研究日益成为一种超越国家的宏观教育模式。当前，我国高等教育改革正在深入推进，借鉴博洛尼亚进程的欧洲大学教育模式、潜心学习并思考高校发展的新型模式以尽快适应当今国际高等教育一体化是时代赋予我们的使命。这不仅是我国高校发展战略的需求，更是我们长期从事比较教育的学者们责无旁贷的使命。

　　本专著以博洛尼亚进程和欧洲高等教育一体化为研究背景，研究和介绍了欧洲大学教育发展模式，详细阐述了博洛尼亚进程的欧洲大学教育的发展与变革，既有欧洲公立大学的教育模式，也有私立大学的教育模式，同时还有欧洲大学教师教育的发展现状。本专著在理论和实践层面主要侧重以下内容：（1）在理论层面，本专著从历时与共时两个维度梳理了博洛尼亚进程的欧洲大学语言教育、教师教育和课堂教学体系，以欧洲大学教师专业发展的理论出发着重论述语言教育、双语教育、教师教育、语料库教学、教育生态发展与学科创新能力，从多角度探讨博洛尼亚进程以来欧洲大学高等教育发展的一般趋势，同时与我国大学教育进行比较研究。（2）在实践层面，本专著创新性地提出了双语教育和教师教育的发展模式，在理论研究的基础上提出应提高大学教育专业水平的实践性成果，同时详细分析了博洛尼亚进程的欧洲大学课堂教学发展的新动态。本专著以英国、西班牙、芬兰、德国和东欧等国的高等教育模式为案例，在此基础上创新性地研究了欧洲大学教育的生态发展理论，提出了大学教育生态优化和创新发展可借鉴的思路。

　　本专著共分七章，从博洛尼亚进程二十年来欧洲大学教育发展现状出发，介绍了欧洲大学教育政策，研究了欧洲大学人才培养体系、教师教育专业发展理论、ICT 网络教育及学术生态发展与学科创新能力等教育模式，并从理论与实践结合的角度讨论了博洛尼亚进程下的欧洲大学翻转课堂教学、博客化教学模式等课堂教育发展模式，提出了我国公办与民办高校面向 21 世纪的国际化教育自主发展策略。

笔者长期从事欧洲大学比较教育研究，先后在英国、法国、德国、奥地利、西班牙、意大利、葡萄牙、瑞士、瑞典、芬兰、比利时、卢森堡、希腊、捷克、匈牙利和波兰等欧洲国家的大学进行了实地调研，积累了一定数量的第一手资料。但是笔者并不奢望依赖自己已掌握的知识信息与有限的经验去建立一个系统而全面的理论框架和实践模型，而是希望凭借笔者的努力和心血力图传递一些建设性信息，为我国大学教育改革与"双一流"建设提供可借鉴和参考的模式。

本专著的中文序言分别由上海外国语大学戴炜栋教授和中国人民大学郭英剑教授撰写。戴炜栋教授是我国著名的外语教育学家、上海外国语大学前任校长、外语教育终生成就奖获得者，也是笔者在上海外国语大学攻读博士的导师，是笔者十分敬重的学术前辈。当笔者在英国牛津大学研修期间请戴炜栋教授为本书作序时，戴教授慨然应允并在百忙之中为本书撰写了序言，对此笔者深表感谢。本专著的另一中文序言由中国人民大学郭英剑教授撰写，郭英剑教授是中国人民大学"杰出学者"特聘教授、国家首批"新世纪百千万人才工程"国家级人选、全国模范教师，也是笔者十分敬重的良师益友。郭英剑教授在从事外语教育研究的同时，也长期从事高等教育研究，学术成果十分丰富。笔者在欧洲大学从事研究时，总会第一时间拜读郭教授定期发表的高等教育研究成果，充分显示了他在高等教育研究领域的深厚功力。郭教授在日常繁忙的工作之余还利用乘坐高铁和飞机等短暂旅途休息时间撰写和修改他的学术文稿，他的终身学习精神也恰恰是本专著所要传达的宗旨。同时，笔者还想借此机会感谢英国威尔士三一圣大卫大学的肖礼彬老师以及庄云缦、赵方方对本研究的支持，陈彬先生也在百忙之中对本专著进行了认真细致的修订并提出了建设性意见，笔者深表感谢和敬意。

本专著可作为其他相关学科研究欧洲大学教育体系和教师教育可供借鉴的学术参考书，也可作为大学语言教育和教师培训的专门书籍。最后，笔者借用法国著名哲学家、思想家卢梭的一句话以自勉，"只有做有意义的事情才是对生活的享受。"笔者希望欧洲几千年高等教育的发展长河所积累的知识和经验能够对 21 世纪人类教育理念和发展模式有所启迪，这也是专著研究的初衷和目的。

赵硕

2021 年 3 月

目　　录

第 1 章　英国高校教育与发展模式 ················· 1

　1.1　英国高等教育体制概述 ················· 1

　　1.1.1　英国高等教育政策与管理体制 ················· 1

　　1.1.2　英国大学教育模式及特色 ················· 3

　　1.1.3　国际交流合作模式 ················· 20

　　1.1.4　英国代表性高校特色 ················· 21

　1.2　英国高校教育的学位制度 ················· 23

　　1.2.1　本科 ················· 24

　　1.2.2　硕士研究生 ················· 26

　　1.2.3　博士研究生 ················· 28

　　1.2.4　高等教育 ················· 29

　　1.2.5　终身教育 ················· 30

　　1.2.6　英国大学各级教育类型 ················· 30

　　1.2.7　英国大学文凭的等次 ················· 31

　1.3　威尔士教育体系与威尔士语教育 ················· 33

　　1.3.1　威尔士教育体系 ················· 33

　　1.3.2　威尔士语教育与应用 ················· 36

　　1.3.3　威尔士语课程教学模式 ················· 38

　　1.3.4　威尔士主要高校 ················· 39

　1.4　中英高等教育体系的比较 ················· 43

　　1.4.1　中英大学教务体系比较 ················· 43

　　1.4.2　中英大学教学方式及考核体系比较 ················· 44

　　1.4.3　中英大学生学习策略比较 ················· 46

1.4.4 中英大学教师培训 ⋯⋯⋯⋯⋯⋯⋯⋯⋯⋯⋯⋯⋯⋯ 47

1.5 英国高等教育模式的创新与启示 ⋯⋯⋯⋯⋯⋯⋯ **48**

第2章 博洛尼亚进程的西班牙大学教育发展模式 ⋯⋯⋯⋯ **63**

2.1 西班牙大学语言教育的网络游戏理念 ⋯⋯⋯⋯⋯ **63**

2.1.1 基于网络游戏理念的西班牙大学语言教育观 ⋯⋯ 63

2.1.2 西班牙大学语言教育的网络游戏软件 ⋯⋯⋯⋯⋯ 65

2.1.3 西班牙大学的语言教育理念 ⋯⋯⋯⋯⋯⋯⋯⋯⋯ 66

2.2 西班牙大学残疾学生教育模式 ⋯⋯⋯⋯⋯⋯⋯⋯ **68**

2.2.1 西班牙大学残疾学生教育的发展 ⋯⋯⋯⋯⋯⋯⋯ 68

2.2.2 无障碍信息和传播技术在西班牙大学特殊教育

中的应用 ⋯⋯⋯⋯⋯⋯⋯⋯⋯⋯⋯⋯⋯⋯⋯⋯⋯ 69

2.2.3 西班牙大学的个性化残疾学生教育理念 ⋯⋯⋯⋯ 71

2.2.4 博洛尼亚进程的西班牙大学残疾学生教师教育 ⋯ 73

2.3 西班牙拉大学自治与私立高等教育 ⋯⋯⋯⋯⋯⋯ **75**

2.3.1 西班牙大学自治 ⋯⋯⋯⋯⋯⋯⋯⋯⋯⋯⋯⋯⋯⋯ 75

2.3.2 拉蒙尤依模式的出现 ⋯⋯⋯⋯⋯⋯⋯⋯⋯⋯⋯⋯ 76

2.4 格拉纳达大学发展模式 ⋯⋯⋯⋯⋯⋯⋯⋯⋯⋯⋯ **78**

2.4.1 格拉纳达大学的历史兴衰 ⋯⋯⋯⋯⋯⋯⋯⋯⋯⋯ 78

2.4.2 博洛尼亚进程的格拉纳达大学教育变革 ⋯⋯⋯⋯ 81

第3章 芬兰高等教育的发展与变革 ⋯⋯⋯⋯⋯⋯⋯⋯⋯ **85**

3.1 芬兰高等教育概况及政策 ⋯⋯⋯⋯⋯⋯⋯⋯⋯⋯ **85**

3.1.1 芬兰高等教育发展现状 ⋯⋯⋯⋯⋯⋯⋯⋯⋯⋯⋯ 85

3.1.2 芬兰高等教育的优势特色及挑战 ⋯⋯⋯⋯⋯⋯⋯ 89

3.2 芬兰博士生培养模式 ⋯⋯⋯⋯⋯⋯⋯⋯⋯⋯⋯⋯ **92**

3.2.1 芬兰博士生教育发展史及改革背景 ⋯⋯⋯⋯⋯⋯ 93

3.2.2 芬兰博士生教育改革的方法 ················· 94

3.2.3 芬兰博士生教育改革成效 ················· 98

3.3 芬兰多科技术学院的发展与人才培养 ············· **99**

3.3.1 芬兰多科技术学院成立的背景及发展过程 ······· 100

3.3.2 芬兰多科技术学院的办学特色 ············· 102

第 4 章 德国大学教育发展模式 ················· **109**

4.1 博洛尼亚进程的德国高等教育概况 ············· **109**

4.1.1 德国高等教育概况 ················· 109

4.1.2 博洛尼亚进程与德国高等教育 ············· 111

4.1.3 德国高等教育展望 ················· 114

4.2 博洛尼亚进程的德国大学教师聘任体制 ··········· **115**

4.2.1 德国大学教师发展概况 ··············· 115

4.2.2 德国大学教师聘任制 ··············· 116

4.2.3 德国大学教师培训与继续教育 ············· 119

4.3 德国大学教师发展体系 ················· **120**

4.3.1 德国大学教授体系 ················· 120

4.3.2 德国大学青年教师发展体系 ············· 122

4.3.3 德国大学教师发展特点与比较 ············· 124

4.4 博洛尼亚进程的德国大学反思型教学发展 ········ **125**

4.4.1 反思型教学对教师专业化知识的积累 ········· 126

4.4.2 反思型教学对教师教学能力的提升 ········· 127

4.4.3 反思型教学对教师研究能力的影响 ········· 128

4.4.4 反思型教学对教师职业素养的提升 ········· 129

4.4.5 反思型教学对教师持续发展的重要性 ········· 130

4.4.6 反思型教学的挑战与困境 ············· 130

第5章 博洛尼亚进程的东欧大学教育发展变革 ········· **133**

5.1 博洛尼亚进程的匈牙利高等教育发展历程 ········ **133**

5.1.1 匈牙利高等教育发展历程与现状 ········ 133

5.1.2 博洛尼亚进程的匈牙利高等教育 ········ 136

5.1.3 博洛尼亚进程的匈牙利高等教育改革背景及

举措 ········ 138

5.2 捷克布拉格查理大学多语种教学模式 ·········· **141**

5.2.1 英语教学 ········ 142

5.2.2 捷克语教学 ········ 143

5.2.3 德语教学 ········ 143

5.2.4 法语、西班牙语和俄语教学 ········ 144

5.3 波兰华沙大学高等教育变革 ·········· **145**

5.3.1 两次世界大战中华沙大学的变革运动 ········ 145

5.3.2 华沙大学的高等教育变革 ········ 148

5.3.3 博洛尼亚进程的的华沙大学教育变革 ········ 149

第6章 欧洲大学语言教育发展模式 ·············· **155**

6.1 欧洲大学双语教育政策的多元文化现象 ········ **155**

6.1.1 双语教育政策在不同国家的文化体现 ········ 155

6.1.2 双语教育的跨文化交流能力 ········ 157

6.1.3 双语教育的多元文化导入 ········ 158

6.2 安道尔大学母语教育与外来语文化的博弈 ······· **159**

6.2.1 安道尔母语教育概况 ········ 159

6.2.2 母语教育与外来语文化的博弈 ········ 161

6.3 欧洲英语发展模式 ·········· **163**

6.3.1 欧洲英语现状 ········ 163

6.3.2 欧洲英语与"外来语" ········ 165

第7章　博洛尼亚进程的欧洲大学课堂教育模式 ·········· **169**

  7.1　博洛尼亚进程的欧洲大学翻转课堂教育模式 ····· **169**

    7.1.1　高等教育社会化引发欧洲大学教育变革········ 170

    7.1.2　教学内容与媒体和技术教学动态结合········ 171

    7.1.3　发挥教师的顶层设计规划 ················· 172

    7.1.4　博洛尼亚进程的欧洲大学翻转课堂特点········ 173

    7.1.5　翻转课堂教学在欧洲大学中的应用特点········ 176

    7.1.6　欧洲大学翻转课堂的师生能力发展 ········· 178

    7.1.7　欧洲大学翻转课堂的局限性 ··············· 181

  7.2　ICT网络教学与博客化教学发展创新 ············· **183**

    7.2.1　欧洲大学ICT网络教学发展 ··············· 183

    7.2.2　欧洲大学ICT网络信息教育特点 ············ 184

    7.2.2　博客化教学发展创新 ··················· 189

  7.3　欧洲大学合作教学模式 ····················· **192**

    7.3.1　合作教学模式的运行 ··················· 192

    7.3.2　合作教学模式对教师的要求 ··············· 195

    7.3.3　欧洲大学校企合作教学模式 ··············· 196

  7.4　欧洲大学创新创业人才培养模式 ················ **198**

    7.4.1　英国大学创新创业人才培养 ··············· 199

    7.4.2　法国大学创新创业人才培养模式 ············ 199

    7.4.3　德国大学创新创业教育模式 ··············· 202

    7.4.4　欧洲大学创新创业教育模式的借鉴 ········· 204

参考文献 ······································ **209**

附录：思考题 ·································· **213**

第 1 章
英国高校教育与发展模式

1.1 英国高等教育体制概述

1.1.1 英国高等教育政策与管理体制

英国实行地区自制的教育体制，主要由中央政府教育行政部门主管英格兰地区，而威尔士、苏格兰和北爱尔兰地区的教育管理则分别由各自的议会和地方教育行政部门负责。英国宪法规定，为保持地区和民族特点，各地区的教育制度和教学语言可以有所不同，但在宏观上必须保持一致。英国教育制度一般以英格兰地区教育制度为代表。英格兰、威尔士、苏格兰和北爱尔兰均有自己相对独立的教育体系且各自的法律和做法不尽相同。总体来说英国教育体制大致分为两类：英格兰、威尔士和北爱尔兰的教育体制大致相似，苏格兰教育体制则自成一派。英格兰和威尔士教育的年龄结构为：18 岁以上为高等教育和终身教育。每学年包含三个学期：秋季、春季和夏季。英国高等教育（Higher Education，HE）主要由大学（含开放大学）、高等教育学院及部分继续教育学院组织实施。根据 1988 年英国国会投票通过的《教育改革法案》（*Education Reform Act*），继续教育和职业（Polytechnics）学院也被纳入高等教育领域。在此基础上，这些高等教育机构从 1992 年开始合法地成为拥有自治独立的机构。这种自治权对于其高等质量的提升极其重要，根据 1988 年的法案，它们只对自己颁布的标准负责，可以在法律允许的范围内充分发挥自己的优势，并纳入新观点。众所周知，英国的高等教育在世界范围内享有盛誉，在 2017 年英国泰晤士高等教育

（Times Higher Education）世界大学排名 200 强中，英国占了三十七个席位，仅次于美国。在世界前十排名中，牛津大学、剑桥大学和帝国理工大学分列第一、第四和第八位。英国拥有世界上最古老的高等学府，牛津大学和剑桥大学分别创立于 12 世纪和 13 世纪，为英国乃至世界培养了许多杰出的科学家和政治家。其精英大学联盟罗素大学集团（The Russell Group）素有"英国常春藤联盟"的美誉，包括剑桥大学、牛津大学、帝国理工学院等 24 所英国名校。

　　2007 年 6 月，时任英国首相布朗自上任伊始就对英国教育部门进行了改革，将原有的教育与技能部分为两个独立部门——儿童、学校与家庭部（Department for Children's Schools and Families）和创新、大学与技能部（Department for Innovation, University and Skills）。2009 年 6 月 5 日，布朗再次改组，保留儿童、学校与家庭部，在创新、大学与技能部的基础上发展为一个新部门，即商务、创新与技能部（Department for Business, Innovation and Skills）。两个部以 19 岁为界，分别负责 19 岁以下的青少年教育和 19 岁以上的成年人教育。2010 年 5 月 12 日，时任英国新首相卡梅隆上台后将原儿童、学校和家庭部更名为教育部（Department for Education），主管中小学教育。高等教育和继续教育仍由商务、创新与技能部负责。英国政府一般通过议会立法、咨询报告、政策发布等方式推动教育改革和发展。历史上比较知名的教育法规和咨询报告包括 1944 年英国议会通过的《教育法》（Education Act）、1963 年英国高等教育委员会发布的《罗宾斯报告》（Robbins Report）、1985 年英国政府发布的教育白皮书《把学校办得更好》（Better Schools）、1997 年英国高等教育调查委员会发布的的《迪尔英报告》（The Dearing Report）等。进入 21 世纪后，2003 年英国高等教育委员会发布的《高等教育的未来》（The Future of Higher Education）展现了高等教育发展的十年远景；2003 年英国政府出台了教育绿皮书《每个孩子都重要》（Every Child Matters），2005 年英国政府又出台了教育白皮书《为了全体学生：更高的标准、更好的学校》（Higher Standards, Better Schools for All），2007 年英国政府发布调查报告《新机遇、新挑战：创建世界一流技能体制》（World Class Skills: Implementing the Leiteh Review of Skills in England）。这些文件均明确了改革的新方向。

《新机遇、新挑战：创建世界一流技能体制》认为，在国际金融危机的大环境下，英国社会经济、就业市场和教育领域发展普遍受挫，要认识到提升青年群体技能水平和就业竞争力的重要性。该文件提出对国家技能体制进行系统化改革，包括国家就业服务、职业教育与培训、资格认证、教与学、质量保障、资助体系、战略治理等方面的创新，其目标是在 2015 年前在英国建立世界一流的技能教育体系。2012 年 1 月，英国政府推出的高等教育改革计划进一步提高了英国高教产业的竞争力。英国高等教育基金管理委员会（Higher Education Funding Council for England，HEFCE）负责英国高等教育的六个方面，即质量法规的监督保障、高校平等性的深入调研、财务管理课程设置、高等教育研究的教与学、学生交流合作、知识与社会经济的转换。在质量管理方面，自 1997 年以来，全英国皆受到高等教育质量保证署（The Quality Assurance Agency for Higher Education，QAAHE）的监管，其职责包括确保及提高英国高等教育的标准和质量。其中，与英国高等教育紧密相关的部门为：英国商务部、创新与技能部、英国教育部、英国高等教育基金管理委员会、英国高等教育质量保证署。

1.1.2　英国大学教育模式及特色

1. 英国大学教学特色

英国的高等教育教学建立了自助式教务体系以及配套的课程设置、教学、考核等一整套相应机制，这是一种体现学生自主探究式的学习教学模式。

自主探究式的学习教学模式主要体现在教学大纲、课程设置、课堂授课内容方面。例如，教学大纲会具体地说明课程的主旨，同时也会列出相应的目标、参考书目和资源库以供学生自主学习。在课程设置方面，学校每周都会有一次专业课的正式授课（Lecture），随后辅之以相应的辅导讨论课（Tutorial）。在专业授课时，教师主要侧重纲要式的讲解，对知识作前沿性和全面的介绍，启发、引导学生了解这些知识，同时指导方法。学生课后需要进一步查阅资源库，开展自主学习。而辅导讨论课则以一种轻松自由的方式进行，学生会分成小组进行探讨交流。在讨论课上，教师会提供尽可能多的机会使每位学生都能表达自己的观点，从而训练辩证性思维。而辩论结论一般都很开放，没有唯一性。这样一来，课程内容才可能得以进一步的巩固，同时学生也有更多的机会与老师交流，解开他们的疑惑。除了这些常规的教学模式外，教师还会安排学生外出参观、参加讲座等，这些活动内容一般涉及很多行业，如英国特许营销协会（Chartered Institute of Marketing，CIM）和英国人力资源协会（Chartered Institute of Personnel and Development，CIPD）等，这些都是课堂教学内容的有机组成部分。

英国学校的考核方式也体现了其高等教育的特色。考核有多种形式，书面作业、考试、课堂展示（Presentation）等，各种形式的占比均不同。书面作业分为论文和报告。论文侧重体现辩证探讨；报告则侧重展示研究方法、过程和结论等。其中，报告的内容也有多种形式，其中一种为反思型报告（Reflective Report），主要考察学生在小组探讨活动中对待他人时的表现、自我表现、知识和能力提升以及认知等各个方面的辩证反思能力。卡迪夫大学商业战略与创业（Business Strategy and Entrepreneurship）专业在课程创新计划（New Venture Plan）中的终期考核报告采用的就是这种形式。英国的这种教学模式体现了合作交流的策略。教学讨论在各种形式的课程中都有出现，考核时有一定比例的课业，并以小组合作形式进行。在这样的交流合作中，学生的思辨能力得以提升，并在最后的考核中展示出来。

英国高校的选修课设置与美国有所不同。在美国，学生在选择课程时有更多的自由，他们甚至可以随时更改相应的上课时间。但英国的高校大部分都是固定的学期，有科学、固定的核心课程，除了这些核心课程之外，学生还有机会按照一定的比例选择选修课。英国高校的课程类型更加完善，课程设置也更加多元化。例如，联合学位课程，也就是双学士学位课程，可以将两门课程科学地组合起来，体现出交叉学科的特色。此类学位课程将专业课和语言学习结合起来，学生在学习专业课的同时，还可学习一门新的语言，并拿到语言学学位；"三明治"课程（Sandwich Courses）会为学生参与企业或海外交流学习提供机会等。这种灵活性既不会影响课程设置的严谨，又在一定范围内给予了学生更大的创新空间和多元化。总之，英国各个大学的课程模式虽然不尽相似，但总体的思想却是一致的——既培养学生的独立自主，又培养严谨而创新的学习能力。

2. 第二语言教育特色

作为英语的发源地，英国有大量以英语作为第二语言（English as a Second Language，ESL）的语言培训课程。同时，由于英国拥有优质的教学资源，从而也吸引了大量的国际学生。大学为这些学生开设了多种以英语作为第二语言的专业和语言相结合的 ESL 协助课程，以协助学位课程学习。在英国大学有不同形式的第二语言教学法，形式多样，如交际语言教学法（Communicative Language Teaching，CLT）、自然教学法（The Natural Approach，TNP）、合作语言学习教学法（Cooperative Language Learning，CLL）、内容依托教学法（Content-based Instruction，CBI）、任务型语言教学法（Task-based Language Teaching，TLT）、人文法（Affective-Humanistic Approach，AHA）等。其中，交际语言教学法于 20 世纪 60 年代起源于英国，该教学法代替了此前主流的情景教学法（Situational Language Teaching，SLT）。就如 20 世纪 60 年代中期听说教学法（Audiolingualism）在美国被质疑一样，英国的应用语言学者也开始在同一时间否定情景教学法，他们认为语言的功能性和交流性在情景教学法里没有得到充分的体现。英国语言学家霍华德进一步解释了否定的原因——语言教学应该更接近语言本身，回归传统的概念（Howatt，1999），让语言能承载它原有的意义，表达出口头和书面话语者的意义和意图。

目前，英国大学以英语为第二语言的教学特色是对内容依托教学法的广泛应用。内容依托教学法指的是将内容教学融入到课内外教学中，根据内容或学习的需要来组织教学，而不仅仅是围绕某种语言和教学大纲来进行教学。科罗拉多州立大学的语言学教授卡尔·克拉克恩认为，内容依托教学法的优势在于被讲授的语言内容或信息能够将语言本身与被讲授的内容结合起来（Krahnke，1987）。自 20 世纪 70 年代以来，一些新的教育举措也强调要通过语言获取内容而非语言本身，其中包括跨学科语言教学（Language across the Curriculum，LAC）、浸没式教育

（Immersion Education）、新抵达移民语言项目（Immigrant On-Arrival Programs）、能力本位语言教学（Competence-based Language Teaching，CBLT）、英语能力有限的学生帮扶项目（Program for Students with Limited English Proficiency，SLEP）和专门用途语言项目（English for Special Purposes，ESP），这些都强调了语言教学中的内容依托教学法。跨学科语言教学源于 20 世纪 70 年代中期，属于内容依托教学法，是英国政府委员会（British Governmental Commission）对本地英文教育的一项提议。这份提议强调了阅读和写作在所有科目中的重要性，而不仅局限于一种语言的教学模式。语言的技能应当基于一定的课程内容来发展，而不应额外留给英语老师来处理。这份提议也极大地影响了英国的教育，获得了预期的课堂效果，但因为需要结合课程进行语言实践，所以跨学科语言教学强调专业课程教师与语言教师的合作。受跨学科语言教学法的影响，英国有些大学将专业课和语言教学相结合，如联合双语课程。这类课程可以在专业学位课之外，再设置外语语言学位课程。例如，在会计与西班牙语综合学习课程（Accounting with a European Language，Spanish）中，学生就可以在学习专业会计课的同时学习西班牙语。

浸没式教育（Immersion Education）在理论上也受内容依托教学法的影响。这是一种外语教学方式，其特点是课程以一门外语作为中介语言。这门外语成为教授这些内容的工具，但学习目的不在于这门外语本身。这种教学法于 20 世纪 70 年代起源于加拿大，主要是为以英语为母语的学生提供学习法语的机会。此后，该教学法在美国流行起来，并以不同的形式出现。在美国，这种教学法的语言载体更加多样化，如法语、德语、西班牙语、日语和汉语等。在英国，某些联合双语课程其实也包含了一部分该教学法的理念，因为联合双语课的学生会有一年在非母语的环境下学习专业课。例如，如果去西班牙，那么学生就要以西班牙语作为专业课学习的中介语。但这种模式与浸没式教育模式也不尽相同，因为浸没式教学大多在中小学实施，语言可以作为载体，但却是在自然状态下获得语言能力。在英国大学的此类课程里，语言不再是单纯的作为载体自然获得，学生同时也专注语言本身，因为可以同时获得语言学位。所以从这个方面考虑，联合双语学位课程设置的理念含有浸没式教育教学法和内容依托教学法的元素。

新抵达移民语言项目在教学理论上也借鉴了内容依托教学法。因为学生需要体验真实的语言环境，所以语言教学内容以现实生活中的内容（Real-world Content）为基础。在澳洲，这种课程比较普遍。课堂以直接教学法（the Direct Method）为基础，包含了角色转换表演（Role Play），以及对具体场景所需要的语言进行模拟学习（Simulation）。如今，英国高校都在课程大纲里融入了以能力为基础的教学方法（Competence-based approach）。

　　能力本位语言教学（Competence-based Language Teaching，CBLT）是将以能力为本位的教学原则应用于语言教学，主要用于与职业相关（Work-related Purpose）和以生存为目的（Survival-oriented Purpose）的语言教学课程。这种教学法在 20 世纪 70 年代后期被广泛接受，并在世界范围内被认为是一种重要的语言教学方法。20 世纪 90 年代末，这种教学法被广泛用于成人的第二语言教学中，如对外英语教学（Teaching English to Speakers of Other Languages，TESOL）机构用于开发语言交际教学的十二个等级标准（K-12，ESL）在能力本位语言教学中广泛使用。在英国，由于很多大学都有对外英语教学课程，其中包含学位课程和培训课程，因此 K-12 等级标准也被广泛应用。同时，这种教学法衍生出分等级的能力目标制（Graded Objective）。这种能力目标制由大量的短期目标组成，每个目标依次渐进。英国大学以建立了这种等级制的语言学习模式而闻名。目前，英国高等教育中的高等教育职业证书（Higher National Diploma，HND）针对的就是职业类课程，在其课程设置中，有一门被称为大综合（Graded Unit）的课程实行的就是等级制。该课程以职业内容为依托，学生的课业就是真实情景的案例分析，教师结合能力本位语言教学里的分等级能力目标制对学生的各项能力进行等级评估。

　　英语能力有限的学生帮扶项目（Program for Students with Limited English Proficiency，SLEP）是英国政府制定的项目，主要针对那些语言水平达不到学校课程要求的学生，主要以语法教学为主。该项目还关注学术语言和其他课程学习的技能，包括如何开展学术研究以及如何通过第二语言理解学术内容。这种课程在英国不同区域有不同的授课机构，如在威尔士斯旺西就设在一个专门为母语为非英语的学生设置的协助机构里（Ethnic Minority Achievement Unit，EMAU）。

专门用途语言项目（Language for Specific Purposes，LSP）是一项语言专业教育活动，旨在为了完成特殊任务而实施的专项语言活动，该活动也是建立在内容依托教学法基础上的。学习群体包括学生、工程师、技术人员或护士等，他们需要以语言为媒介获得相应的专业知识和真实的技能，其关注点并不是语言本身。专门用途语言教学尤其侧重科技英语（English for Science and Technology，EST），旨在协助学习者阅读科技文章和撰写学术论文。由此，专门用途语言和科技英语之间衍生出很多更细的科目，如专门用途英语（English for Special Purposes，ESP）、职业用途英语（English for Occupational Purposes，EOP）及学术用途英语（English for Academic Purposes，EAP）等，其中最普遍的是学术英语写作教学（English for Academic Writing，EAW）。

最后一类为任务型教学方法（Task-Based Language Teaching，TBLT），该方法是建立在以任务应用为基础上的语言教学规划和核心教学。有学者认为，这种方法是交际语言教学法的逻辑发展，建立在交际语言教学法的原则基础之上，如语言交流、学习任务与意义及语言学习方法等。在该方法中，任务被作为应用这些原则的一种有效工具任务型教学法也获得了第二语言习得（Second Language Acquisition，SLA）研究者的支持，与交际语言教学法相关联，在应用语言学界获得了广泛的关注。但在英国高校没有大规模的实际应用，且没有数据表明其对课程设置、语料发展及课堂教学的效果。任务型教学法中，任务的可交流性（Communicative Task）被认为是主要的关注点，而英国大学语言教育主要关注课堂教学交际而不是形式。

纵观当前在英国高校最流行的内容依托教学法，其原理为：当学习者将语言作为获取信息的途径，而不是学习语言的终极目标时，他们的第二语言学习就会更成功，可见内容依托教学法能更好地反映学习者对学习第二语言的需求。内容依托教学法自 20 世纪 80 年代创立以来，至今一直广泛应用于不同的语言教学环境中。当今针对第二语言教学法的 K-12 项目及高校外语学习项目、英语作为外语的学习项目（English as a Foreign Language，EFL）以及英语作为外语环境下的商业和职业课程等均依托于教学内容的变化，给教师和学生提供了更多可选择的方式，将学生兴趣与有意义的内容相匹配，使内容依托教学活动可以直接与专业相关，激发学生通过目标语言思考和学习。内容依托教学法的发展趋势不仅是将语言教学作为一门技能，而且是教授有关内容和专业知识。此外，在英语作为第二语言教学中最广泛应用的方法与人文、文化有关。基于视听说（Audiolingual）教学法和认知法（Cognitive Approach）对于语言学习中情感因素的缺失，人们提出了人文法（Affective-humanistic Approach）。该方法强调课堂的社会环境及师生之间的良好合作关系，认为语言学习是一种社会和个人发展的过程，这些因素需要考虑教学材料和教学方法。这种教学法里，除了强调课堂氛围、师生情感交流之外，还强调教师既需要对目标语言有很深的了解，还需要对教学对象的文化及语言背景有所了解，这样能让学生较容易地接受教师的教学方式。在文化语言教学上，国际语言学家也对这个观点有所认同，比如根据克拉姆契的观点，文化意识需能促进语言能力提高，这也是语言能力提高后的反思性结果（Kramsch，2000）。其实，这些元素在此前讨论的很多教学方式里都有所体现，在英国教师培训里，如对外英语教学就强调情感性的人际交流技能和跨文化意识；在英国大学课堂里，教师的教学方式都嵌入了这种情感与文化元素，英国教师的跨文化意识更容易和学生在语言课上有广泛的交流，课堂氛围显得更为轻松、交流性更强。总之，博洛尼亚进程的英国大学有着多样的第二语言教学模式，多种形式并存，尤以内容依托教学法及其衍生形式最为普遍。随着新方法和理念的出现，这些教学模式也在不断改革和创新，有效促进了学生的第二语言习得。

3. 英国学术用途英语课程及特色

　　作为英国大学多样化的第二语言教学模式，学术用途英语属于专门用途英语，该方法建立在内容依托教学法之上，旨在协助第二语言习得的学生顺利完成学术任务。该方法强调以语言为媒介，学习目标在于获得专业课学术能力，而不是语言习得本身。英国的专门用途英语及其衍生的学术用途英语课程设置主要针对英语为非母语的国际学生学习学术通识课程，协助攻读学位课程的学生阅读读专业文章和撰写学术论文，所以任何专业背景的学生都可以选择该课程。由于其具有通用性，有些英国大学也向本土学生开放该课程。在以英语为第二语言的项目中，学术用途英语这门课程在英国大学几乎向所有的国际学生开设。如英国伦敦的世界名校伦敦大学学院（University College of London，UCL）的语言和国际教育中心（Centre for Languages & International Education，CLIE）便明确说明在本科和研究生阶段都为国际学生提供学术用途英语课程。

此外，有的英国大学也列明了学术用途英语课程的其他用途。伦敦大学学院的学术用途英语课程单元（Course Units）明确了三类教学方式：针对学术目的的英语技能、针对英语为非母语的学术写作和针对英语为母语的学术写作。每种类型有单独的课程代码（Course Codes）、入学要求（Prerequisite for Entry）和课程目的（Aims and Objectives）。比如，第一类为全面完成学位课程所需要的学术英语技能，入学对象为英语为非母语的学生，课程目标描述为旨在进一步培养来自其他文化背景学生对学术英语的意识及规范。具体来说，该课程会进一步将各类学术要求与提升学生的读写能力结合起来，通过课堂讲解、研讨及展示来提升学生的听、说能力。由此可见，针对学术目的的英语技能教学旨在协助提升与学生学位课程相关的语言技能与表现力。该课程涵盖了与相关学术学习有关的语言学知识，同时广泛参照了真实的学术材料和各种问题要求，有利于培养各种语言技能迁移。第二类侧重于与语言、句法、连贯性、文体、逻辑及学术写作规约相关的具体内容，协助学生完成学位课程。入学对象为英语为非母语的学生，课程目标描述为提升来自其他文化的学生的书面学术素养和意识。该课程也有助于提升对各种文体的写作能力，但更侧重于语句层面，如词汇与句法、文本的衔接与连贯，及文体适合性。由此可见，学术用途英语课程的目的是帮助提高学生在学位课程中的各项写作认知能力，包括课程作业及报告、考试论文及毕业论文等，该课程结束时学生可以掌握以下技能：（1）理解理论和规约并运用书面学术语言进行交际；（2）运用修辞和逻辑方法来有效表达写作中的观点；（3）培养学生自我表达的能力及文字表述能力；（4）掌握不同的任务和运用相关的方法，包括本科阶段不能事先预见的考试论文和课业。

第三类与第二类类似但略有不同，不强调文化差异导致的学术规范不同，而是侧重于语言、句法、连贯性、文体、逻辑及学术写作规约等内容，协助学生完成学位课程。入学对象为英语为母语的学生，课程目标描述为用英文授课和考核（无论是在英国或其他地方）。该课程有助于提高各种问题写作能力，但更侧重于语句层面，如词汇与句法、文本的衔接与连贯及文体适合性。由此，针对英语为母语的学术写作目的是帮助学生提高在学位课程中的各项认知写作表现力，包括课程作业及报告、考试论文及毕业论文。该课程结束时学生可以掌握以下技能：（1）理解且运用书面学术语言的理论和规约能力；（2）运用修辞和逻辑方法有效地表达写作中的观点；（3）培养学生自我表达的能力及文字表述能力；（4）将相关策略应用于具体任务，包括本科阶段不能事先预见的考试论文和课业。

从上述伦敦大学学院语言和国际教育中心提供的三类学术用途英语课程及内容设置中可以看出，英国目前的教学主要是学术通识教育，既适合英语为非母语，也适合母语为英语背景的学生。学术写作作为学术用途英语教学的核心，已成为一门单独的课程，其目的主要是协助学生完成学位课程学习，体现了学术用途英语教学的内涵式发展。

另外，学术用途英语既可作为开学前达不到语言要求的学生的语言班课程，也可用作提高学生学术能力的辅助课程，如英国伯明翰大学（University of Birmingham）语言班的暑期学术用途英语课程（Summer Programme EAP）、英国爱丁堡大学（The University of Edinburgh）的暑期学术用途英语课程（Summer Pre-sessional EAP）。这两门课程其实存在一定的梯度，爱丁堡大学开学前为那些需提高英语的学生提供一系列学术英语帮助。课程含两部分，一门是学术用途英语，主要提供两门暑期学术用途英语课程，培养学生必要的英语技能，学生可按照语言水平分为不同的小组。另一门是特殊用途学术英语（English for Specific Academic Purposes，ESAP），从八月中旬开始授课；在学完第二门特殊用途学术英语课程后，学生可转入为期四周的任何一门特殊用途学术英语课程且每门课程均具有独立性。同时，大学还为即将入学的新生提供在线课堂，该课程称为"课前在线学术英语课程"（Online Pre-Sessional Academic Language Course，OPAL）。

专门用途语言（LSP）侧重科技英语的特征及其用途，这在英国大学早有共识，而且在专业课课程中，很早就有类似的课程，比如专业英语，但也有些差异，如受众对象、教学方法、教学人员和目标差异等。专业英语教学一般是由专业课教师完成，大部分是通过内容与语言结合的方式进行教学，给学生讲授学习该门专业课程所需的专业词汇和专业知识，同时提升学生的英语能力，从而清除学生阅读专业英文资料的障碍。由此可见，首先，这门课程虽然属于专门用途语言，但范围和内容并不仅仅局限于通识教学，而是更注重具体专业课程的学习；其次，教学的对象也不同，主要是为该专业课程的学生开设的；最后，该门课程由专业课老师讲授，而不是针对全体学生。

4. 英国大学语料库教学

当今语言教学主要依托语料库（Corpus）及其索引软件（Concordancer）的设计与开发。语料库的发展与最近几十年来信息数字化、储存功能及对文本分析能力的快速发展有关。因此，英国大学相继建立了一些大型语料库并将语料库功能用于语言教学。语料库实际上是一种真实的语言文本集合，主要采用语言和特殊词汇的方式进行评估并论证假定的规则。由于英国大学网络教学的普及使语料库与网络大数据紧密相连，因此可方便任何教师或学生使用语言学习的巨大资源。语料库索引软件既可安装在电脑上，也可通过网络来连接。这款软件可以进行语料库搜索、使用及分析语言。索引软件对探究词与词之间的关系尤其有益，能提供一种关于新的语言如何真实使用的最新信息。索引软件允许学习者搜索日常口头或书面语言中词和短语的运用特点。复杂的索引软件还能从独特的文本中提取样例，检索涵盖口头或书面语言应用的差异。

在英国的大学，英国国家语料库（The British National Corpus，BNC）的应用非常广泛。英国国家语料库是目前网络中可直接使用的最大语料库，它是由英国牛津出版社、牛津大学计算机服务中心、兰卡斯特大学（Lancaster University）英语计算中心及大英图书馆数据库中心联合开发建立的大型语料库，于1994年建设完成。该语料库书面语与口语并存，词汇容量超过1亿个，由近五千篇代表广泛的现代英式英语文本构成，其中书面语占90%，语料来自英国地方及全国性报纸、期刊、杂志、学术著作、大众小说、信件、备忘录及科技和社科论文等。

口语占 10%，主要来自非正式的会话，这些会话源自不同年龄、地区及社会阶层（按人口统计学比例划分）的志愿者，同时还收集了各种不同语境下的口语语料。英国国家语料库最新版是 BNCXML2007，它采用了国际标准化标注体系 SGML，使用三级赋码标准，标注错误率不到 1%。在应用方面，该语料库既可使用其配套的 SARA 检索软件，也可支持多种欧洲大学开发的通用检索软件，还可直接进行在线检索。因此，该语料库在英国的大学中受到学生和教师的普遍欢迎，具有一定的权威性和全面性。根据英国国家语料库官方网站的介绍，该语料库具有四大特征。第一，该语料库是单语语料库，只涉及现代英语语料，不含其他在英国使用的语言，但是也包含一些不属于英语的外来词，如法语和西班牙语等。第二，该语料库是共时和历时语料库，覆盖了不同时代、同一时段的英语发展特点。第三，该语料库是一个大规模通用语料库，不限于任何特定的学科领域、地域语言或特定文本类型，不仅包括了不同年龄、社会不同阶层的语言，而且还包含口语和书面语。第四，该语料库属于抽样语料库，包含多种文本的取样。每篇抽样文本的长度不少于 1 万词。英国文化委员会指出，语料库能检索出词语在语言中如何应用。在英国的大学语言教学中，当教师和学生不知道某个词语该如何正确搭配，而网络字典只能提供有限的样本时，语料库就可以提供大量的样本和语言使用案例。另外，词典的编撰也是建立在语料库基础上的，如朗文词典和牛津词典都使用了英国国家语料库。英国大学的语料库教学还体现在跨学科教学上，教师可以使用语料库检索进行专业学科词汇对比。在教师批改学术课业时，也可以使用语料库对不确定的专业词汇进行历时和共时研究。英国文化委员会还鼓励教师和学生应用语料库，对学术专有词汇进行深层次的教学和研究。在英国，语料库广泛应用于 ESL 教学。英国兰卡斯特大学根据自己的使用经验，比较了传统语料库教学方式的优点，研究了语言教学中的资源和案例实践，分析了实证和理性方法的区别，发现许多教材仅仅包含一些已有样本且对这些样本的说明只是建立在直观或间接的描述上。英国大学的教师认为，语料库中的样本在学生的语言学习中发挥着愈发重要的作用。有时，当学生学习各种各样的复杂语句时，语料库能直观地向学生展示这些句子的真实使用语境。在 ESL 教学中，语料库可以辩证地分析语言教学材料以及比较词汇的区别。很多学生在学习中会发现，有些教材上的书面语言与真实的语料相比有较大的差别，而有些教材的语言文体则忽略了语言常见的语体变化，从而在教学中造成了非实证教学的学习误导。因此现在从事 ESL 教学的英国大学教师越来越依赖语料库中所体现的现代语言的用法。计算机辅助语言学习推动了语料库的进一步应用。在当今的信息化时代，在英语教学中使用网络语料库已经成为英国大学语言教学的新趋势。从 20 世纪 80 年代就开始探索语料库教学的英国语言学家和语言教育家利奇与雷努夫的教学研究中可以看出，语料库教学本身就是语料库研究的自然延伸（Leech，1993；Renouf，1997）。比如，兰卡斯特大学英语教师将语料库用在了本科生入门语法分析教学上。他们使用了一种称为流式分析的软件（Cytor），可以用来检索有标注的语料库，或语料库标有词性和赋码标注的实时数据。在使用时，可以先隐去注解，然后再对句型变化进行实时分析。教师会要求学生按照自己的想法给出注解，并以尾注的形式进行标注。在为期一个学期的实验中，教师发现使用流式分析软件进行教学更能体现学习效果。此外，兰卡斯特大学的语言测试研究小组（Language Testing Research Group，LTRG）对应用语料库进行了研究，兰卡斯特语言信息追踪实验室（the Lancaster Linguistics Eye-tracking Lab）致力于研究如何将信息追踪作为测试方法之一进行语言测试、第二语言习得和语言心理学的教学研究。博洛尼亚进程以来，语料库在英国大学的使用刷新了应用语言学研究。越来越多的研究者和实践者认识到语料库语言学对语言教学的创新作用。除了直接使用语料库外，还可以间接地将语料库应用于教学大纲和教学材料的设计上。

在伯明翰大学，蒂姆·约翰斯（Tim Johns）在语法和词汇方面对语料库应用教学进行了改革。该校的语料研究中心（The Centre for Corpus Research，CCR）提供了广泛的语料库获取途径，配备了一些专用电脑并辅以专家资源和信息追踪（Eye-catching）实验室，支持教师在教学研究中使用语料库进行案例分析。此外，伯明翰大学还将语料库应用于模式文法（Pattern Grammar）教学，这是一种以语料库驱动为任务的英语教学法，描述了词汇的语法环境并作为英语语料库的部分研发内容，已开发出了语法模式系列（Grammar Patterns Series）。模式语法资源还可用于构式语法（Construction Grammar）框架下的语言研究。这种模式将词和语法看作不可分离的整体，在语料的驱动下进行自下而上识别语言和构建数据库，潜移默化地影响了语言教学、词典编撰及英语教学等领域。随着构式语法理论及其教育理念的加强，英国大学的英语教学对应用语料库有了比以往更高的要求。随着伯明翰大学基于模式语法语料库的广泛应用，在 2017 年的英国语料库研讨会上，学者们进一步探讨了模式语法在英语教学中的应用，并明确了英语教学的三个步骤。首先，前期通过配对练习识别不同的语法形式；其次，通过软件比较在线字典的语法形式共现并运用不同模式进行练习；最后，达到语言应用的准确性和灵活性。

剑桥英语语料库（Cambridge English Corpus）也广泛应用于英国大学的英语教学与研究中，其特点是收录的最新语料数据。随着该语料库的不断更新，其中的语料是日常生活中经常遇到的、有专门用途的最新数据。在使用该语料库学习时，学习者可以观察语言如何相互作用、词组应该如何搭配、不同的词组应该适用于哪一类的语境，以此观察语言的使用变化。这种学习模式使不同的语言材料相互完善，让学习内容更具趣味性、实用性和相关性。此外，剑桥英语语料库还收集了世界各地 25,000 多位学生的习作，其中包括很多英语学习者错误使用英语的语料，因此可以从中发现学习者在不同阶段使用英语的特点，帮助学习者通过使用该语料库更好地了解第二语言学习者在哪些方面做得更好以及哪些方面尚待提高，并将自己的母语和英语进行对比，以发现和解决问题。数据库的历时性和相关性是最关键的，该语料库一直在不断更新，与全球大学和研究机构一直保持数据的共享，并根据对比进行优化，并根据具体语境，实时开发出新的语料。2014 年兰卡斯特大学开发的英语口语语料库就是在基于项目合作的基础上，为剑桥英语语料库提供了新型语料。此外，教师还可以根据学生的母语或英语水平提出学生在学习时应该着重改进的地方。同时，教师也可以在语料库教学实践时撰写文章，对教学过程提出改进策略，从而让教学效果更加有效。英国大学的学术英语教学也充分利用了语料库的优势，学生可以充分利用语料库对自己的研究项目进行理论分析。例如，在语料库检索的基础上分析布朗和莱文森（Brown and Levinson）的礼貌理论模型

（Politeness Theory Model）或格莱斯（Grice）的合作原则（Cooperative Principle）。因此，语言学习不仅可以运用语料库让学生了解英语语言的变体，还可以使他们基于语料库了解语言学分析特征。英国很多大学都有自己开发的学术英语语料库，有些大学的学术英语教师基于具体的学科特点也开发了不同专业的小型语料库，以满足相应专业的学生需求。英国威尔士三一圣大卫大学（University of Wales Trinity Saint David）就有独立的学术研究语料库（Independent Study for Academic Purposes，ISA）作为独立学习（Independent Study）的一项资源，供学生使用。

5. 英国大学的教师教育

因为英语的普及，当今将英语作为非母语的使用者往往多于英语为母语的使用者，ESL、EFL 和 EIL 的发展促进了英语语言教师的教育和职业发展培训。ESL 教学还为中学和大学的学生提供以英语为媒介的教育（English Medium Instruction，EMI），此外还包含很多英语为非母语的教师（Non-Native English-Speaking Teachers，NNESTs）。因此，教师教育必定要和多样的社会文化、教育、政治和经济环境息息相关，从而使教师对英语学习者的多样性教育不再是单纯地传递语言知识和技能。和世界其他国家一样，英国大学的教师培训，尤其是语言教师的培训内容和形式覆盖面很广，涵盖了从职前教师课程设置到在职教师终身职业发展的全过程。在博洛尼亚进程前，英国的教师教育主要探讨教学的行为观、思考的认知观以及了解如何做的诠释观。因受博洛尼亚进程的影响，英国的教师教育逐渐转向探讨社会文化对教师专业发展的影响，尤其是对第二语言教师教育（Second Language Teacher Education，SLTE）的影响。总体来说，英国的教师教育主要是对教师综合能力的培养，关注与教师教育相关的理论。除了这些专业知识的培训外，英国的教师教育还有一个特点，那就是强调发挥教师在教学中的鼓励和正面评价（Positive Assessment）作用。在教师培训中，会要求教师多给学生正面和鼓励性的评价。例如，常见的表达就是对学生的回答和表现给予类似"Good""Exactly""Wonderful"这样的正面评价，同时也要注意语气的变化，以此起到正面评价的效果。需要注意的是，这种评价是针对学生学习的内容和观点的评价，一般不关注语言本身的正确性。英国的教师培训和教师教育里经常强调这种教学策略，以促进课堂互动，激发学生的学习热情。英国的大学还有一种反思型教学模式（Reflective Model），这种教学模式得到了欧洲其他国家高等教育机构的广泛认可。该模式一般使用对话形式（Form of Dialogic Teaching），是在特定社会文化实践和环境中共同构建知识的一种对话过程。这种模式也广泛应用于第二语言教学的教师教育（L2 Teacher Education）中，如对外英语教学。在不同的语境下，教师既是学习者也是教学的实施者。教师作为课堂教学的协调者，体现了社会文化型教师学习和教育的发展过程。教师在教学过程中会收集相关的教学材料，观察学生的态度、观点和推断，并且将获得的知识作为辩证反思的基础。反思型教学对教师的知识储备也有一定的要求，尤其是与教学内容相关的知识。教师的教学与科研实践会有助于自身的教学发展。英国对外英语教学的教师培训中广泛应用了这种教学与科研并重的反思型教师教育，英国卡迪夫大学的创新创业计划（New Venture Plan）课程中的反思型教学与考核模式就是教师反思教学培训的一种教学体现。批判性或辩证性（Criticality）也是一项重要的培训技能。在语言教学中，"辩证的"（critical）一词可以以不同的方式应用于不同的语境和模式中。在英语语言教学（English Language Teaching，ELT）课程或教师教育课程中，辩证思维（Critical Thinking）成了一种目标。批判型教育学（Critical Pedagogy）也同步出现，这种模式探究辩证分析与社会转轨相关的议题，其辩证视角（Critical Perspectives）可以直接用于英语语言教学课堂。从这个意义上来说，辩证性指的是一种以社会为背景的反思和评估。它从多个视角（Multiple Perspectives）考量议题，有时还涉及自我批评（self-critique）。具有辩证性并非意味着对他人的某些设想持否定态度，而是一种从逻辑上识别设想和评估已有证据和议题的能力。在英国的教师教育中，辩证性可以通过讨论的形式获取观点并发展思维。通过对有争议性议题的探讨，可以获得对各方观点的深入了解，从而达成共识。辩证思维还可以通过分析新闻、广告、图片等获得实践经验，从中识别观点、假设、证据甚至谬论等。教师通过分析话语篇章中模棱两可的隐含内容来发展语言意识，提高语言的辩证分析能力。引申来说，可以把批判性教育学（Critical Pedagogy）定义为教师教育的一种态度模式，连接课堂与社会，通过教育达到社会转化的目的。弗莱雷（Freire）认为，批判性思维是批判性教育学研究复杂社会问题及社会不平等性必要的第一步（Blackburn，2000）。为此，教师教育的关键是培养学生的反思型辩证思维。在英国的教师教育实践中，课堂内外的活动以如何培养和评估学生的辩证思维能力为重点。教师可以设置过程谈判和话题讨论等，或在课程设置里植入多元文化观、跨文化等议题并在评估手段和标准中加入该思维模式。在课堂上，教师可以更多地采用一种针对内容反馈的探究模式（Context-responsive Manner）将教学延伸到与社会语言学相关的语言规划反思性教育。英国的高校教学很重视反思型辩证能力，教学形式涵盖了各种各样的讨论话题以及与此相关的考核。教学课堂中的讨论一般没有标准答案，而是更多地关注对学生思维能力的培养。总之，近年来传统课堂教学中规中矩、凡事力求一致的模式虽然有所改观，但还要从教师培训这个源头加以改变。

英国大学在英语教师培训中，十分强调教师的跨文化意识。在教学中，跨文化意识的好处在于既可以使教师从第二语言习得的角度认知文化，又可以从语言应用的角度得到认知支持。教师对学生语言背景文化的认知能增加教师与学生之间的相互了解，促进教学交流。因为教师会有意识地考虑学生的文化背景，采取相应的教学方式和策略。根据文化学专家霍尔的文化理论研究（Hall，2001），不同文化划分为高语境文化和低语境文化，高语境文化主要依靠语境来传递信息，而低语境文化主要依靠信息编码来传递信息。中国为高语境文化（High-context Culture），不太强调具体的文本交流，多以口头、电话等形式来交际。而英国为低语境文化（Low-context Culture）多强调文字交流，比如邮件交流。因此，当高语境文化的国际学生处于像英国这样的低语境文化环境中时，教师应该在交流方式和教学策略上进行一定的调整。英国高校的国际商务课程（International Business）就有很多跨文化交流，国际商务的理论和实务总是不可避免地遇到一些跨文化问题。于是，文化趋同（Culture Convergence）、文化趋异（Culture Divergence）等理论应运而生并用以分析不同的教育策略。随着博洛尼亚进程的推进，一些先进的文化理论及教学方式都被纳入教师教育中，英国教师的跨文化能力有所加强。英国的教师培训遵循着严格的标准，其中以英国教育部及大学教育和领导局 1999 年制定的《新教师入职培训制度》（*Induction for Newly Qualified Teacher*）及 2002 年英国教育与技能部制定的《合格教师资格标准》（*Qualified Teacher Standard*）为具体执行标准。英国教育部以 2011 年颁布的《教师标准》（*Teachers' Standards*）及 2012 年颁布的《2012 英国教育规则（教师资格）》[*The Education（School Teachers' Appraisal) Regulations 2012*] 为总体指导文件。2005 年，英国政府成立了隶属于英国儿童、学校与家庭部（Department for Children, Schools and Families）的学校培训发展局（Training and Development Agent），该局不仅为全国师资培训提供经费支持，还为初任教师（Initial Teacher）提供专业培训。教育从业人员必须通过培训并取得教师资格证书后才能拥有从业资格。该证书名为教育研究生资格证书，通过教师教育资格证书（PGCE）培训而获得。英国大学的教育研究生资格课程根据不同的培养方法和类型可分为全日制和灵活模块学制。全日制课程学制为一年，共 38 周。其中，教师需要在中小学实习 20 周；而灵活模块学制则为两年。根据教育对象的不同，教育研究生资格课程分为早期（学前）、小学、中学和大学四种类型。英国的许多大学都有教育研究生资格课程，但并不是四种类型都提供，如伯明翰大学提供小学和中学的教育研究生培训课程，牛津大学教育学院提供中学和大学的培训，剑桥大学教育学院提供的教师教育课程较全面，包括小学、中学、大学培训课程。英国大学的教育研究生资格培养有两个特点。第一，培训对象没有年龄和学历的限制，只要能通过大学教育研究生网上入学的英语和数学考试就能申报，这与英国教育部提倡的"终身学习"理念一致。第二，课程设置模块化。以英国教育与技能部 2002 年制定的《合格教师资格标准》为依托，整个大学教育研究生资格培养课程以教育学为主，由三大模块构成，即课程学习、理论研究和教学实践。每个模块基本分为四个部分：学科教学法、专业课程、学科专业课和教学实践。其中，教学实践大约占总培训课时的一半左右。由此可以看出，英国的教师培训很重视实践，这是值得其他国家借鉴的。

英国教师教育中的另一个教师培训目标针对的是对外英语教学中英语为非母语的英语教师，这类教师与学生有着相似的语言和文化背景以及 ESL 学习背景，他们的双语和双文化背景对英语教学尤其有帮助，这类英语教师也是对外英语教学的宝贵资源。这与英国的文化教育培养理念是一致的。作为一名英语为第二语言的教师，应当了解教学对象的语言文化和社会背景，提高自身的相关知识储备，促进反思型教学发展。对外英语教学的教师培训内容很广，不仅包括英语语法、教学策略、课堂演示等基本的授课技巧，还包括自我认识、学习模式、学习动机、人际交流技能等认知技巧，此外还涉及教学材料的获取、网络教学、课程开发、课堂管理、评估和考核等教学环节。教师培训教育的内容从不同的视角体现了英国教育理念和教师专业发展的多种模式。

1.1.3 国际交流合作模式

英国大学因其优质的教育资源吸引了大量的国际学生和教育合作伙伴，同时开展了各种类型的交流合作，促进了高等教育的双赢。例如，国际学生合作项目有本科"3+1""2+2""4+0"项目及硕士"4+1""1+1+1"等。其中"3+1"交流项目是学生在自己国家的大学完成本科的前三年学业，第四年参加语言考试，且成绩需达到英国签证与移民局（UKVI）的要求（雅思 6 分或 6.5 分），然后可前往英国的大学就读本科最后一年，毕业后拿到自己国家大学的本科学位。"2+2"项目则是学生在自己国家的大学完成本科前两年的学业课程，第三年参加语言考试成绩达到英国签证与移民局的要求后（雅思 6 分或 6.5 分）前往英国高校就读大三，毕业后拿到自己国家的大学和英国大学的本科双学位。"4+0"项目是只要学生语言考试成绩达到要求的情况下（雅思 6 分或 6.5 分），在本科的任何一年都可以前往英国大学就读，根据就读的时间决定是否获得双学位。"4+1"是学生在自己国家大学本科毕业后，申请前往英国的合作院校攻读硕士的项目。"1+1+1"项目是学生在自己国家的大学完成硕士第一年的课程，并且语言考试成绩达到要求后（雅思 6 分或 6.5 分），在硕士第二年前往英国就读，然后返回自己国家继续完成最后一年硕士课程。在就读期间若能同时满足国内外两所大学的要求，就可以拿到双硕士学位。英国大学国际项目在硕士和博士阶段还可以联合培养。同时，英国还有针对国际学生的短期交流或交换生项目（一般为一个学期）以及夏令营等项目。对于雅思成绩，英国签证与移民局的最低要求为本科生 6 分、研究生 6.5 分，单项成绩高于 5.5 或 6 分，满足相关要求的即可以申请留学签证。但各个大学会根据实际情况来制定自己的成绩标准。英国的一些大学在中国有共建校区，如北京师范大学和卡迪夫大学共建的北京师范大学—卡迪夫中文学院、英国诺丁汉大学和浙江万里学院合作创办的宁波诺丁汉大学。宁波诺丁汉大学是经中国教育部批准、在中国设立的第一家引进世界一流大学优质教学资源、具有独立法人资格和独立校区的中外合作大学。此外，英国与中国国家汉语国际推广领导小组办公室（简称汉办）联合设立孔子学院，开展不同层次的交流合作，共同推广、促进汉语在全世界的传播，同时也促进了中英两国的文化交流。目前英国是欧洲国家拥有孔子学院最多的国家，如北京师范大学—卡迪夫中文学院的建立就是孔子学院和孔子课堂在英国大学的国际合作项目。英国大学的这些国际化合作赋予了教师和学生多样化的选择和国际视野，增强了他们的学术能力和跨文化意识，对英国大学未来的学术发展及深层次建设有所裨益。

1.1.4　英国代表性高校特色

1. 剑桥大学

剑桥大学（University of Cambridge）创建于 1209 年，是一所大型公立综合性大学，罗素大学集团成员之一。剑桥大学是英国历史第二悠久的大学，仅次于牛津大学，也是世界第三古老大学。在各项指标中，剑桥大学的研究评估（Research Assessment）指标居英国所有高校之首。剑桥大学最鲜明的特色是书院制，该校也是一所书院联邦制的高等教育机构，由 31 所成员书院（Colleges）组成。书院制的特点是每所书院享有较大的自治权。除此之外，该校还有三所女子学院以及两所专门的研究生院。由于各学院的起源和历史背景不同，因此实行独特的书院制，这其中又以三一学院与国王学院久富盛名，这两所学院在管理上拥有很大的自主权。剑桥大学有三种图书馆系统。第一是学校主图书馆，收藏了不同时代英国出版的几乎所有的文献著作；第二种是学院图书馆，学生可以在学院图书馆注册信息，借阅书籍；第三种是系部图书馆，每个系部图书馆的图书种类各不相同，但书籍种类丰富多样，且系部图书馆只针对本专业的学生开放。

2. 牛津大学

牛津大学（University of Oxford）是一所位于英国牛津市的公立大学，创建于公元 1167 年，是英国最古老的大学，仅次于意大利的博洛尼亚大学。在近十个世纪的发展中，牛津大学的高等教育声名显赫，在英国社会和高等教育系统中具有极其重要的地位，有着世界性的影响。牛津大学在教学和研究品质评估中，许多院系都获得了 5 星级的评分。学校的授课教师几乎是各个学术领域里的世界级权威学者。学校专业众多，包括英语与文学、艺术、现代史、文化、中文、统计、数学、工程科学、地球科学、医学、经济、管理及法律等人文艺术和理工医学等学科。

3. 帝国理工学院

帝国理工学院（Imperial College London）位于伦敦西部，濒临海德公园，主校区位于肯辛顿（Kensington），另一个校区在伯克郡（Berkshire）的阿斯科特（Ascot）。学校以工程、医科专业闻名。帝国理工学院不仅在欧洲、而且在全世界的工程研究领域也是声名显赫。

4. 爱丁堡大学

爱丁堡大学（The University of Edinburgh）是一所坐落于苏格兰首府爱丁堡的古老学府，在英国乃至世界上享有很高的学术声誉。爱丁堡大学有三个学院，共 21 个系。在英国教育部门进行教学质量评估的 34 个科目中，有 32 个学科获得了高满意度的评分。其中如财经、生物科学、化学、计算机科学、经济和社会历史、电子工程、地质与地理物理学、数学、物理和天文学以及社会学等在教学质量评估中获得优异的成绩，在研究领域也获得 5 分的佳绩。

5. 曼彻斯特大学

曼彻斯特大学（The University of Manchester）创建于 1824 年，是英国高等教育部门于 1800—1959 年间成立的第一批"红砖大学"，也是随着工业革命发展起来的首批公立大学之一。多年来，曼彻斯特大学多次在科学技术领域取得了突破性成果，如 1948 年世界上第一台计算机原型就在此诞生，卢瑟福（Rutherford）也在这里首先发现了原子裂变现象，曼彻斯特大学的诺贝尔奖获得者多达 23 人。曼彻斯特大学在 2017 年英国教学品质评估中，生物科学、数学、化学工程、冶金及材料学、商科及管理研究、土木工程等都获得了优级评分。此外，该校的毕业生就业率和创新创业率位列英国大学之首。随着博洛尼亚进程和欧洲高等教育一体化的发展，曼彻斯特大学与曼彻斯特理工大学（University of Manchester Institute of Science and Technology）于 2004 年正式合并，这两所顶尖大学的结合为英国高等教育注入了新的活力。

6. 贝尔法斯特英国女王大学

贝尔法斯特英国女王大学（Queen's University Belfast）诞生于维多利亚时代，1845 年由维多利亚女王倡导成立，其教研历史悠久，学术成果丰富，也是英国历史上最悠久的十所大学之一。该校坐落于英国北爱尔兰首府贝尔法斯特市南部，是北爱尔兰最大的大学之一，许多学科有着很高的声誉，其中包括一些传统专业，如医学、药学和建筑学。该校致力于科学研究，是一所卓越的研究密集型大学。该校现有 20 个学院，专业分布既继承了维多利亚时代的学科特点又不失现代教育特色，是一所名副其实的传统与现代交融发展的大学。

1.2　英国高校教育的学位制度

英国的大学学位分为本科学位、研究生学位、博士学位。本科阶段，即学士学位学习，学制一般为 3—4 年，有些学科如建筑、医学则为 4–5 年学制。研究生学位为过渡学位，学制 1 年。博士学制在 3 年以上。目前英国 18 岁以上的成年人进入高等院校学习的比例接近 50%，苏格兰的这一比例甚至超过了 50%。本科、授课型和研究型的研究生，不同类型的博士诸如工程博士（Doctor of Engineering）、教育博士（Doctor of Education）、医学博士（Doctor of Medicine）等有全日制和非全日制学习之分。除此之外，还有成人继续教育文凭或学位等。有些学科还设有联合学位等。

1.2.1　本科

本科阶段是第一学位（First Degree），即学士学位学习。英格兰和威尔士的学制一般为 3—4 年，苏格兰为 4 年，而医科、牙科、建筑、兽医学等为 4—5 年。本科学士学位在英国大致分为四类：第一类为荣誉学位（Honours Degree，Hons），学生在英格兰、威尔士和北爱尔兰的大学学习 3 年后就可以获得本科荣誉学位，而在苏格兰则需要 4 年。第二类为普通学位，一般需要 3—4 年。第三类为联合学位和联合荣誉学位，有些大学允许学生将两门或更多的学科结合起来学习，以攻读联合学位或联合荣誉学位；有些大学就直接设有联合学位和联合荣誉学位（Joint Honours Degree），让学生进行交叉学科的学习，如威尔士的卡迪夫大学的哲学和考古学（Philosophy and Archaeology，BA）方向。第四类为联合双语学位课程。学生除学习专业课程之外，还可以学习一门外语，如法语或德语。因此，学生可以在拿到专业学位的同时，还能拿到一个外语语言的学位。例如，卡迪夫大学设有四年制会计学和西班牙语的联合学位课程（Accounting with a European Language Spanish，BSc），其中也包含了一年在西班牙大学的学习。联合双语学位的科学设置促进了交叉学科的整合研究，对国际复合型人才的培养有重要的作用。英国的大学在改变单一课程设置方式的基础上，更加注重对教师和学生交叉融合能力的培养，以此来科学地发展特色联合学位体系。英国很多高等院校都有荣誉学士学位的授予历史。荣誉学位和普通学位的区别在于学生在本科的最后一年需要独立完成一项研究并撰写论文，学校会根据不同的学分段授予学生不同的学位。中国大学以 60 分为及格，英国大学则以 40 分为及格，但是满分都是 100 分。一般来说，学生的本科一年级作为适应阶段，成绩一般不计入学位分数；本科二年级和三年级的成绩各占最后学位成绩的 30%—70%。最后，学校用加权平均的算法来计算每位学生的平均分，每一个成绩都要与其对应的学分相联系。英国的大学规定，本科三年平均成绩在 70 分以上的可以获得一等学位（First Class Degree/Distinction）；50—69 分为二等学位，其中60—69 分为二等学位甲等（又称 2.1 或 Upper-second Class Degree）；50—59 分为二等学位乙等（又称 2.2 或者 Lower-second Class Degree）；40—49 分为三等学位（Third Class Degree）；低于 40 分为及格学士学位（Pass Degree），且不算在学位等级里。等级的差异不仅给予了学生很大的努力空间，也体现了同一张文凭的差异化和含金量，这些差异是进入英国大学更高层次平台学习的重要条件。在英国，大部分研究生院校需要学生在本科阶段获得 2.2 以上的学位，所以学生会努力争取高等次。学位分的等级授予方式体现了英国大学的学位特色，这种有等次的文凭授予形式无疑对大学人才培养与遴选有着极大的促进作用。

英国高等教育在其 800 多年的发展中形成了特有的本科学位类型。英国本科学位主要包括文科学士（Bachelor of Arts，BA）、工商行政管理学士（Bachelor of Business Administration，BBA）、教育学学士（Bachelor of Education，BED）、工程学士（Bachelor of Engineering，BENG）、理科学士（Bachelor of Science，BS）、神学学士（Bachelor of Theology，BTH）、宗教学学士（Bachelor of Religion，BRE）、神学证书（Diploma in Theology，DTH）、法学学士（Bachelor of Law，BL）、音乐学士（Bachelor of Music，BMUS）、兽医学学士（Bachelor of Veterinary Science，BVSC）。

英格兰和威尔士的大学除了三年制的本科课程外，还有一种"三明治"课程（Sandwich Course）。在本科第二年学习结束后，学生可以申请去企业实习，或出国前往另一所大学学习，第四年返回本校继续完成最后一年的学业，这样总共四年的学习和实践，其中有三年是在校就读，一年则是赴国外学习或实习。英国很多开设工商管理专业的大学都有这类"三明治"课程，如卡迪夫大学（Cardiff University）的机械工程专业就有机械工程行业实习（Mechanical Engineering with a Year in Industry）、商务管理营销实习（Business Management Marketing with a Professional Placement Year）等。由于"三明治"课程的实习优势，英国高等教育部门和各大学会都积极协助学生获得企业实践的机会，使他们拥有丰富的企业实践经验，了解真实的工作环境，且优秀的实习生还会获得薪酬，这些与商业、企业或公共事业方面的工作体验可以培养学生的职业技能，从而创造更多的未来就业机会。除了企业实习，"三明治"课程还为学生提供了海外院校的学习机会，比如在法国、德国或西班牙的大学学习一个学期。"三明治"课程同样适用于本硕连读的五年选修课程（Five-year International Degree Option），这类课程名称一般会注明国际化（International），意味着该课程具有海外交流实训的机会。和欧洲其他国家的一些大学相比，英国大学本科的有些课程还被赋予了英国国内及国际行业协会的认证资格，如卡迪夫大学机械工程专业的课程就有工程理事会（Engineering Council）和机械工程师协会（Institution of Mechanical Engineers）的认证。卡迪夫大学的另一门本科会计学课程（Accounting BSC）明确了四个认证（Accreditations）：英格兰及威尔士特许会计师协会（The Institute of Chartered Accountants in England and Wales，ICAEW）、英国特许管理会计师协会（The Chartered Institute of Management Accountants，CIMA）、英国特许公认会计师公会（The Association of Chartered Certified Accountants，ACCA）及国际商学院协会（The Association to Advance Collegiate Schools of Business，AACSB）认证等。另外，学生在取得一些职业资格证书后，还可以部分或全部课程免考，如英国特许公认会计师公会证书。这无疑增加了这些专业课程的含金量，该专业的学生也更容易获得国内外雇主的认可。

1.2.2 硕士研究生

英国大学研究生专业较多，学制较短，一般学制为一年，有些学科（如医学、艺术等）为两年。硕士学位基本上分为两种——授课型（Master by Coursework）和研究型（Master by Research）。授课型硕士学位以教学为主，多为实用性专业，一般有三个学期。第一、二学期以授课为主，包括公共大课、专题报告、辅导课等。第三学期则让学生撰写学位论文。授课型硕士学位的课程学习强度较大，学生在学习期间，要大量地听课、阅读、试验，还要完成课后作业和学位论文。大多数国外学生选择此类课程，通常需要 1—1.5 年完成此类课程。研究型硕士学位要求学生必须具备荣誉学士学位或已完成硕士预科（Pre-master）的课程，课程以研究为主，完成此类课程通常需要 2—3 年。研究型硕士学位的导师不会全程参与指导，仅给学生提供监督、指导和建议，大部分要靠学生自己进行创新性研究，最后还要完成一篇 5—6 万字的学位论文。欧盟和英联邦国家的一些学生通常会选择此类研究型硕士。此外，研究型硕士也称为哲学硕士（Master of Philosophy，MPHIL），常被视为博士课程的一部分。对于申请博士的学生，英国校方通常会先接受其为哲学硕士。若学生第一年的研究成果良好，才可以继续申请博士学位，学生在修读哲学硕士时所做的研究工作则视为博士研究的一部分。这种研究型硕士培养虽具备硕博连读的模式，但不侧重课程形式，也没有明确专门的培养方向。这与欧洲其他国家的硕士培养模式相比还是有较大的差异。还有一种比较灵活的本硕连读课程，如卡迪夫大学本科阶段的（Undergraduate Course）的工学硕士专业（Master of Engineering）就属于这种类型。学生可以在本科入校时直接申请这种专业，但录取标准会比普通本科专业要略高一些，而且就读时间较长。学生也可以先读普通本科并在第二年结束且获得优异成绩的前提下，申请转为四年制的本硕连读。这种类型的课程机制比较灵活，能充分给予学生机会，有利于他们根据自己的能力学习某一专业课程。目前，欧洲的专业学位模式和中国一些大学的按大类招生模式也是在仿效这种机制，将本科和硕士培养有机地整合起来。英国大学的硕士学位包括理学硕士（Master in Science，MSC）、文学硕士（Master of Arts，MA）、哲学硕士（Master of Philosophy，MPHIL）、工程硕士（Master of Engineering，ME）、艺术硕士（Master of Fine Arts，MFA）、工商管理硕士（Master of Business Administration，MBA）、音乐硕士（Master of Music，MMUS）、教育学硕士（Master of Education，MED）、建筑学硕士（Master of Architecture，MARCH）、公共健康硕士（Master of

Public Health，MPH）、数学硕士（Master of Mathematics，MMATH）、社会工作者硕士（Master of Social Work，MSW）、化学硕士（Master of Chemistry，MCHEM）、法学硕士（Master of Law，LLM）等。

1.2.3 博士研究生

英国的博士研究生通常需要 3—5 年完成学制，主要有三类学制模式，如威尔士三一圣大卫大学为研究型博士、专业型博士（Professional Doctorate）和学术作品出版型博士（Doctor by Published Works）。以该大学为例，研究型博士的申请者需具备研究型硕士学位或荣誉学士学位，大约 3—5 年可获得学位。这是一种高层次的原创型博士，其导师职责主要是监督研究工作，为学生提供指导和建议，学生则需要自己进行创新性研究。此类博士管理和审核严格，有定期的导师会议，且学生还要定期汇报阶段性进展。同时，每年会有年审（Annual Review），由研究办公室和独立委员会（Panel）给予评估和反馈。最后，学生需要完成 10 万字左右的博士论文并参加论文口试答辩（Oral Defence of PhD，VIVA）后才能毕业。专业型博士需完成专业的博士项目（Program of PhD）并要在项目中体现对某专业领域的创新贡献。这类博士会在第一年完成授课学习，在后面两年多的时间里完成 6 万字以上的论文。学术作品出版型博士与普通类型的博士相比是一种高级博士学位，如文学博士（DlITT）、理学博士（DSC）、法学博士（LLD）等，这种类型的博士学位旨在认可那些在特殊学科领域内作出突出贡献的研究人员。获奖者通常为学术方面有独到之处并出版过大量学术著作的高水平学者。英国大学目前大部分学科领域颁发的博士学位均为专业型博士，属于第二类。一般需要经过三年左右的课程学习和研究并提交学位论文，有时也要进行书面考试，其次才是研究型博士学位。英国大学由于博士研究生主要包含授课和研究两个阶段，所以其博士培养与其他国家相比均有所差异。虽然一些国家在博士培养的后期会有论文要求及发表一定数量的高质量文章，但其他国家的培养模式并没有英国的研究型博士（Doctor by research）、专业型博士（Professional Doctorate）和学术作品出版型博士（Doctor by Published Works）的类型。

1.2.4　高等教育

　　除了前面所述的本科、硕士和博士培养模式外，英国大学还有一种教育形式可以获得高等教育证书（Diploma in Higher Education）或高级文凭证书（Higher Diploma）。如果学生不想攻读学位，那么可以参加此类课程。该全日制课程一般为期1—2 年，专业主要涉及科学技术与商务，相当于中国的大专毕业。具体而言，英国会在一些学院和大学开设两年制或三年制的专业课程。当两年制的课程完成后，如学生考试合格可获取高等教育证书，学生毕业后如果申请本科课程，其两年制所学课程也有可能被大学认可。三年制课程主要为企业培养职业学生，学生毕业后即可获得高级文凭证书。有的大学设置的英国国家高等教育文凭课程（Higher National Diploma）也属于此种类型。南威尔士大学就有四种不同类型的英国国家高等教育文凭课程，如英国国家高等教育文凭商务课程（HND Business Studies）、英国国家高等教育文凭工程课程（HND Mechanical Engineering）、英国国家高等教育文凭电气与电子工程课程（HND Electrical and Electronic Engineering）以及英国高等教育文凭公共急救课程（HND Public and Emergency Services）。英国各大学的官网上也明确说明这类课程旨在提高学生毕业后的就业率。另外，英国很多大学专注学术和职业类相结合的课程以提高毕业生的实践能力。威尔士三一圣大卫大学就是其中的一个典型代表，其毕业生的就业率一直稳定在英国各大学前列。在这类课程结束之后，学生经过一年的学习便可以转读相关的学位课程，完成续本（Top-up）课程，拿到学士学位，从而将国家高等教育证书转为学位。在英国各大学，这些侧重于职业类的高等教育文凭和学术的课程形成互补，可以循环关联以获得高校认可，为进一步向更高级别的学术类型课程深造打好基础。该课程在本科、研究生、博士等毕业文凭上明确地用图示标明为连续一体、循环上升，分别为第五级（Level 5）、第六级（Level 6）、第七级（Level 7）和第八级（Level 8）。高等教育学术类和职业类课程的互通为更高层次的学位申请和职业类课程学习的循环提高提供了基础，因此如何使职业教育走进高校与学术研究互补也是今后有待探讨的高等教育改革议题。

1.2.5 终身教育

除了学术、职业类教育外，英国高等教育还包括终身教育，即成年人可以在工作的任何阶段参加学习和培训。终身教育包括开放和远程学习，具有灵活的学习方式和课程等。成立于 1969 年的开放大学为实现终身教育提供了有效的途径，该校也是英国率先在大学层次进行远程学习的办学机构，欧洲许多国家也都覆盖了远程课程。开放大学本科学位课程无须特定的学术资格，但其学位和证书水准已经达到了其他大学的同等水平。开放大学是目前英国学生人数最多的大学，注册学生超过 20 万人，其中近 3 万为海外学生，位于卡迪夫的威尔士开放大学（Open University in Wales）便是这种类型的大学。此外，开放大学为高校教师提供的各级免费学位课程也是终身学习的一种模式。在英国，终身教育已经不再是一种形式和理念，而是普遍的现象和实践，正因为有了终身教育体制及各种教育类型的互通，使得大学对于各层次的教育准入没有太多的约束。在开放式高等教育的领域以及各个校园内外，很多不同年龄群体通过各种形式就读不同层次的课程。他们兴趣广泛，只要符合要求就有可能接受终身教育，因此很多人都具有交叉学科背景。他们为了学术和兴趣而来，在有了一定实践和学术积累后便付诸实施并走进多种形式的课堂，将终身学习作为一种个人事业的修养和追求。虽然英国在终身教育领域走在欧洲的前列，但随着英国脱欧及对欧盟政策的区域性差异，使得开放大学这样的终身教育模式在与欧盟国家的教育交流中很难真正得以实施和普及，欧洲高等教育一体化仍有待进一步解决和改善。

1.2.6 英国大学各级教育类型

为了更好地了解英国高等教育状况，以下将结合中学阶段的学习完整性来说明英国高等教育文凭类型，总体分为五个等次和八种不同类型。（1）中学毕业考试（General Certificate Secondary Education，GCSE）。英国的学生一般在 16 岁时参加考试，获得中学文凭。之后，想继续深造的学生进入高级（A-Level）预科学习，而准备就业的学生则进入职业培训学校。（2）高级水平考试（Advanced Level，A-Level）。在通过中学毕业考试后，那些准备进入大学深造的学生进入大学预科班或高中（Comprehensive School）六年级（Sixth Form），经过两年的学习并通过高级水平考试（A-Level）后即可申请大学。高级水平考试（A-Level）是中学和大学的衔接课程，其考试成绩也是学生从中学升入大学的考核标准。（3）大学预科文凭（International Foundation Diploma，IFD）。英国的部分大学设有该课程，主要针对那些不能直接进入本科阶段学习的海外学生，可用作任何英国大学本科阶段学习的准备课程。完成该课程后，学生可直接升入大专或本科继续学习。（4）高级国家文凭（Higher National Diploma，HND），相当于其他国家的大专文凭。若学生的申请得到批准，可直接进入本科最后一年学习并获得学士学位，称为续本课程（Top-up）。该课程学制为两年或三年（含一年实习时间）。（5）学士学位（Bachelor Degree）。学制通常为三年，如果是含实习期的"三明治"课程则为四年。（6）研究生文凭（Postgraduate Diploma）。英国的部分大学和专业设有该课程，介于本科和硕士之间，学制为一年，完成后即可获得研究生文凭，也可直接升入硕士课程学习并取得硕士学位。（7）硕士学位（Master Degree）。学制通常为一年，但可能有半年的毕业设计时间。另外，英国的部分大学还设有硕士预科（Pre-Master）课程，学制为半年，之后可直接进入硕士学习阶段。（8）博士学位（PhD）。学制视具体课程而定，一般为3—5年且细分为不同的类型，招生和毕业要求也各不相同。

1.2.7　英国大学文凭的等次

由于高等教育体制的差异，英国的大学文凭有着严格的等级划分。相比而言，欧洲其他国家的本科生毕业文凭则迥然不同。英国的本科学位文凭划分为五个等级，学生的学位证书上有着非常清楚的等级标识，对学生就业有着非常重要的影响。英国的学士学位分五等：一等荣誉学士学位（First Class Honours）、二等上荣誉学士学位（Honours IIA）、二等下荣誉学士学位（Honours IIB）、三等学士学位（Honours III）和及格学士学位（Honours Pass）。一等学士学位数量占整个学位比例的5%，当顶尖大学最优秀的学生获得一等学士学位后，不需要读研究生课程就可以直接攻读博士学位了。这五个等级分别有对应的分数，本科和硕士也有所区别。本科70分及以上为一等学士学位（First Class），60—69分为二等学位甲等（Upper-second Class Degree），50—59分为二等学位乙等（Lower-second Class Degree），40—49分为三等学位（Third Class Degree）；40分以下需补考，文凭为及格学位（Pass Degree）。另外，各个大学的文凭有时也会因为各种因素有所调整，如仅一分之差就接近上一个等级，则有可能被授予上一个等级的文凭，并且也会对一定范围内不及格的学生给予赦免。例如，对于某门课程只有38分的学生，如果其他课程都通过了，则可能享有免去补考直接授予学位的机会。至于硕士文凭的等级，70及以上为优秀（Distinction），60—69分为良好（Merit），40—50分为合格（Pass）。但每个大学都会有一定的区别：如有的大学只有合格和优秀两个等级，没有良好等级；有的学校合格为50分，如罗素集团内的大学及大部分的英国大学都将50分设为硕士的及格分，也有些排名靠后的大学将40分设为及格分。英国对大学文凭等级的重视程度也体现在毕业证书上，会标明学生的学位等级。另外，学生的成绩单也是文凭的有机组成部分，上面列明了学生在大学阶段所有课程的层次及相应的分数。因此，学生既要认真对待课堂教学，也要重视每一门考试和每一篇论文，尤其是论文。英国教师对论文的内容、语言、思想等有着非常严谨的要求。通常，60分以上是优秀论文。突击考试或临时布置论文等考核方式在英国大学严谨的教育风气下显得不合时宜，这也是其他国家在借鉴英国教育体制时改进最多的方面。

外国学生去英国读本科可分成两类，一类是要继续深造读研究生，另一类则是本科毕业后直接工作。只有本科成绩达到二等学位甲等（2.1）标准的学生才有获得优先就业或深造的机会。英国研究生入学标准主要看学位等级，即使牛津大学和剑桥大学毕业的学生也不例外，如果达不到二等学位甲等（2.1）或以上同样就读不了本校的硕士。很多排名在中等或中等以下的大学生，如果能取得优良的毕业成绩，达到一流大学要求，同样也可以攻读牛津大学或剑桥大学的硕士学位。同时，对于那些希望择业和工作的学生来说，大学毕业成绩也十分重要。一般来说，英国当地的世界顶级企业在招聘时，基本上都会明确要求大学应聘者的学位至少要达到二等学位甲等（2.1），不然有可能会失去申请资格或在筛选时被淘汰。英国本科学位和中国本科学位的对照大致为：中国一类大学本科平均成绩 85 分以上或二类大学本科平均成绩 90 分以上相当于英国本科一等荣誉学士学位（First class/Distinction）；一类大学本科平均成绩 80 分以上或二类大学本科成绩 85 分以上相当于英国本科二等上荣誉学士学位（Upper-second Class Degree）；平均成绩 75—80 分相当于英国本科二等下荣誉学士学位（Lower-second Class Degree）；平均成绩 70—75 分相当于英国本科三等学士学位（Honours III）；平均成绩 60—70 分相当于英国大学本科及格学士学位（Pass degree）。

1.3　威尔士教育体系与威尔士语教育

1.3.1　威尔士教育体系

威尔士高等教育基金管理委员会（Higher Education Funding Council for Wales，HEFCW）的职能介于政府和大学之间，对威尔士高等教育管理与发展起着至关重要的作用。根据 1992 年英国教育部颁布的《继续教育和高等教育法案》（*Further and Higher Education Act*），威尔士高等教育基金管理委员会致力于发展与维护威尔士高等教育的国际先进水平并监管各高校的学费状况，确保其在应有的框架内对所辖的高等教育机构进行质量评估，并审查各大学及其他教育机构的绩效表现。威尔士高等教育基金管理委员会通过运用来自威尔士政府及其他方面的资源，以确保威尔士大学的高质量教学与研究，对威尔士高等教育领域的文化、社会和经济作出贡献，同时也保证了对高质量教师培训的广泛认可。威尔士高等教育基金管理委员会在负责协调各大学职能时，其重要的依据就是 2015 年威尔士政府颁布的《威尔士高等教育法案》（*Higher Education Wales Bill*）。根据该法案，威尔士高等教育基金管理委员会的具体职责包括四个方面：监督高等教育机构费用及规划途径是否符合政府规定、评估教育质量、监督新财务管理准则的预备和咨询工作并督管各大学执行该准则、定期向威尔士首席大臣（Welsh Minister）提交信息和建议。由于威尔士高等教育基金管理委员会隶属于威尔士政府，每年都会收到来自政府的回信（Remit Letter），说明下一年的工作范围及相关的资金调配。根据 2014 年威尔士政府颁布的《继续教育和高等教育威尔士法案》（Further and Higher Education, Wales Act）的规定，威尔士高等教育基金管理委员会将职责扩大至对新教师的培训方面。

在威尔士，英国高等教育质量保证署（the Quality Assurance Agency for Higher Education）作为威尔士高等教育主要的外部质量保证和评估机构，履行着高等教育质量监管的职责，发挥着重要的作用，该机构明确了英国大学及其他高等教育机构组织与威尔士各大学之间的紧密合作，同时支持威尔士大学在学术标准和质量管理方面的发展。英国高等教育质量保证署在威尔士的工作主要由国内和国际事务部部长负责（Director of Nations and International），并由卡迪夫的行政官员提供支持与协助。威尔士评估团队（Team Wales）则提供进一步的专业化信息支持和建议，并帮助发送、评估威尔士境内所有高等教育质量保证活动的内容。英国高等教育质量保证署设在卡迪夫的办公室也会根据需要，向其所辖的各教育机构和资助者提供相关服务，以确保威尔士地区高等教育质量并支持其不断改善提高，以此推进完成每年正式的年度质量评估报告。高等教育质量保证局威尔士委员会（Wales Committee of the Quality Assurance Agency for Higher Education，WCQAHE）由来自威尔士教育行业的人员所组成的董事会主持工作。该委员会对高等教育质量保证局提供一些战略性建议，同时确认董事会已充分了解威尔士境内高等教育相关事务，最终确保董事会能根据威尔士地区的特有需求作出实事求是的决策。英国高等教育质量保证署在威尔士的主要工作还包括审核活动（Review Activity）。近年来，威尔士高等教育审核机构（Higher Education Reviews）旨在审核各个大学如何有效管理每个学术条款下质量标准的实施。院校审核作为英国高等教育质量保证署的评估活动方式，旨在确保大学提供的高等教育具备合格的质量和适当的学术标准并恰当地授予学位。其具体运作大致分为三个阶段：审核与初步调查，提交报告，以及继续调查等环节。2015 和 2016 年威尔士高等教育基金管理委员会逐渐引入了英国高等教育质量保证署质量保障框架中的相关要素，目前高等教育质量评价要素在威尔士境内运行良好。这些审核结果都会及时反馈给学生，同时也鼓励学生加入该活动。该活动的另一个特色在于每个审查团队里都有一名学生。作为质量评估战略决策的一部分，该活动的目的在于将学生纳入质量保证机制以切实提高高等教育质量。针对威尔士高等教育质量保障体系，英国高等教育质量保证署还推出了智慧威尔士（Wise Wales）质量管理方法，这种方法是将学生吸纳进领导管理层，让学生进入教育发展及实践阶段，这是威尔士地区高等教育和继续教育的特色，以确保威尔士高等教育的前沿地位。该管理方式由威尔士全国学生联合会（National Union of Students，NUS）主导，同时由威尔士高等教育基金管理委员会、高等教育学会（Higher Education Association，HEA）、威尔士大学联合会（Universities Wales and Colleges Wales）联合发起。

根据英国商业、创新和技能部的统计，目前全英拥有政府认可的独立学位授予权的大学（Recognized Bodies）有 158 所，而威尔士的高等教育主要由八所大学和一所开放大学组成（the Open University in Wales），同时还包含了许多继续教育学院。威尔士高等教育基金管理委员会直接给这些学校划拨政府资金，将其用于教育、研究和相关的大学活动。这八所大学和一所开放大学分别为亚伯大学（Aberystwyth University）、班戈大学（Bangor University）、卡迪夫大学（Cardiff University）、卡迪夫城市大学（Cardiff Metropolitan University）、威尔士开放大学（The University of Wales）、南威尔士大学（The University of South Wales）、斯旺西大学（Swansea University）、威尔士三一圣大卫大学（University of Wales Trinity Saint David）、雷克斯汉姆格林多大学（Glyndŵr University）。另外，威尔士高等教育基金管理委员会也对继续教育学院开设的某些高等教育课程提供一定的资金。近年来，每年都有近 12 万名学生在威尔士的各个大学就读，其中 30% 为非全日制学生。此外，每年还有近 1 万多名留学生，其中亚洲国家的留学生人数正逐年增加。目前卡迪夫大学是威尔士精英大学联盟——罗素集团的唯一成员。根据 2017 年 QS 最新世界大学排名，卡迪夫大学已跃居世界前百强。

1.3.2 威尔士语教育与应用

在威尔士高等教育领域中，威尔士语具有一定的影响力。以威尔士语为媒介（Welsh-medium）的教学被当地政府大力推广，各个大学均设有威尔士语言教学与研究。威尔士语（Cymreag，Welsh）是威尔士地区使用的母语，也是现代社会使用最广泛的凯尔特语言。这种语言直接传承于早期的威尔士语（Early Welsh）并扩展到苏格兰南部和英格兰北部。16世纪以前威尔士语一直是威尔士地区的母语，也是绝大多数威尔士人的第一语言，但11世纪以后仅限于在威尔士境内使用。由于1536年和1542年英国议会出台了《合并法案》（Acts of Union），英语成了威尔士地区法律、行政和教育的官方语言，威尔士语在威尔士地区逐渐失去了主导地位。1872年威尔士第一所大学在亚伯（Aberystwyth）成立，使用英语教学。19世纪后期，随着1870年英国政府颁布《教育法案》（Education Act）并确定了威尔士地区的义务教育后，才明确规定了威尔士语需作为学校的必修课。威尔士语终于进入了现代教育领域。根据国际语言组织的调查，目前全世界约有61万人会说威尔士语。尽管威尔士语属于小语种，但自20世纪下半叶开始，威尔士语的传承和发展得到了英国政府的大力支持。1967年英国政府颁布的《威尔士语言法案》（The Welsh Language Act）允许政府官员使用威尔士语。但该法案没有确定威尔士语在其他领域的地位。1993年和1998年，英国议会又通过了两项威尔士语法案，确立了公共部门中威尔士语和英语的同等地位，并由此成立了威尔士语董事会（Welsh Language Board，WLB），就威尔士语言计划（Welsh Language Scheme）向公众颁布指导。根据这项法案的第五部分（Section Five of the Act），威尔士教育局（Local Education Authorities）要求制订实施威尔士语言计划，由威尔士语董事会批准。根据1998年威尔士政府颁布的《威尔士政府法案》（the Government of Wales Act），威尔士成立了国民议会（Cynulliad Cenedlaethol Cymru）。2012年，国民议会获权制定了威尔士语的相关法律，明确了威尔士语的应用范围、语言适用领域以及双语章程等。2011年，威尔士政府颁布的《威尔士语法》（The Mesury Gymraeg，Cymru）确立了威尔士语在威尔士的官方地位，允许公民在各个公共领域使用威尔士语。威尔士教育局也积极推进以威尔士语为媒介的教学或双语教学。在威尔士高等教育领域及所辖的各大学，其官方文件、学生的年审表、文凭等使用的都是英语和威尔士语。威尔士语作为一门课程在大学得到认可是在 1988 年，在英国政府颁布的《教育改革法案》（Education Reform Act）实施之后。该法案确定了威尔士语作为核心课程和威尔士教育战略计划（Welsh in Education Strategic Plans，WESPs）的地位，即和英语、数学一样是必修课。2013 年，威尔士语言计划项目直接由威尔士教育部长（Minister of Education of Welsh）负责。威尔士语在英国大学的实施对当地威尔士语教育提出了挑战，威尔士学士课程（Welsh Baccalaureate Programme）就是威尔士各大学的一门高级课程（A-level）。在课程中，双语规定（Bilingual Provision）指可以有两种教学语言供师生选择，而威尔士语媒介（Welsh-medium）则指仅能用威尔士语教学，该模式与浸没式教育模式近似。在卡迪夫大学的人类学（Philosophy and Archaeology）学士学位课程中，有 30% 的专业课教师和学生完全使用威尔士语教学与学习。威尔士境内的高等教育质量保证局也须遵循《威尔士语法》，该机构明确表明了对威尔士语言的认可与推广，以确保威尔士政府工作人员遵循所属辖区语言的准则，平等对待英语和威尔士语，在任何适用威尔士语的场合需遵守 2011 年威尔士语使用条款。此外该机构也向威尔士语委员会提交年度检查报告。国立威尔士语言学院（The Coleg Cymraeg Cenedlaethol（National Welsh Language College）成立于 2011 年，所有威尔士境内的大学都是该虚拟联邦大学的成员，其宗旨是提供先进的以威尔士语为媒介的大学课程、奖学金并开展相关研究。该大学与威尔士各大学紧密合作，以加强双语课程的教学。威尔士各大学都有新开设的威尔士语学位课程，以确保每所高校的威尔士语语言水平。国立威尔士语言学院于 2012 年启动大学学术教育战略计划（the Coleg's Academic Strategy）以促成教育质量的可持续发展。其学术员工配备计划（the Academic Staffing Scheme）为威尔士大学提供资金，配备相应的威尔士语学术人员。目前，威尔士各主要大学都有一个线上授课平台，主要以威尔士语授课，涵盖一百多个大学课程模块，参与课程的学生人数日益增加。在威尔士的大学，有些专业课的教师会根据需要按一定比例进行威尔士语授课，如卡迪夫大学的人类学荣誉学（Philosophy and Archaeology）就明确说明有33%以上的课程内容会用威尔士语授课，因为当地的考古会涉及威尔士语，该校也说明了用威尔士语授课的原因。另外，经济学（Philosophy and Economics）的课程设置也体现了课程内容和当地语言紧密结合的特点，有利于学生原汁原味地了解当地历史，从而有效提高学生对学科的理解，避免由中介语言翻译引起的误差。当然也有的学科作为语言文化推广的一个途径，明确注明了威尔士语教学的比例，如经济学（Philosophy and Economics）学位课程就注明了威尔士语的使用比例为33%。威尔士语在威尔士大部分大学都有多种形式的学位课程，如亚伯大学（Aberystwyth University）、班戈大学（Bangor University）、卡迪夫大学（Cardiff University）、斯旺西大学（Swansea University）、威尔士三一圣大卫大学（University of Wales Trinity Saint David）等。这些大学将威尔士语与其他语言或科目结合在一起成为联合学位（Joint Honours Degree），如威尔士三一圣大卫大学的学位课程就有威尔士语和英语的双语课程（Applied Bilingualism in Welsh and English），南威尔士大学也有一些威尔士语和专业课相结合的课程（Subjects Combined with Professional Welsh），这些将威尔士语融于公共服务及大学教学中的举措都符合英国政府的法案和法规，并且目前威尔士大学的学生有更多的机会选修这些部分或全部使用威尔士语授课的学位课程。

1.3.3　威尔士语课程教学模式

威尔士的大学一直致那些力于推广威尔士语，经常有面向教职员工的免费威尔士语培训，对于具有一定威尔士语交际能力的教职人员都会比较青睐。此外，各大学还会雇用一定比例的威尔士语教师进行授课，同时也招收和接受学习威尔士语的学生，因此一部分课程可直接用威尔士语授课。根据威尔士高等教育基金管理委员会的统计，在威尔士的大学中，大约每16名学生中就有一名学生选择用威尔士语授课。因此在近几年的大学课程里，以威尔士语为媒介的课程数量达到了历史高峰，大约有6,355名学生，占威尔士大学学生人数的5%。在这些学生中，有 53% 的学生选择完全以威尔士语教学的课程，47% 的学生选择部分用威尔士语授课的课程。如威尔士三一圣大卫大学的很多课程就采用威尔士语进行教学，2,185 名学生选择以威尔士语为媒介的课程，占选课学生人数的 21%。威尔士语培训涵盖教育的各个阶段，尤以小学、中学培训居多，而专门针对大学教师的威尔士语培训项目则较少，但会有一些在职（In-service）培训。2014 年，威尔士大学启动了一个教师研究生学位项目（Graduate Teacher Programme）并将其作为大学教师入职的一种途径，在职教师每年会有一周时间的威尔士语教学培训。以就业为目的的教学培训工作由三家在职教师教育（ITT）中心承担。该项目也面对大学毕业生，为他们提供两年的学校工作实习机会。威尔士政府的学术休假计划（The Welsh Government's Sabbaticals Scheme）也为学校继续教育的教师提供威尔士语言教学法培训。从 2014 年 9 月开始，每年有近 238 位高校从业人员接受威尔士语培训。国立威尔士语言学院（The Coleg Cymraeg Cenedlaethol）有研究型奖学金计划（Research Scholarship Scheme），该计划每年为博士研究生提供大量的经济支持并于 2005—2006 学年首次设立教学基金，旨在长期资助那些在更广泛的学术领域用威尔士语授课的教师。截至 2013 年，已经有 40 位教师完成研究并获得博士学位，另外还有 40 位教师处于博士研究阶段。自 2013 年开始，该项目每年平均增加 10 个教师的培训名额。总之，威尔士地区目前正在英国高等教育领域大力推广威尔士语言研究和以威尔士语为媒介的教学，取得了显著成果。威尔士政府每年也会对威尔士语教育策略（the Welsh-medium Education Strategy）的进展发布年度报告。因此，威尔士语这一语言文化遗产逐渐在英国高等教育的教学与研究领域得到了发展与传承。

1.3.4　威尔士主要高校

1. 卡迪夫大学

根据威尔士高等教育基金管理委员会的学术信息（Academic Profile 2015—2016），威尔士地区的八所大学及一所开放大学各具特色，其中尤以卡迪夫大学最为闻名。卡迪夫大学（Cardiff University），简称卡大，是一所享誉世界的顶尖名校和国际知名学府。卡迪夫大学于 1883 年创建，1884 年取得皇家许可状（Royal Charter），是威尔士地区唯一一所罗素集团成员，该集团亦被称为英国的常春藤联盟，同时也是欧洲大学工会（EUA）、世界大学联盟（WUN）和联邦大学工会（ACU）的成员，并且拥有两名诺贝尔奖获得者。在各类权威排名中，卡迪夫大学长期位居精英大学行列。在英国高等教育拨款委员会 2014 年发布的最新英国大学科研水平综合评估排名（Research Excellence Framework，REF）中，卡迪夫大学的研究力指标（Research Power）排在全英第 17 位，平均研究成绩（Research GPA）排在全英第 6 位。卡迪夫大学在 2016 年英国西蒙兹公司发布的 QS 世界大学排名中位列第 122 位，在 2017 年 QS 世界大学排名中位列第 140 位，在 2017 年上海软科发布的世界大学学术排名中位列世界第 99 位和英国第 9 位。卡迪夫大学共有 3 个学院，分别是人文艺术与社会科学院（College of Arts，Humanities and Social Sciences）、生物医学与生命科学院（College of Biomedical and Life Sciences）和物理与工程学院（College of Physical Sciences and Engineering），共有 26 个系。

2. 威尔士大学

威尔士大学（University of Wales）创建于 1893 年，是一所由当时的威尔士大学学院（阿伯里斯特维斯大学前身）、北威尔士大学学院（班戈大学前身）及南威尔士和蒙茅斯郡大学学院（卡迪夫大学初名）发起并组建的联合大学。之后，斯旺西大学学院（斯旺西大学前身）、威尔士国立医学院（2004 年并入卡迪夫大学，成为卡迪夫大学医学院）、威尔士高等技术学院（加入后更名为威尔士大学科学与技术学院，并于 1988 年与卡迪夫大学学院合并）、圣大卫学院（圣大卫三一大学前身）也分别于 1920 年、1931 年、1967 年和 1971 年加入威尔士大学，威尔士大学负责为这些学院颁发学位和其他资格证书，并支持和帮助他们的教学活动。威尔士大学作为其分校和数十所成员学院的学位证书颁发与认证的英国第二大公立大学机构，具有较大的影响。2007 年威尔士大学进行了重组，原有的 6 所大学和 2 所学院纷纷独立，威尔士大学不再是以往的联合大学，已成为大学联盟。2011 年，威尔士大学联盟宣布解散。目前，该校已确定重组。2017 年 10 月以前，威尔士大学是在皇家宪章的规定下履行其职责，同时受到来自英国政府的相关监管。但自 2017 年 10 月 1 日起，威尔士大学的管理与行政职能正式并入威尔士三一圣大卫大学，两所大学共同体开始在同一框架下合作运营。

3. 威尔士三一圣大卫大学

威尔士三一圣大卫大学（University of Wales Trinity Saint David）成立于 2010 年 11 月 18 日，由原威尔士大学兰彼得学院（University of Wales Lampeter）与威尔士三一大学卡马森学院（Trinity University College Carmarthen）根据 1828 年兰彼得皇家宪章合并而成。2013 年 8 月 1 日，斯旺西城市大学（Swansea Metropolitan University）正式并入，享有国际声誉的威尔士大学也于 2017 年并入。2011 年，威尔士亲王成为大学的皇家赞助人。因此继牛津大学和剑桥大学之后，威尔士三一圣大卫大学成为英格兰和威尔士学位授予历史最悠久的机构之一。其中，兰彼得校区成立于 1822 年并于 1828 年获得国王乔治四世签发的皇家宪章。这也是除牛津大学与剑桥大学外，威尔士和英格兰地区最古老的皇家宪章。威尔士最早的教师培训中心于 1848 年在卡马森校区建立，成立于 1853 年的威尔士三一圣大卫大学斯旺西艺术学院也是英国最古老的艺术学院之一。威尔士三一圣大卫大学集团还包括卡马森郡学院（Coleg Sir Gâr）与锡尔迪金学院（Coleg Ceredigion）。因此，该大学集团拥有高等教育和继续教育两种机构，为国内外学生提供了高质量的学习和研究机会。学校共有五个学部，分别是艺术、商业和管理、人文和表演艺术、教育和社区以及建筑、计算机工程。学校开设了三百多门课程，包括商业与管理、计算机与多媒体、建筑、工程、环境、海洋生物、物流和运输、表演、艺术与设计、电影和数字媒体、古代史、人类学、应用哲学、考古学、中国研究、古典研究、创意写作、神学、英语与英语教学、历史学、管理与信息技术、心理学、幼儿教育、教师教育、宗教研究、休闲与旅游、运动和健康教育等，同时还设有网络教育课程。

威尔士三一圣大卫大学有着较强的文化及学术氛围。该校拥有威尔士地区第一所孔子学院，2016 年还开设了威尔士地区第一所中文学校。该校的人文学院成立了中国研究中心，2017 年又建立了英国汉学院。该校的自由艺术学院是英国唯一一所开设艺术管理课程的院校，在威尔士地区名列前茅。2016 年，该校还成立了英国武汉理工学院，与中国的大学也有着多层次、全方位的国际交流。该大学拥有诸多优势，由经验丰富的教职员工为学生提供全方位支持，帮助学生通过自己的努力获得威尔士大学学位。威尔士三一圣大卫大学对于英语和威尔士语给予同样的重视，这是其引以为豪的教学特征，但与此同时，各学院也在其教育工作和校园文化上体现出一种国际化的氛围，并与中国、美国及欧洲许多大学建立了十分紧密的联系。该大学集团所在地包含了英格兰和威尔士城乡的 17 个校区，提供从本科到博士后研究的高质量与职业导向型双轨教育。该校拥有 25,000 名学生，10% 以上的学生是来自其他国家（包括欧盟、美国、加拿大和中国等）的交换生，学校毕业生的就业率远高于很多英国的大学。

4. 威尔士开放大学

威尔士开放大学（The Open University in Wales）是威尔士地区非全日制本科教育规模最大的学校，为学生提供世界一流和高质量的远程教育，覆盖了威尔士地区的家庭及工作的各大场所。该校创建于 1969 年并于 1971 年开始招生。威尔士开放大学的学生大多是 20 岁以上的成年人，不需要任何入学资格。该大学授课形式灵活多样，且严格实行学分制。学生可以通过远程教育、暑假面授、实验室活动等方式接受教育，基于 ICT 的计算机远程教学在开放大学的学习中起着很重要的作用。威尔士开放大学目前有近 7,500 名学生，大多是居住在威尔士地区的非全日制学生。该校为这些学生提供了从短期到研究生不同阶段的课程。此外，英国境内约有 300 多名该校的兼职教师，强大的师资力量为学生提供了教学协助。由于没有校园建设投资，因此节约了硬件设施所需的巨额开支。该校在遵循威尔士政府及威尔士高等教育基金管理委员会政策和目标的基础上，满足了威尔士地区终身教育的需求，成为威尔士高等教育的有机组成部分。

1.4　中英高等教育体系的比较

1.4.1　中英大学教务体系比较

　　基于英国高等教育的历史和传统，英国与欧洲其他国家有不同的教育理念和教育体制，因此也衍生了相应的教学、考核机制及学习策略。英国大学普遍采取自主和自律的教育体制和教学模式。与中国大学不同，这种模式不需要通过人为传导，让学生被动接受教务信息，而是在学生获得学籍有了自己的学号和大学邮箱后，大学录取委员会（Admission Committee）、教务处（Registry）或国际中心（International Office）等部门就会发送相应的邮件，指导学生自助登录学校官网和教务体系了解相关信息如开学日期、课程设置、学校注册等。这种教务体系叫在线教学管理平台（Blackboard），也称为模块化面向对象的动态学习环境（Modular Object-Oriented Dynamic Learning Environment，Moodle）。此后，学生需要通过此平台时时地动态查阅课程变动、教师课件、课业提交等信息。学生需要养成主动查阅、主动了解信息的习惯。学生可以通过学校官网进入网上图书馆查阅资料及办理借阅手续等。除了模块化的动态学习环境，学生的学校邮箱也是大学期间与教师及各部门联系的重要途径。由于许多的教学通知和师生交流都会通过这一平台发布，所以学生养成了适时查阅邮件的学习方式。进入"互联网＋"以来，中国大学的教学管理则是各级行政部门或管理人员以微信、在线教学平台或雨课堂等形式进行沟通，中国大学的校园网和在线教务平台在整个教务系统管理中开始发挥实质性作用，主要用于信息展示和选课，以展现中国大学教务系统的系统性智能数据功能。未来还可以充分发挥中国大学在线教学系统和电子办公的智慧校园优势，从而将教学管理人员解放出来，锻炼学生主动获取信息的能力。在教学和学习体系中，中国大学的班级管理者发挥了较大的作用，他们各司其职完成各项在线学习任务的传达工作。在大数据和信息化时代的背景下，中国大学在线教学系统和英国大学自主教务体系还可相互借鉴，不断提高高校的教学管理效率。

1.4.2 中英大学教学方式及考核体系比较

在教学方式上，英国大学充分借助了网络、媒体、电子数据库及成熟小视频等多种形式的教学方式。为了辅助课堂教学，英国教师经常准备大量教学小视频或链接，教室的互联网信息教学可以直接连接展示给学生。一般课前老师会通过教务系统或群发邮件提供相关阅读材料或课件，全日制的学生会按时参加常规课堂教学，在课堂上教师主要起到启发、引导作用，大量教学内容会通过小组讨论、课堂展示（Presentation）等形式进行，这就要求学生有主动交流和协作学习的主动性。除了常规课堂教学外，学生还会有企业周、阅读周或校外参观实践等活动。老师会把课业要求提前发给学生，学生要自主完成，而教师仅起到监督作用。此外，还有一些定期的研究辅导课协助学生完成报告或论文，如斯旺西大学的机械工程专业有在线课程（Math Lab）协助。与教学方式一样，英国大学的考核方式也很多样化。教师可以根据授课课程的教学特点确定考核方式及比例，如有的考核方式是由 50% 的课堂展示（Presentation）和 50% 报告（Academic Seminar）组成，有的则是由 50% 或 70% 的考试和研究报告组成，还有三种形式各占一定比例的。报告的评分标准也是宏观的，没有唯一答案，主要考察学生自主创新完成任务的能力。但教师会先给学生发一份详细的评分标准手册，便于其参考。最后，由两位教师分别做双向评估以及一定几率的外审抽查，再给出成绩，考试委员会会客观公正地确认每份评价结果。学校对于学生抄袭作业的行为也非常关注，所有书面课业都需要先通过教务系统上传，凡是重复率超过一定比例的都会提交给伦理委员会（Ethics Committee）审核，只有符合要求的作业才能进入批改环节。英国大学还允许教师在一定的课程框架下自行选择教学内容和考核方式。本科阶段大致有四类主要的考核形式：第一类为常见的课堂展示，该形式可以给学生综合展示自己的机会，教师也可以通过设定的时间面对面评价学生的表现。第二类为报告，教师只会给出相应的案例和指导，没有标准答案，大家可以创新性地完成课业。在此过程中，教师会提供面对面或书面的交流协作，这种形式尤其适合创新任务的完成和能力培养。第三类为考试，这种形式在中国最普遍，但在英国却有较大的差异，主要体现在考试基本没有范围，不是简单的记忆和回放一些笔记或教材内容，而是在完全掌握知识点后对知识的理解和应用。有的课程还需要考生在短短的两小时内，自己设定任务并完成，由此体现其对知识的了解和应用。在英国大学教师眼中，将笔记和教材内容机械背诵并完成课业或答题只是简单复制而已，并不符合要求。第四类为小组任务，很多课程需要整个小组作为一个团队协作完成，这种任务模式有利于培养协作精神，同时也可提供合作交流的机会。各个小组成员会根据不同的表现得到不同的评估分数，在研究生和博士阶段，由于类型差异，考核形式也多样化。另外，英国大学考核体系的一个重要环节是考试委员会（Examining Board）的审核。任何课程任务（含补考）除了内审和外审，还需要最终经过考试委员会的审核才可以生效。考试委员会由不同层次的专家和教师团队共同组成，对每份课业的评分进行最后的集体评估。如果对于结果有异议，还可以进行书面申述（Appeal），由学院和教务处等组织复议。此外，英国大学考核的另一个特点是这些考核结果在最终确定前会反馈给学生，使学生有机会和老师交流并提出异议且反馈结果有正式的书面细化量表和评语，学生可以对照了解，这些评分表在发放课业册时也同步发放给学生，对学生会有所指导，最后评分标准将与其一致。这些评估结果一般要求教师和学生至少进行一次面对面的交流，或通过邮件、模块化动态学习和管理系统（Moodle）等形式进行交流，学生需要定时查阅邮件或设立邮件提醒以及时和教师保持交流。除了授课式的教学方式外，对于研究型的课程英国还体现了对专才的培养特色。学生会有相应的导师团队指导，但不局限于导师的知识领域，学生可以自主创新研究，大学教务处下属的研究办公室等研究课程管理的部门也会提供相应的支持，如研究方法的培训、出版刊物的方法或大型研究会议的参与等。

目前研究型课程的专项管理、考核与培养模式在中国大学也已经纳入实施和改革阶段。在教学方式上，中国大学一直在改进教学机制，创新学习机制，培养学生主动获得信息的能力，实施自主学习和诚信学习，同时中国大学教务体系在信息交互学习和协作式学习上也不断升级。随着"双一流"建设的发展，中国很多大学也开始实施以论文写作为主要形式的开放型考试，要求学生对课程知识点融会贯通并提出自己的见解和观点。

在高等教育国际化发展中，中英两国大学不断推进教学模式的相互借鉴和文化交流。英国大学根据国际学生的文化背景安排不同的辅导课，如威尔士三一圣大卫大学人事部在 2017 年就组织了中国文化传统培训，由来自孔子学院和一些其他学院的教师介绍中国的文化、思维模式及高等教育管理体系和评估体系，让感兴趣的师生充分了解中国学生的学习背景。有的英国大学还针对中国学生在参考文献体例应用方面的国际化问题安排了相关的讲座，请图书馆做数据库专项培训，从而有效地促进了中英大学师生的相互理解与交流。

1.4.3 中英大学生学习策略比较

英国的教务体系和考核方式也要求学生具备相应的学习策略，而自主创新学习就是一个很重要的方面，学生需要学会大量利用教务体系、数据库、网络信息等查阅学习资料。同时，遵循诚信学习理念，了解应用参考体例、原创完成课业。另外，学生需接纳一些先进的思维理念，如辩证思维、反思型思维、跨文化观念等。学生还需要适应课堂讨论交流和展示等学习方式，以达到充分交流的目的。另外，学生需要与社会接轨参加活动，如企业周、公司参观、客座讲座、学术研讨等，从而拓展了知识，将所学的知识与实践结合起来。英国的大学在教学理念中始终树立一种非功利的学习观，将学习作为终身理念。为了培养创新型大学生，英国大学鼓励学生参加国际交流与学术会议，这也是扩大国际学术视野的一种途径。

随着中国高校的"双一流"建设的深入，很多大学在学生创新创业时进行了培养机制的改革与创新，一方面借鉴欧洲如英国大学的创新人才培养模式，另一方面结合中国学生的成才规律在创新创业发展上给予一定的扶持，将创新创业人才培养纳入中国大学生的学习策略和人才培养体系中，从而拓展了创新型人才培养途径。同时，校企合作的订单式人才培养在中国高校变得愈发普及，大学实践教学的比例不断提高，终身学习的理念将中国大学的社会服务职能有效地扩展到社区和成人自主学习过程中。

1.4.4 中英大学教师培训

作为教育的主体，大学教师在整个教育教学环节起着至关重要的作用。他们的知识结构、教学理念、国际视野和价值观等能直接对学生乃至整个教育体系产生深远的影响。所以无论是中国还是英国的大学在高等教育阶段都很重视教师教育。英国的大学教师培训内容广泛，涉及教学、研究、技能、文化意识、团队管理、教务体系、个人压力化解等。每一所大学每年都有各种定期的培训，9 月秋季开学时还会有一些比较集中的全方位培训。有些培训强制要求教师参加，有些则可以根据个人需求参加。英国有负责教师教育培训的专门机构，虽然这些机构独立于大学之外，但始终与大学保持着紧密的合作，对教师教育、教学培训与认证起着重要的作用。该机构全名为英国高等教育学会（The Higher Education Academy，HEA），是一个非营利性并有公共基金扶持的专门机构，致力于促进高等教育向世界一流水平发展。英国高等教育学会支持从事大学教育的教师专业发展，并为他们提供职业资格认证和培训，提倡以实证为基础的教学方法。该机构还负责拟定全英高等教育从业人员的职业标准框架和英国高等教育质量准则。英国的各大学有专门的部门与英国高等教育学会合作，每年定期举行活动，开展教师培训、资格认证和教学研讨以促进大学教师的专业发展。英国高等教育学会与英国高等教育质量保证署始终保持密切的合作。高等教育学会由来自各大学和教育部门的成员组成董事会，为英国高等教育质量保证署的工作提供战略性建议，确保为英国大学教育提供特色服务。另外，英国高等教育学会也和英格兰、苏格兰、威尔士和北爱尔兰的高等教育部门紧密配合，以确保高质量的大学教育和教师教育。例如，威尔士高等教育基金管理委员会、威尔士全国学生联合会（National Union of Students，NUS）、威尔士大学联合会（Universities Wales and Colleges Wales）等机构都与英国高等教育学会保持着密切联系，协助各大学开展合作培训，鼓励教师参与培训并获得职业认证。英国大学的共享课程机制也促进了教师的专业发展，是对教师专业能力的一种长期与潜在的培训。英国公立大学的所有教职工均免费享有校园内的教育机会，如可以申请不同层次的学位课程，只要符合要求便可申请。这种激励机制无形中为教师参与多种形式的学习提供了机会，也为教师的学术兴趣和专业发展增加了多种培训机会。

中国也有大学教师教育的专门机构，如中国高等教育学会和各级地方高等教育学会。它们属于社会机构，隶属于教育部和教育厅，受政府部门委托，组织开展高等教育重大理论与实践研究，为高等教育发展战略和教师教育改革提供咨询意见和建议，充分发挥了新型智库作用。同时，它们还承担了普及高等教育科学知识，研究国内外科研动向以及科研项目规划和教学成果评选等任务，对推广教师教育经验、推动学术交流和教师专业发展起到了积极作用。目前，中国大学在教师教育中还定期举办学术讲座和培训会议，实施教师教育的激励机制，鼓励大学教师自主参加教师教育与培训以提升教师的在职学历。随着中国高校"双一流"建设的深入，大学教师教育的理念将会进一步提升，各级高等教育学会与大学协作的教师教育质量标准体系也将逐步建立，以确保大学教师教育向质量化管理方向发展。

1.5 英国高等教育模式的创新与启示

英国拥有世界一流的高等教育，其发展模式有很多创新的地方可以为中国高校"双一流"建设提供借鉴和启示。

1. 管理机制与质量评估的有效分离。从英国威尔士高等教育管理机制中，我们可以看出其政府影响力及质量监督的分离是比较明显的。威尔士高等教育基金管理委员会负责资金等宏观控制，而高等教育质量保证署则与其保持一致但专注于质量评估。这种管理机制可以发挥第三方质量监管的重要性，虽然没有政府的行政干预，但和代表政府的威尔士高等教育基金管理委员会及其他教育机构（如英国高等教育学会）又密切配合，使高等教育质量评估独立产生监管实效。

2. 质量评估体系纳入学生元素。这是英国高等教育质量保证署质量评估机制的特色，该保证署将学生这个受众主体纳入评估机制，既向他们开放反馈评估结果，又鼓励他们参与全过程，这样既有客观性又有针对性。但同时英国高等教育质量监管也是一种联合行为，如威尔士高等教育基金管理委员会、威尔士全国学生联合会、威尔士大学联合会等机构间的合作。这样既能确保评估的客观性和针对性，又能协调各方确保其在法律规范的轨道上运行。这项措施不仅仅用于威尔士地区，英国高等教育质量保证署还将其运用于全英各大学并作为将来质量监管的重要特色。为了避免教育评估的片面性，切实提高教学质量，保障评估的客观、公正，适当纳入学生参与元素，向学生群体公开评估结果的做法也可以在中国大学争创世界一流的教育评估体系中借鉴和应用。中国的大学会接纳评估专家所提出的多元社会元素，但较少提及直接的受众学生元素。

3. 遵循区域发展特点和地区特色的教育体制。英国和威尔士的高等教育管理有很大的区域特色，由于英国实行了地区自制的教育体制，因此在威尔士既有威尔士的管理机构，如威尔士高等教育基金管理委员会，又有面向全英和针对威尔士的质量控制体系，如高等教育质量保证署，它们共同致力于威尔士的教育发展和教育质量评估。而中国地域广大，大学教育资源和发展质量有较大差异，大学教育也可以适当建立这种区域化的教育管理模式以促进当地教育的发展。

4. 建立高等教育领域的职业联系。英国高等教育保持了继续教育、职业教育模式在大学公平兼容发展的特色。从英国各大学教育特色及不同类型的学位制度中可以很清晰地看到，除了学术教育之外，各大学还根据自己的特色适当发展职业导向并融入了职业教育元素。整个高等教育机制接受并允许这种职业教育兼容发展，如在大学里和继续教育学院都开设英国国家高等教育文凭课程。该机制也为终身教育创造了良好的环境与契机。在高等教育阶段，我国的大学和职业技术学院之间的联系，以及大学学术课程和职业教育之间的融合尚可不断深化，尤其是针对地方的职业特色发展还可加大支持力度，鼓励职业化教育与大学教育的兼容发展，从而为职业化学生提供更多向更高层次学位提升的机会和空间。

5. 建立非功利性的终身学习教育体制。英国大学一个很突出的特点是各类教育的兼容性及教育形式的多样性为终身学习提供了肥沃的土壤。由于英国大学的教职员工和很多社会从业人员可以低成本在各自工作的大学进行学习和培训，从而减少了大学和教师的工作成本，使得学习成为非功利性的事情。另外，为了补充教育资源的不足，英国大学在实施终身学习教育体制时充分借助社会公益力量，创建了如开放大学这样的独立大学教育机制，同时也建立了良好的质量监管机制，这些都将成为推动终身教育非功利性的重要力量。英国有很多不同年龄层次的学生，他们或已退休，或即将退休，或正值壮年，但为了兴趣或学术追求而重返校园，其中大部分人所选的学科与个人兴趣密切相关。尤其是在研究人员群体中的一个很普遍现象就是他们的研究与兴趣紧密联系，这种非功利与终身学习的理念和实践极大地带动了整个社会终身学习的风气。在很多被认为与所从事职业无关联的领域，如语言、哲学、历史、人类学等学科中都不乏大量的中老年或在职学生，他们的终身学习极大地提升了个人素养，并对将来的学习和工作起到很大的促进作用。我国"双一流"大学的建立除了提升人才培养和学术研究外，大学教育服务社会职能的体现也将成为评判国际一流大学的重要标准。

6. 给予教师更多的教学自主权。更多地赋予教师在一定框架下选择教学内容和考核形式的权利，同时增加监督机制也是英国大学教育的特点。如前所述，英国很多课程设置都在一定的学科体系下允许教师根据自己专长进一步确定教学内容，同时选择多种考核方式，如课堂展示、书面报告、小组任务等。这样，教师就能从不同角度真正判断学生对于该门学科的理解与应用。同时，小组合作也能培养学生的协作精神、学会整合团队优势协调一致。由于英国大学对于考核的公正、合理有多重监督机制，一份课业又分为多个批改审核环节，如双改（Second Marker）及考试委员会和外审等，考核的客观公正性也能得以保障。而我国大学教师虽有一定的教学自主权，但由于考核方式的单一，容易造成学生在学习模式上产生依赖及功利性。同时，由于我国的教学与考核一般以个体为主、小组讨论和小组任务为辅，学生在整个学习过程中容易形成自我价值。团队协助精神的培养在我国大学的很多学科尚不能应用，不能体现人才培养的社会性与公益性，因此，提高教师的教学自主权和创新人才培养意识业已纳入我国高等教育人才培养与改革计划中，将教师教学的主动性与学生学习的创新型有机结合起来，在给予教师相应的个体自主权的同时，也辅以有效的质量监督机制。

7. 培养学生创新思维和自主、求实、主动的学习模式。英国大学教师的职责不限于课堂也不是知识的简单传达者。他们的角色是多元化的，侧重于对学生的引导和启发。教师会课堂内外通过不同渠道给予学生指导与协助，在课堂上他们的任务主要是课程知识框架的介绍、提供引导和方法指导，同时协助发起讨论以启发学生思考。在讨论中尤其强调辩证思维的培养，在课程考核中也不设定唯一答案，而是采用宏观的标准，因此学生在整个学习过程中需要积极主动参与并有所准备。这样的理念和教学模式培养了学生主动学习、大胆表达、创新完成任务的学习习惯，当然也离不开前面提到的一整套相应的教务体系和教学、考核、监管机制，从而使学习模式和教学考核评估互成一体，这些都体现了英国高等教育在教学和学习中的特点。

我国大学教学对教师的职责定位在教书育人，教学理念随着国际化发展也在不断更新，在课堂上教师一般起着主导作用，在知识的传授过程中教师也起着重要作用，这与我国大学的大班授课较多不无关系。借鉴英国大学的考核模式，我国大学在课程考核时也可采用英国大学的内审双改、外审和考试委员会审核的教学管理机制。对于课业的原创性追踪也要融入到普通教学环节中，不论在本科、研究生和博士生教育的各个环节均可引入启发性和辩证性思维模式，将学生的课业纳入双改和外审的评价中，不但有利于学生养成良好、踏实的学习习惯，也能使学生在整个学习过程中始终处于积极主动的学习状态。随着"双一流"建设的深入，我国大学在创设良好的教育机制和培养学生自主、创新、自律、求实的学习模式方面正日益走上国际化的发展轨道，担负起大学创新创业人才培养的使命。

8. 尝试本科阶段的学位分级以鼓励学生高层次发展。在本科阶段，英国高等教育对人才的一个重要区分度是界定发放不同等次的学位，同时在向更高层次学业申请时，也有明确的区分，不同层次的大学只接受相应等次的文凭。这样，学生会养成积极向上、争分夺秒的良好习惯，因为每一分的付出都可能决定他们文凭的等次以及他们下一步发展的定位。我国大学教育文凭目前还是传统的毕业证书和学位文凭，只要学生成绩合格就可以获得相应的学科毕业文凭，而在毕业文凭的等次上并没有严格区分。借鉴英国大学的学位分级制度，我国大学可以尝试给予优秀毕业生在文凭等次上的认可和区分，这样能够鼓励优秀毕业学生不断涌现，同时为更高层次的人才培养打好基础。

9. 建立本科阶段多种形式及多学科的交叉机制。英国大学在本科阶段建立了多种形式及多学科的交叉机制，同时科学地设置联合学位或课程。本科阶段对学生的习惯养成及基础学科教学至关重要，所以英国大学对于本科实行目标一致但多元化的教学，主要实行了多种形式的学位课程交叉组合，如"三明治"课程所构成的学术与职业应用的交叉接轨、联合双语学位课程对语言技能的同步提高、弹性的本硕联读课程及联合学位课程等。这些措施体现了学科之间不仅仅是一种简单交叉或为了交叉而设定，而是学科之间的科学整合和互通融合，有利于本科生对知识的多维视角应用。在"三明治"课程里，学校各个院系与企业有着良好的合作，协助学生联系与专业相应的雇主参加实践，给学生一年的实习时间，以实现职业与学术的交叉应用。

我国大学的课程设置一直强调交叉学科的重要性，虽然没有明确的"三明治"课程、联合双语学位课程，但也设定了菜单式的选修课让学生跨学科自主选择或要求人文学科学生和理工科学生交叉互选相关课程，以此来体现学科交叉和跨学科人才培养以及专才和通才的培养理念与实践。然而，目前这种菜单式的交叉学习理念由于受到本专业课程的学分压力缺乏科学的整合，尚不能给本科学生良好的支持和引导，其应用效果还不明显。

如前所述，英国大学的交叉学科是直接设置为一门联合学位，这和选修课是不同的概念，对于这两个学科交叉的科学性，在课程设置前就已经有完整的论证和完善的课程大纲等一套体系，而不是跨学科的选修课。如果仅仅作为选修课，学生需要根据自己兴趣或需求通过菜单式的选修自我领悟其交叉性后完成知识的转移。目前国内大学本科生实际上还不完全具备这样的能力，还需要有适当的引导，需要有专门的学术团队将相关科目加以科学整合、研究和提取后形成完整的学科，这样才能真正体现本科阶段交叉课程的优势，从而切实产生实效，且每所大学也可以根据自己的优势整合课程后凸显其特色。如果仅仅依靠学生在选修课这个环节来体现学科交叉，则难免流于形式，很难实现自我整合。比如，哲学是一门独立的学科，工程也是如此，但英国大学将这两门学科整合一体形成了哲学与工程（Philosophy and Engineering）联合学位，专门探讨如何在工程行业中融入哲学思维和提高行业的伦理道德，既让科技发展在正确的轨道上运行，而哲学思想也能用于行业并形成一种科技推动力，本科阶段联合学位课程的设置虽具有挑战但值得我国大学在"双一流"建设中加以应用和尝试。

10. 实行人才专项培养。英国大学在本科以上阶段的培养特色就是人才培养类型的细分。比如在硕士和博士研究生阶段，英国大学便将其人才培养细分为授课型和研究型两种，并拟定了不同的培养目标。博士研究生阶段更是细分为三大类，专业型博士学位侧重职业导向，研究型博士学位专注研究人才的培养，且有专门的部门进行单项管理，而出版型博士学位突出高层次人才培养，因此不同学位的考核和管理方式都不一样。此外，英国大学的研究人员来源广泛，从研究兴趣出发专注自己的研究领域，既没有论文发表任务的影响，也没有导师"学徒制"关系的驱使，教师和研究人员能够专注于高质量研究成果的产出，以此带动学科的发展。我国大学在高层次人才培养中，也可以将硕士和博士培养的两个阶段根据已有条件进行细化，并建立相应的导师制和独立的评估机制，以促进人才的专项培养。

11. 建立课程与职业资格和学术机构认证间的联系。英国很多大学的学科都会注明获得行业协会认可的标志，这对于课程与职业之间的联系起到了较大的促进作用，同时也增加了企业对就读于该课程学生毕业文凭的认可度。我国大学有部分学科与社会职业机构和专业化学术机构的认证是分离的，这不利于学科的专一发展和社会职业认可。随着高校改革的深入，我国在一些学科（如会计专业）引进了国外的一些认证课程，像英国特许公认会计师公会认证课程等，但这一现象并不普遍。在未来的发展中，我国大学既要引进国外的学术和职业认证机构，也需要探讨开发与本地区相关机构结合的课程认证框架和职业人才培养机制。

12. 少数民族语言文化融入高等教育学习框架。在未来的大学教育发展中，有意识地保护和推广少数民族语言文化并将其纳入高等教育的学习框架是一种值得关注的教育方式。在这方面，英国高等教育基金管理委员会在威尔士境内保护和推广了威尔士语教学的做法，如英语和威尔士语双语教学的应用、作为媒介的威尔士语教学课程等值得借鉴。我国少数民族区域广泛，在他们生活的地方也可大量挖掘少数民族文化精髓，再将少数民族语言文化整合为学科或联合培养学科，并在大学层面将这些文化遗产推广传承下去。

13. 改进教务与管理系统。精简管理人员和培养学生主动获取信息的自我管理能力是英国大学的教学特色。纵观英国大学教学管理体系，一个很明显的特征就是教学管理人员的引导和监管作用，而大量的教学信息需要学生自己通过教务体系独立完成。这样既能减少教学管理的中间环节，又能锻炼学生的主动性，培养锻炼他们的独立、自律能力，如英国大学的一些校内活动都通过学生代表、学生会或其他部门协助完成。目前，我国大学一般都配备有专职或兼职的辅导员、班主任等，他们都具有极强的责任心，但这并不利于学生的自我管理和约束。英国大学虽然也配备年级导师（Year Tutor）和个人导师（Personal Tutor），但主要在每周或每月的固定时间由学生主动联系他们协助解决学习和生活问题，这些导师都是兼任的，并不占用教师资源。我国大学的辅导员和班主任管理体制在高等教育的长期发展中起到了举足轻重的作用，但同时也限制了学生的自我约束管理能力，因为学生自主、自律管理能力的提升会极大地促进他们的自主学习与独立研究能力并终身受益。因此，改进大学教务与管理体系的关键在于培养学生的自主和自律能力。

14. 提升学生课业任务考核的客观性与多样性。通过英国大学的教育考核体系可以看到，任何一门课程需要通过一定的质量审核，尤其是在内审环节，双改、外审和考试委员会的最终审核确认已成常态。英国大学考试委员会由多层次的学术背景成员组成，达到了相对客观的考核效果，再加上最终的申诉环节，使得学生课业任务考核的客观性与多样性得以保障。另外，在整个评估过程中师生直接面对面交流或教师通过邮件反馈也起到了良好的沟通作用。我国大学的学生课业考核大多是一次定性的，在课业考核中由形成性评估和终结性评估两部分组成，但主要还是任课教师和指导教师的个体评估，缺少多层次评估环节，最终的成绩大部分还是经任课教师审核后公布。借鉴英国大学的内审、双改、外审和审核确认等评估环节，我国大学的一些专业也可以尝试双改和外审的评估体系，以提升学生课业任务考核的客观性与多样性。

15. 建立独立的大学教育培训机构和部门。大学教育的职能在于帮助师生树立终身学习理念并给予激励，大学教师培训在国内外都是教职员工发展的一个重要渠道。尽管中英大学都有这样的培训形式，但由于管理机制不同，效果迥异。英国大学在引进第三方独立的专业性和非营利的学术机构高等教育学会后，承担起开展教师教育和教学培训与认证的工作。此外，在英国大学里各种免费学习机会和学位课程对培养教师能力、综合学习、终身学习也起了激励作用。我国高等教育学会和地方高教学会主要还是从事高等教育的学术研究，同时不定期地开展高等教育学术讲座，对提升大学教师的学术能力起到了一定的作用，但还没有成为大学教师教育的系统性培训机构。随着高校"双一流"建设的发展和国际化人才培养的深入，我国的各级高等教育学会在教师教育和教学培训与认证方面还能发挥更大作用。

16. 提升大学教师的创新教学理念培训。从英国大学第二语言教育特色可以看出，英国很多课程的设置与教师实践都是与创新教学理念紧密相关的，英国大学的教师理念与核心教育观念往往产生了创新教学的效果，如批判教育学、反思型教学、人文主义方法等。我国大学一直在语言教学与研究方面进行了多视角探究，但如果大学教师能回本溯源地了解高等教育的核心观念，将更有利于他们改进双语教学效果，提升和创新整个高等教育的学科专业教学。

17. 加大更高层次国际交流。英国和中国大学都有大量的学术研究交流与交换项目，无论是国际学生的输入还是本土学生的输出都丰富了教育资源、促进了多元化发展。我国大学的国际化已经发展到了一个新阶段，大学的国际化交流应当体现各学科领域的最新发展成果，而不是仅仅流于国际合作的形式。高校多元化、多层次的交流合作项目既要有投入也要有回报。我国高校可以将交流合作项目作为高校"双一流"建设的孵化器，以促进我国高校教育国际化成果的涌现。

18. 提高学术用途英语教学效果。随着我国与欧洲大学的日益交流和"双一流"建设的实施，我国也有了与英国大学学术用途英语通识课程类似的英语课程，但我国大学教学领域里国际学生比例不大，专门针对国际学生的学术用途英语课程也不多，少数高校（如清华大学等）针对国内学生开设了通识性质的学术写作课程。在一些大学的国际学院里，也有少数针对本科学生开设的学术英语写作课程，如武汉理工大学国际教育学院开设的学术英语写作（Academic English Writing），这些课程虽然不针对国际学生，但面向准备出国的学生，这样就将第二语言学习的场所转移到了国内。课程教学是以英语为媒介讲解学术英语，使学生能用第二语言英语完成学术课业和任务。在内容上，这些课程基本与英国大学的学术写作内容一致，既有本土教材，也有从英国、美国等引进的国外教材。教学目标与内容依托教学模式一致，教学分类也属于专门用途语言。然而，由于中英两国学术规约、思维模式、考核体系的差异，以及授课教师学术背景和素质的不同，我国大学在教学实践上还是和英国大学的学术用途英语有较大的差异。在学术培养上，我国大学的学生在本科和硕士阶段除了毕业论文，都不太重视参考体例和数据库的使用技能，这一切也影响了他们的学术技能发展。此外，我国的教务体系也没有提供这样的机制，要求每门课程都符合一定的教学规范，因此学生对内容的依托性不大，对这些课程的学习动机不强，从而影响了课程的教学效果。同样地，因为受众的学习动机不强，授课教师也会对知识的讲授力不从心。另一方面的差异还在于中英两国文化和思维模式的差异，由此导致学生和教师对英语语言和学术规范了解得不够透彻，从而影响了对学术用途英语本质的领悟和授课效果。如中国大学侧重归纳法（Induction），一般由大量的陈述推导出结论，而英国大学强调演绎法（Deduction），观点先于证据，任何观点都辅以大量论据，同时段落结构也由此构建为常见的模式——主题句（Topic Sentence）加上拓展论证（Supporting Sentence），段落与段落之间有逻辑衔接与连贯。第三个方面的差异在于中国大学的学术用途英语教师对国外大学的学术体例和通识理论了解不够。英国大学学位课程有多种多样的考核方式，这些都是学术体例的不同体现，而国内大部分学术用途英语课程的教师对知识的了解多限于语言领域，对一些通用且跨学科的人文和工程领域的理论和学术体例则了解不够，这也导致其授课针对性不强，往往与普通的英语教学差异不大。毕竟学术用途英语理论是依托专门的内容设置的，如果不能结合各类学科深入地讲解各种体例规范、不能旁征博引采用一些通识理论加以应用举例，课堂教学效果就难以保证。随着中国高校"双一流"建设的发展，学术用途英语课程虽已启动，但仍然处于发展阶段，需要从各方面进一步完善，以更好地服务于学生的学术发展。

总之，纵观英国大学的教育管理体制和教育教学理念，有一些地方值得中国大学思考和借鉴。英国政府对高等教育机构制定的一套宏观管理机制，如尊重高校办学自主权、调整发展规划等措施，促进了英国高等教育的质量控制和教育评估。这些理念同样适用于大学的人才培养，英国大学所倡导的培养学生自主、自律、创新、批判式、反思型的学习理念，辅以相应的教育管理体制、考核与监督机制，已经在英国高等教育的实践中运行了几个世纪，具有一定的可借鉴性。同时，英国大学也赋予教师一定的权力，让这些理念在教育教学过程中践行和完善。另外，大学校园里独立自主的学习氛围以及教师免费参与的培训学习等都营造了一种非功利的学术氛围，推动了终身学习教育目标的实现。对于多种形式的学术与职业联系及联合学位的整合也避免了跨学科教育流于形式的现象，同时为教师教研、学生终身学习和工作就业提供了平台，打下了基础。

为了实现世界高等教育强国目标，我国在建设"双一流"大学的道路上，地方高校及教育主管部门需要根据实际情况借鉴世界先进的创新教育理念和学习实践。不久的将来在我们高等教育领域，期待我们的研究生和博士生培养中能够出现授课型与研究型人才培养模式，让专才更专，让我们的校园里多出现一些不同年龄层次、多维度思考的终身学习追求者。高等教育是科技之源，直接关系着国家民族的发展；高等教育也是改革之本，是一种潜在的社会导向和推动力。我国在创建"双一流"大学的道路上不能盲目照搬国外模式，需要立足国情、遵循教育发展规律，逐渐改善和提高各种教育模式。随着我国首个《普通高等学校本科专业类教学质量国家标准》的公布，中国大学正向着高等教育大众化、终身化、信息化、国际化发展。

注释：

1. 红砖大学（Red Brick University）：指在大英帝国时期的维多利亚时代创立的六所著名大学。在创立之初均为科学或工程技术类学院，具有很强的工科背景，与英国工业革命有着极其密切的关系，为英国的工业化奠定了重要基础，同时均为英国顶尖大学联盟—罗素大学集团的重要成员。这些学校分布在英格兰的六大重要工业城市并于第一次世界大战前得到皇家许可，包括伯明翰大学、曼彻斯特大学、布里斯托大学、谢菲尔德大学、利兹大学和利物浦大学六所著名大学，均为英格兰地区的著名老牌名校。

2. 荣誉学位（Honours Degrees，Hons）：又称优等生学位，主要在英国和澳大利亚两个国家实行，其授予的方式和效力也不尽相同。荣誉学士学位只有在学生在本科阶段成绩异常突出的前提下才有有资格获得，被授予荣誉学位的学生通常拥有专业的知识以及更加优异的成绩。在英国和澳大利亚，荣誉学士已经不仅仅是一个学位，更多的是一种身份的象征与能力的肯定，这种现象甚至已经演变成一种教育文化并逐渐被其他国家所接受。

3. "三明治"课程（Sandwich Course）：此类课程由学习时间和与课程相关的工商业务或管理实习时间两部分构成。课程持续为四年而不是通常的三年，工作实习可以是一年时间或两次六个月。但无论是哪种情况，学生都需要回到大学完成最后一年的学习，是一种"理论—实践—理论"的人才培养模式，其实践方式是在两个学期之间，通过在校授课和到企业实习相互轮替的教学方式进行，人才培养目标以职业素质和综合应用能力为主。"三明治"课程是一个全过程的考核体系，由企业、学校、学生共同完成，它对学生在实习期间的行为控制和质量控制起到了重要的作用。这种方法可以使学生在攻读学位期间积累有用的工作经验，毕业时不仅获得学历证书，而且还具有实际工作能力。

4. 研究型硕士（Master of Philosophy）：也称为哲学硕士，属于英国大学的传统硕士学位类型，相比授课型硕士，研究型硕士学位的含金量要高很多。研究型硕士和博士的申请条件几乎是一样的，都需要申请者具有一定的专业研究背景，一般只有工科和理科设有此类研究型硕士学位。此外，研究型硕士培养通常都是小班，其目的是为学生毕业后能够继续攻读博士学位打好基础。虽然在招生上表现为"宽进严出"，但从培养模式上英国大学的研究型硕士还是倾向于"硕博连读"，其培养目标侧重于帮助学生实现其学术价值。

5. 英国国家高等教育文凭课程（Higher National Diploma，HND）：该课程凭借高质量的课程体系、先进的教学理念、灵活而又严格的教学管理体系享誉全球。该课程项目学生全部在英国爱德思国家职业学历与学术考试机构（Edexcel）注册，其文凭效力覆盖英国全境，包括英格兰、苏格兰、北爱尔兰、威尔士地区。学生在完成国家高等教育文凭课程后，得到的将是具有国际水准、普遍承认的学历文凭。不论在英国本土还是在海外取得国家高等教育文凭课程证书后，即相当于完成了英国大学二年级的课程，学生可以选择就业，也可申请进入英国大学攻读，一年后获得学士学位，并可直接申请硕士学位的课程学习。

6. 续本课程（Top-up）：英国的一些大学针对其他国家三年制大专学历或者本科无学位的学生开设的专升本课程称为续本课程，即三年制大专毕业生可直接插读英国大学本科的最后一年，继续攻读学士学位。续本课程是英国大学教育特色之一，同时也是其他国家大专生或本科无学位者申请英国硕士课程的选择之一，续本课程学制为一年，且只能申请相关专业，从而达到英国教育体制下所规定的学士标准。这种课程的设置对学生前期学习内容的要求很具体也很严格，提供的课程以商科和计算机为主，具体包括商务管理、经济金融、计算机、旅游与酒店管理、艺术与设计、物流等。续本课程的设置目的决定了该课程专业转向的局限性，即专升本课程的申请者以前学习的课程必须是相关专业的，并且专业一旦设定，就无法再更换其他专业。

7. 开放大学（Open University）：英国开放大学是20世纪90年代以来世界远程教育和高等教育相结合而发展起来的新型大学。它采用了远距离教学和开放式的办学形式，结合函授、电视、广播、计算机网络等现代教学技术手段，以新颖的办学形式、齐全的专业设置、宏大的办学规模为成人学生开设大量的本科生和研究生专业，被誉为是英国教育史上的一次伟大革新。英国开放大学规定凡21岁以上有能力接受大学教育的英国公民，不论性别、学历和社会地位都可申请入学，力求各地区名额比例平衡并照顾不同职业的报名者，成为英国实施终身教育的可行性模式。

8. 罗素大学集团（The Russell Group）：罗素大学集团成立于1994年，由英国一流的24所研究型大学组成，因这些院校的校长每年春季固定在伦敦罗素广场旁的罗素饭店举行研究会议而得名，该高校联盟被称为英国的"常春藤联盟"，代表着英国最顶尖的24所大学。罗素大学集团虽然只占了英国高等教育机构总数的10%，但每年拥有全英大学 65% 以上的科研经费和赞助资金，创造了全英 60% 以上的世界一流水平科研成果。罗素大学集团的 24 所院校包括：剑桥大学、牛津大学、帝国理工学院、伦敦大学学院、伦敦政治经济学院、纽卡斯尔大学、利兹大学、曼彻斯特大学、谢菲尔德大学、布里斯托大学、诺丁汉大学、南安普顿大学、伯明翰大学、利物浦大学、伦敦大学国王学院、华威大学、爱丁堡大学、格拉斯哥大学、卡迪夫大学、贝尔法斯特女王大学、约克大学、杜伦大学、埃克塞特大学和伦敦玛丽女王大学。

9. 英国高等教育质量保证署：英国高等教育质量保证署成立于 1997 年，是英国高等教育大学或学院签署授权的独立基金组织，也是英国高等教育质量保证机构。其宗旨是保障和评估英国高等教育的标准和质量，鼓励英国高校在管理和教学质量上进一步提高。通过和英国高等教育研究所合作，英国高等教育质量保证署定期研究英国大学或学院高等教育的评估标准和质量，并对这些标准进行发布，同时还与英国主流高等教育基金组织签署合作协议。

10. 威尔士语（Cymraeg/Welsh）：威尔士语是威尔士的传统语言，说威尔士语的人有 60 万人，不到威尔士总人口的四分之一。就像通行于爱尔兰和苏格兰部分地区的凯尔特语一样，威尔士语也是凯尔特语族的语言。公元 5 世纪随着盎格鲁—撒克逊人进入不列颠，威尔士人被赶到了西部地区，但在那里他们继续保持着本民族的特点并依然使用凯尔特语，从而使得威尔士语延续至今。

11. 学术休假（Sabbatical Leave）：学术休假是美国大学教师发展的一种重要制度形式，源于 19 世纪末美国研究型大学的崛起及其对教师国际化的需求。该项目于 1880 年由哈佛大学首创，每隔一定年限，在全薪或减薪的情况下，教师外出休整一年或稍短的时间进行学习、休养或旅行，其目的就是通过调整来激发教师的创造力。后被证实在提升教师教学水平、促进科研创新能力、提高教师队伍活力和缓解教师职业倦怠等方面有明显功效并逐渐推广到英国、法国、德国、日本、新加坡等欧亚国家的大学教师管理中。

12. 皇家特许状（Royal Charter）：是一种由英国君主签发的正式文书，类似于皇室制诰，专门用于向个人或法人团体授予特定的权利，不少城市和大学等重要机构都是通过皇家特许状而设立的，不同于一般的令状（Warrant）及任命状，皇家特许状一般都是永久有效的。

13. 人文法（Affective-Humanistic Approach）：它与实证主义方法正好相对，其特点是不特别强调发现普遍性和规律性东西，而着重强调的是研究个人世界或者个案、强调个别性和主观性的表现。人文主义方法是作为反科学主义出现的一种研究方法，强调社会事实中人的主观性方面，以相互交流和相互影响的人而不是事物为研究对象，理论解释的目的不是要回答"为什么"，而是要回答行为的内在依据，包括个人的、社会的、文化的问题，重视人文世界的人类情感因素。

14. 对外英语教学：对外英语教学的对象按其母语可分成两类：即英语为母语的人和英语为非母语的人，其主题是探讨英语教学的方法和理论，提升英语教学的师资水平。对外英语教学的证书课程内容已经被国际上一百多个国家的八千多所学校认可，在北美、英国、澳大利亚、新西兰等英语国家，大部分高等学校都普遍认可对外英语教学证书课程。证书持有者可以在全球范围内从事英语作为第二外语的教学工作，其含金量和认可度很大，可以作为国际公认的国际英语教师资格证书和英语教学行业职业资格的权威国际证明。

15. 批判教育学（Critical Pedagogy）：批判教育学产生于 20 世纪 70 年代，分为具有创新风格的英美流派和具有保守性的德国流派，被认为是教育领域中最具活力的竞争者。批判教育学的不同流派均追求传统教育的批判与解放，强调运用批判理论的方法进行教育研究与分析。从某种意义上说，批判教育学的批判性是一种立场、态度和理性的追求，也是一种方法论。

第 2 章
博洛尼亚进程的西班牙
大学教育发展模式

2.1 西班牙大学语言教育的网络游戏理念

自 2005 年以来，以巴塞罗那大学（Universitat de Barcelona）、塞维利亚大学（Universidad de Sevilla）和格拉纳达大学（Universidad de Granada）等为代表的西班牙高等学府开始应用网络技术教育进行语言教育和培训，也开始将网络游戏的学习理念融入语言学习中并提出了网络游戏的教育理念，经过若干年的发展，其网络游戏教育模式逐渐成熟。在欧盟政策的影响下，西班牙大学的网络游戏教育理念对欧盟博洛尼亚进程（El Proceso de Bolonia）产生了一定的影响。

2.1.1 基于网络游戏理念的西班牙大学语言教育观

西班牙大学的语言教育源于欧盟博洛尼亚进程交换生的语言需求，诸如英语和西班牙语的语言培训。2005 年，以巴塞罗那大学教育学院为代表提出了电子学习的语言游戏理念，这种语言游戏设计绝非一般性的网络游戏，而是一款教育性的语言学习游戏软件，也就是我们所说的学习型游戏（Juego de Aprendizaje）。

众所周知，网络游戏的应用最早出现在西班牙的中小学教育中，也就是"寓学于玩"，这也符合西班牙长期推崇的青少年教育理念。巴塞罗那大学后来发现了这一语言学习的优势，顺势提出了网络游戏的语言学习理念（Aprendizaje Basada en Los Juegos Online），诠释了目前流行的各种游戏的教育理念，如冒险游戏的语言编辑功能。我们知道，语言学习的动机和环境因素是决定学习效果的关键，网络游戏恰好巧妙地解决了这一困扰英语或西班牙语学习的难题，将语言学习带入一种冒险或闯关的解决问题模式中，也就是西班牙教育界长期提倡的"玩中学"理念。

西班牙大学的一份学生调查表明，网络游戏已经成为现代学生必不可少的娱乐活动并与学生的生活节奏息息相关。巴塞罗那大学正是利用了网络游戏的这一特点，将语言学习移入到网络游戏的设计和编排中，通过互联网和手机 App 软件使得语言学习变得兴趣斐然。与以往的语言学习理念不同的是，网络游戏的学习理念可以有助于学生在不经意间习得语言。比如，目前巴塞罗那大学、塞维利亚大学、瓦伦西亚大学的英语和西班牙语课程提供的是一种动态语言学习气氛，使得学生在语言学习中不惧怕犯错误。学生在语言的拼写、发音和句法学习中，可以随心所欲、畅所欲言，从而实现对目的语学习的技能训练。网络游戏语言学习的理念最早始于 2003 年亚洲外语教学杂志所提出的一项调查研究（Kai，2021）。2005 年，西班牙大学开始了网络游戏的语言学习实践。由于西班牙大学的交换生日益增加，语言学习就显得日益迫切。由此，西班牙大学各研究团队开始将网络游戏的学习理念融入语言学习中，最开始的尝试主要是英语学习。众所周知，西班牙大学的很多拉美和亚洲学生刚开始并不习惯于英语课堂教学，这也使得网络游戏的理念可以快速地融入英语课堂教学和课外学习中。

西班牙大学提出了网络游戏学习目标，其中包括有效的学习时间、随机的课间休息、学习语言的有效环境、语言学习的动机、语言学习的竞争力、积极的学习动机和无障碍学习过程等。从最初的网络游戏尝试来看，它有效地培养了学生的记忆力、注意力、语言交际能力和解决问题的能力。

2.1.2　西班牙大学语言教育的网络游戏软件

目前西班牙大学语言教育的网络游戏软件既有国际通用的网络游戏软件，也有自主研发的网络游戏软件，主要以英语和西班牙语为主，也包括其他多种语言，概括起来有以下几款常用学习软件：

1. Duolingo 语言学习平台

Duolingo 语言学习平台可以提供二到三种语言学习程序，其网络游戏设计功能可以使学习者在发音、翻译和视频对话方面进行多重选择。同时，Duolingo 语言学习平台还可以提供对话和语言的交际功能，具备多语种转换和游戏翻译功能。

2. FluntU 语言游戏软件

该软件可以提供真实虚拟环境的语言学习功能，使学习者置身于母语交际环境来习得第二语言，该软件的游戏内容包括广告、视频、博客等。通过交互性功能，学生可以在 FluntU 语言游戏软件上点击选择游戏词汇的图形、定义、视频和案例，还可以轻松得到游戏内容的语言翻译文本。通过 FluntU 语言游戏软件，学生可以在真实的氛围中得到比较全面的个人学习体验，实现了西班牙大学教育所提出的"寓学于玩"的语言学习目标。FluntU 语言游戏软件的学习语言包括英语、西班牙语、法语、德语、意大利语、葡萄牙语、俄语、阿拉伯语、汉语、日语、韩语等。

3. Babble 语言游戏软件

Babble 语言游戏软件有十四种语言学习功能，包括印尼语和丹麦语，但是没有汉语和日语。其 App 的功能主要集中在语言的词汇、语法和发音功能上。Babble 语言游戏软件能够给人一种身临其境的感觉，如语言媒介转换功能可以使学习者直接进入游戏的程序，而无须应用自我热身语言训练，就好像是自己熟悉的游戏一样。

4. Bravolol 语言游戏软件

Bravolol 语言游戏软件有 17 种语言学习功能，包括汉语、日语、韩语和泰语。其软件游戏功能是通过主题游戏来实现的，如问候语、浪漫故事、天气变化等。通过 Bravolol 语言游戏软件，学习者可以了解语言的发音、拼写和解决问题的方法。有趣的是，学习者在应用该款游戏时还可以听到自己的声音，同时与源语声音进行对比。该款软件具有多方位的汉语学习功能，包括商务和金融汉语学习功能。

5. Mindsnacks 语言游戏软件

该款软件是由几款小型学习软件组成的，目前有英语、西班牙语、意大利语、德语、法语、葡萄牙语、汉语和日语八种语言学习功能。每款小型学习软件都包括定义、拼写和自动纠错的功能，设有不同的单元学习内容和对话功能，如 Best English App，Best French App，Best Spanish App，Best German App，不论学生选择哪一种类型的小型软件，都能享受网络游戏所带来的快乐，从而实现快乐学习的目的。

2.1.3 西班牙大学的语言教育理念

西班牙大学在实行网络游戏的语言教育过程中，提出了教师的转换理念，教师理念的转换是影响学生掌握网络游戏学习的关键。该理念是指教师横向能力的拓展，包括教师培训和现代教育技术的掌握。这将有助于提升学生在网络游戏学习中创造力和解决问题的能力。

西班牙大学网络游戏教育的理念得到了欧盟数字化语言学习项目（GABALL）的支持，由于欧盟商业市场的不断扩大，英语、德语、西班牙语的中介作用日益凸显，进而带动了商业公司开发 GABALL 项目和网络游戏软件以用于语言教育。基于电子商务和电子市场的拓展，西班牙大学本科和研究生语言教育层面开始了网络游戏学习的尝试，同时也是为了迎合欧盟中小企业的就业需求。通过电子商务平台的学习尝试，教师可以培养学生的国际化管理技能以及对国际市场就业的交互能力，从而使西班牙大学的毕业生能尽快融入欧盟的相关企业中，并承担相应的工作任务。欧盟 GABALL 项目还致力于培训学生在电子市场和电子商务领域的文化语言交际技能，即学生通过网络游戏社交平台可以参与到一些中小企业的简单管理层面，体验成为企业主人公的成就感。

基于网络游戏的语言教育理念就是将普通游戏转换为教育性游戏，这种转换包括语言学习规则、情景语境、真实语言学习环境，进而使西班牙大学的学生能够在网络游戏学习中提高自我的社会责任感。

自 21 世纪初西班牙各大学开始推广信息交互技术（ICT）的语言学习理念后，就一直在尝试将现代教育信息理念应用到语言学习中，从而将学生的网络信息交际能力与多重语言文化的培养联系起来。基于网络游戏的语言教育就是一种创新性自我学习理念，它使得学生对社交能力的培养可以不受时间、地点的限制，进而变成一种灵活学习的过程。为此，西班牙大学将基于网络游戏的语言教育内容、教学服务、教学法和终身学习的实践进行了全面更新，其目的就是为学生的未来就业进行市场技能培训，也就是我们通常所说的职业教育技能培训（Vocational Education and Training，VET）。在这一职业教育技能培训过程中，网络游戏的作用就显现出来，如学生的学习动机、文化意识、团队合作、挑战困难和解决问题的能力都得以体现。而对于西班牙各大学老师而言，他们需要不断改进网络或手机软件平台功能，制定灵活性教学方法，及时了解欧盟电子商务的最新动态并改进语言学习的教学法以服务于欧盟和国际就业市场。当然，西班牙各大学也十分注重与其他学校的交流合作，如西班牙远程教育大学（University of Rioja，UNIR）与巴塞罗那大学、塞维利亚大学、瓦伦西亚大学在远程视频公开课堂便开展了双向交流，实现了 ICT 信息教育资源的共享。同时，西班牙大学也十分注重市场调研，如位于西班牙马洛卡岛（Mallorca）上的旅游资源吸引了欧洲大量的游客，其中主要是德国游客，这使得许多学生有学习德语的需求。因此，西班牙各大学几款常用的语言游戏学习软件通常包含德语的自主学习功能。此外，西班牙各大学在每年的暑期教师培训项目中也涵盖了一定课时的基于网络游戏的语言教育培训，将网络游戏教育理念扩展到安达卢西亚、阿拉贡、阿斯图里亚斯大区以及巴利阿里群岛等，可以看出西班牙大学网络游戏教育模式在欧盟博洛尼亚进程中为欧洲大学的语言教育创新作出了自己的贡献。

2.2 西班牙大学残疾学生教育模式

西班牙是欧洲高等教育较为发达的地区，目前西班牙全国共有 49 所公立大学、14 所私立大学和 4 所天主教大学，残疾学生的人数超过万人。随着欧盟博洛尼亚进程的推进，西班牙在 21 世纪高等教育发展中不断为残疾学生提供各种便利的学习条件，如巴塞罗那大学、塞维利亚大学、庞培·法布拉大学（Universidad Pompeu Fabra）、瓦伦西亚大学（Universidad de Valencia）和萨拉曼卡大学（La Universidad de Salamanca）等，其大学残疾学生教育（La Educación de Los Estudiantes con Discapacidad de Universidad）一跃成为欧洲博洛尼亚进程的典范。

2.2.1 西班牙大学残疾学生教育的发展

根据 1982 年 4 月西班牙政府颁布的《西班牙残疾人社会融合法》（Derecho de Las Personas con Discapacidad La Integración Social de España）第 2 章第 7 条规定，残疾人指由于先天或者非先天的永久生理、心理、知觉缺陷而在社会融合、教育、劳动体系中存在障碍的人。因此，西班牙高等教育部将大学的残疾学生教育主要分为肢体残疾学生、聋哑学生、视障学生和精神残疾学生等。西班牙大学提倡个性化学习和教育技术的运用，要求大学对包括有学习障碍或有轻、中、重度残疾学生在内的每个人采取各不相同的学习方式，关注能力各异的残疾学生的独特需要。同时将现代技术运用于残疾人教育当中，使课程设置灵活多样，扶助残疾学生平等地参与学习，而且帮助学生为走出校门以后的终身学习、娱乐、工作做好准备。由此，西班牙各大学开始了基于现代教育技术的残疾学生教育模式的普及应用。

21 世纪后，随着欧盟博洛尼亚进程的发展，西班牙的残疾学生教育模式纳入欧盟博洛尼亚进程的 3 年本科与 2 年硕士培养的"3+2"教育和交换生的培养体系中。根据《西班牙残疾人社会融合法》第 6 章第 3 节第 23 条规定，残疾人应当融入普通教育系统，并有权得到规定的特殊帮助与课程资源。此后，西班牙的一些大学已经开始了针对残疾学生的特殊教育模式探索，如位于安达卢西亚的塞维利亚大学就将全校的 600 多名残疾学生按照残疾程度分类纳入不同的专业学习中，同时配备有特定的老师和志愿者帮助他们实现从本科到研究生的教育过渡。又如瓦伦西亚大学将残疾学生的交换生培养模式纳入本科、硕士和博士的课程培养计划中，为支持残疾学生的国际化培养还专门设立了特殊教育奖学金，以鼓励残疾学生到国外其他大学接受一学期或两学期的专业课教育。

根据《西班牙残疾人社会融合法》第 28 条规定，特殊教育职员应当受到训练，以适应不同教育活动的过程。跨学科的职员应当彼此协调配合，以保证每个残疾人获得专门关注。为满足不同的职业和等级要求，特殊教育职员应当在工作所要求的职责、专业、经验和技术方面达到要求。各专业教学组应当与学校合作，定期了解残疾人和评定各种活动中残疾人的融合情况。为了适应欧盟博洛尼亚进程的迅速发展，大多数西班牙大学成立了残疾学生辅导小组，既包括心理辅导也包括专业学习的辅导。如西班牙最古老的萨拉曼卡大学就成立了特殊教育辅导小组，由该校的一些有经验教师组成特殊教育团队，定期帮助本校的残疾大学生完成学习和生活上的需求。该校还为重度残疾的学生开设过渡课程，以方便学生日后融入普通高等教育。同时还将残疾学生与健全学生的学习融合在一起，鼓励健全学生与残疾学生进行专业合作和创新交流，定期帮助残疾学生的跨学科学习。

2.2.2　无障碍信息和传播技术在西班牙大学特殊教育中的应用

自 2008 年之后，西班牙大学扩大了交换生教育的规模，同时鼓励残疾大学生加入到交换生的队伍中。由此，西班牙教育部门出台了特殊教育大学生的交换生学习策略，提出运用无障碍信息和传播技术的学习策略以改进残疾学生的个性化学习。该项措施要求各大学最大限度地利用课堂上已有的主流信息和传播技术的无障碍功能，例如个人计算机、平板电脑、移动电话等帮助残疾学生运用信息技术学习时，具备自我调节和信息编辑的能力以克服全纳教育中存在的技术障碍。针对那些使用现代信息和传播技术可能存在困难的残疾学生，西班牙大学通过大学教育的无障碍信息和传播技术以及网络平台等手段，支持他们运用信息交互技术促进学习，也使信息技术成为实现大学全纳教育的重要工具。同时，西班牙大学教师在教学时着力培养残疾学生无障碍信息和传播技术的运用能力，使他们掌握学习的技能。由此，西班牙各个大区也相应制定了各自的特殊教育政策以适应欧盟博洛尼亚进程对交换生的需求。在这方面做得较好的是加泰罗尼亚大区（Cataluña），西班牙残疾大学生和特殊教育群体较为集中的地方，700万人口的加泰罗尼亚共有1,025名残疾大学生。加泰罗尼亚教育部门要求下辖的各大学在特殊教育中着眼于对残疾学生的综合、灵活、动态的教学，利用无障碍信息和传播技术克服残疾学生的缺陷及其后遗症带来的影响，提高残疾学生的综合能力以促进个性化学习能力的发展。同时，该大区的大学将特殊教育与各种职业教育结合起来，以使残疾学生获得充分的就业机会和社会融合能力，从而实现自我价值。此外，位于加泰罗尼亚的著名学府巴塞罗那大学就最大限度地为本校的残疾学生、残疾交换生提供和介绍主流信息以及传播技术设备，如讲解平板个人电脑在学校里使用的多种功能，以帮助残疾学生设定个人使用偏好、课程评估和课堂记录复习自己的功课。在教学中，教师充分帮助学生了解那些最适合自身需要的计算机功能，如移动学习、云解决方案、触摸屏幕、手势交互的用户界面和游戏控制器等，以便残疾学生进行自我调节，为他们的学习和研究提供服务。同时，巴塞罗那大学对从事特殊教育的教师也不断进行培训，使其能够掌握必要的技能、信息和知识。

基于ICT支持的无障碍信息技术和个性化学习策略已成为巴塞罗那大学实施全纳教育过程需要面对的挑战。2010年，该校在法学、经济学、语言学、教育学和计算机科学等适合残疾学生学习的专业积极支持残疾学生使用无障碍信息技术，鼓励欧盟各国残疾交换生广泛应用现有的信息和传播技术资源，不断提高课程设置、教学方法和评估手段的灵活性。同时，该校在教师运用信息和传播技术的技能培训中提倡全纳教育平等模式，在全纳教育中实施"24+1"或"24+2"的教学模式，即每个教学班里有一至两名残疾学生，课堂教学充分运用各种主流技术如计算机网络浏览器、文字处理器、白板、内置无障碍功能的移动电话等辅助残疾学生的学习；在课外教学中则运用各种辅助技术如助听器、屏幕阅读器、自适应键盘、增强式通讯设备等提高残疾学生的自主学习能力，并在校园平台上构建无障碍媒体如超文本标记语言（HTML）、字幕视频、数字访问信息系统等帮助残疾学生终身学习。随着欧盟博洛尼亚进程的进展，该校的 ICT 信息技术教育理念已经渗透到残疾学生教育的各个方面。

2.2.3　西班牙大学的个性化残疾学生教育理念

根据《西班牙残疾人社会融合法》第 3 节第 28 条规定，特殊教育应当是突出个人实用的综合、灵活、动态的过程，提高残疾人各种能力以促进个性发展。因此，西班牙各大学在实施残疾学生教育中根据残疾学生的不同程度因材施教，以保证每个残疾学生得到专门的关注。

西班牙大学的残疾学生教育主要分为肢体残疾学生、聋哑学生、视障学生和精神残疾学生教育。肢体残疾学生（Los Estudiantes con Discapacidad en Las Extremidades）是指行动、书写不便和有障碍的学生；聋哑学生（Los Estudiantes Sordos）是指存在语言交流障碍的学生；视障学生（Los Estudiantes con Discapacidad Visual）是指完全丧失视力和低视力的盲人学生；精神残疾学生（La Discapacidad Mental）是指存在心理认知、情感和行为障碍的学生。西班牙高等教育部要求不论是公立大学还是私立大学，在学业和个人生活上都要给予残疾学生最大帮助，如提供校园残疾人无障碍通道图、提供适合残疾人的相关学习信息及奖学金。目前西班牙大多数大学都设立了残疾学生奖学金（Beca）和残疾人教育基金（Fundación），这些项目由政府、慈善机构或企业运作，也可以是各个大学、学院自行运作，如巴塞罗那大学和巴塞罗那自治大学与凯克萨银行（Caixabank）的项目合作为残疾学生设立了专门的教育基金，同时学校也通过降低税收比例来减免残疾学生的学费。对于视障学生，他们可以获得布莱叶盲人使用的电子教材以及教师授课录音带，或者在上课时有志愿者帮助他们记笔记。对于聋哑学生，学校普遍为他们配发了助听器，同时还有教师授课讲义的电子课件。在加泰罗尼亚的塔拉戈纳大学（La Universitat Pública de Tarragona）还有专门为聋哑和视障学生提供的各种电脑辅助教学工具，包括文字转换语音技术、录音服务以及大功能软件。

目前西班牙国家盲人组织（Organización Nacional de Ciegos de España，ONCE）在全国 17 个大区均设有分支机构，专门联系和帮助所在大学的视障学生进行无障碍学习，如卡斯蒂利亚—莱昂自治区（Castillay León）的西班牙国家盲人组织机构的志愿者便为萨拉曼卡大学的视障学生下载安装了视窗阅读系统（Nonvisual Desktop Access，NVDA）软件，以帮助他们更好地从事专业学习。NVDA 是一款由澳洲的视障者麦克科伦（Michael Curran）发明的国际通用多语言视窗阅读系统，可以让盲人和视障学生访问 Windows 操作系统并和许多第三方程序进行交互，内有语音合成支持的多种语言学习功能，支持 WEB 浏览器、电子邮件客户端、互联网聊天程序和 Office 办公系统等在内的应用程序。位于加泰罗尼亚首府巴塞罗那的国家盲人组织机构的志愿者为巴塞罗那大学、庞培法布拉大学等大学学习的视障学生安装了美国微软公司的读屏软件（Job Access With Speech，JAWS）以帮助他们进行学习和参加各种考试。西班牙国家盲人组织在其官方网站上还为视障学生建立了两个电子学习杂志，分别是《盲人教育简介》（Perfiles）和《电子学习综合介绍》（Inteegración），这两本杂志均是基于盲人自主学习和网络学习的电子杂志，从而为西班牙各大学的视障学生提供了学习和工作的便利。对于有肢体残疾的学生，西班牙高等教育部门要求各大学评估他们的学习需求并提供必要帮助，包括安排专家和导师的特殊培训，提供额外的电子学习资源或者在测试及考试时提供额外时间等。对于失聪学生，大部分高校均配有手语志愿者以提供课堂教学帮助，同时在残疾学生申请大学专业课程时特别注明，以利于其个性化学习。面向精神残疾学生的教育一直是西班牙大学关注的重点，如古老的萨拉曼卡大学为学校的孤独症（El Autismo）学生提供了通晓多种语言的专门辅导教师，从学业和心理等多个渠道对他们进行疏导。教师可借助移动电话、游戏、应用程序等社交网络与孤独症学生进行交流，分享他们的好奇心、能力和知识，以便能够互通有无，避免他们被边缘化而失去学习动力，同时帮助他们借助无障碍信息和传播技术平台等参与学习，鼓励实现个人目标和就业梦想。巴塞罗那大学还成立了残疾人志愿者协会（Programma D'Intergración）为那些患有注意力缺陷过动症（El Déficit de Atención，ADHD）的学生设计了个性化、自我调节的学习平台，通过项目设计使他们获得某种成功，以满足自我需求，进而实现自我价值。在一系列的课堂活动中，志愿者帮助缺陷过动症学生发现并记录自己的个人偏好，例如学生坐在班里什么位置去感知教学内容等，然后编写出自己的学习偏好和方式一览表。通过这种方式可以让学生一边在教育学习系统中成长进步，一边也掌握了如何自我调节生活技能，将课程学习的主动权交给了学生，提升了学生实现自我需求的能力，包括他们的学习兴趣和学习创新能力。

目前西班牙各大学均加入国家远程教育大学（La Universidad de Educación a Distancia）的残疾人教育学习系统中，对残疾学生的考核主要采用一次性评估（Una Evaluación）的方式，如综合残疾学生的课程陈述（Presentación）、报告（El Informe）和作业（La Tarea）等内容所作出的一次性评价，以利于个性化残疾学生教育的发展。

2.2.4　博洛尼亚进程的西班牙大学残疾学生教师教育

欧洲博洛尼亚进程的发展对西班牙大学从事残疾学生教育的教师提出了一定的要求，根据欧盟伊拉斯谟（Erasmus）计划的要求，西班牙高等教育部门规定从事特殊教育的教师应当受到专门训练，以适应不同特殊教育活动的过程。同时，各个学科的教师也应当彼此协调配合，以保证每个残疾学生都能获得专门的关注。为满足不同的职业和等级要求，从事特殊教育的教师应当在工作职责、专业、经验和技术方面均达到所要求的标准。

西班牙高等教育部门认为若要教师做好无障碍信息和传播技术在课堂上的有效应用，首先要具备必要的技能、态度和知识。在教学实践中，一旦学生的某一特殊需要得到确认，教师便要知道从哪里寻找资料来帮助这名学生使用无障碍信息和传播技术。从事残疾学生教育的教师需要克服自己对于信息技术存在的任何禁忌，探索自己终身学习的可能性。在此基础上，大学教师需要接受无障碍信息和传播技术的培训。诸如巴塞罗那大学、塞维利亚大学、瓦伦西亚大学等均开设有暑期培训班，使大学教师了解无障碍技术功能是如何帮助残疾学生进行课内外学习和研究的，同时对教师无障碍课件的数字化制作和改编也要进行一定的教学培训，最后对每位从事大学残疾学生教育的教师进行培训认证。西班牙大学残疾学生教师教育的宏观标准与联合国教科文组织2008年制定、2011年修订的《教师信息与传播技术能力框架》（UNESCO ICT Competency Framework for Teachers）中提出的各项能力相匹配，主要包括三个途径，即技术扫盲、知识深化和知识创造（联合国教科文组织，2011）。如果从微观上看，对从事残疾学生教育的教师培训要从以下六个方面展开——理解信息和传播技术在教育中的运用、课程与评估、无障碍教学法、ICT信息传播技术、组织与管理以及教师的专业发展。总之，博洛尼亚进程的西班牙大学残疾学生教师教育，要求各大学从事特殊教育的教师对自己所使用的信息教育技术和无障碍功能有深入的了解。这样教师不但能够对残疾学生的无障碍信息和传播技术方面的显性效果（El Efecto Dominante）进行定期评估，而且还具备在课堂上发现学生可能存在但不易察觉的任何"隐性残疾"（Discapacidad Invisible）的能力。目前我国特殊教育教师资格证考试刚刚起步，从事大学残疾学生教育的均是通过了国家特殊教育教师资格证考试的教师。因此，深化我国大学残疾学生教师教育和培训则显得意义不同寻常。在这方面我们可以借鉴西班牙大学残疾学生教师教育培训的几个标准，在特殊教育中运用无障碍信息和传播技术、课程与评估、无障碍教学法、ICT信息传播技术、组织与管理和教师专业发展等模式。更为重要的是，从事特殊教育的教师不仅要具备评估残疾学生无障碍信息和传播技术方面取得的显性效果能力，而且还要在课堂上主动发现学生可能存在的"隐性残疾"，即心理障碍，只有具备此种能力的教师才能真正胜任大学的特殊教育工作，才能更好地提升我国大学的残疾学生教育水平。

2.3　西班牙拉大学自治与私立高等教育

欧洲博洛尼亚进程推动了大学自治，在促进西班牙公立大学教育蓬勃发展的同时，也推动了西班牙私立高等教育的迅速发展，位于巴塞罗那的拉蒙尤依大学（Universitat Ramon Llull）正是在这一高等教育变革中涌现出来的典型代表，由此也逐渐形成了欧洲私立大学高等教育变革的"拉蒙尤依模式"。

2.3.1　西班牙大学自治

1978 年西班牙议会通过《宪法》（*La Constitución Española*），旨在改革高度集权的高等教育管理体系，其中第 27 条明确规定法律承认西班牙大学的自治权。因此，西班牙大学高等教育自治开始逐渐形成，根据宪法和各个大学的教育改革措施，无论是高等教育领域占绝对优势的公立大学还是数量较少的私立大学均享有自治权。随着有关高等教育立法的实施，西班牙大学在微观管理层面的自治权得到了进一步加强。目前，这些大学已拥有包括推举校长、规定选举办法、设置专业、颁发文凭（西班牙大学文凭分教育部备案的国家统一文凭和大学自行颁发的校级文凭）、设岗定编、筹资预算等多方面的自主权。2005 年西班牙政府拟定的《大学组织法》（*Ley Orgánica Universitaria*）修改草案进一步强调了，必须尊重大学的自主权，确保大学在自身管理、组织以及规划上所具有的决定权得以落实，让大学变得更加效率和更有竞争力。目前，西班牙拥有公立、私立和天主教大学约 67 所。西班牙大学的专业大致可以分为四大类：人文、实验科学与健康、社会科学与法律以及技术教育，每类学科按照各自的培养目标和不同的学术价值又进一步划分为若干培养阶段，其组织模式大致分为以下四种：1. 第一阶段教育（短期阶段，即"大专阶段"）这种学业模式具有明确的职业导向，学生在完成该阶段学习后可获得大专文凭。在有些情况下，大专毕业生可继续攻读同类学科的第二阶段教育，也可以通过进修其他补充课程，直接或间接进入大学本科课程的第二阶段。2. 第一、二阶段教育（长期阶段，即完整的"大学本科阶段")。这种学业模式分为两个阶段,但第一阶段完成后并不颁发任何文凭,也不意味着学生已完成了整个学业或具备专门的职业资格。只有当学生成功完成两个阶段的全部学习,才可获得相应的大学本科文凭,如文学学士学位或工程、建筑类学士学位。3. 第二阶段教育(即"大学本科后两年阶段")。这个阶段为期两年,学生完成学业后可获得相应的大学本科文凭,包括文科学士学位或工程、建筑类学士学位。已完成第一阶段学业大专或大学本科的学生,可以直接进入这一阶段或通过进修其他补充课程来间接进入。4. 第三阶段教育(即"研究生阶段或博士学业阶段")获得文科学士学位或工程、建筑类学士学位的学生可进入本阶段学习。研究生学业首先包括两年的课程,课程结束后,学生可获得一个高级学术证明,该证明被西班牙所有大学承认,不仅标志着学生已具备某方面专业学习的足够知识,而且还意味着他们具有撰写博士论文的资格。另外,对于那些希望取得博士学位的学生而言,他们可以继续进行学术研究,在完成并通过博士学位论文后,该学生可获得相应学术领域的博士学位。

2.3.2 拉蒙尤依模式的出现

进入 21 世纪后,西班牙社会的高失业率更加凸显了高等教育的重要性。在大学里,年轻人不仅将接受高等教育当作延缓进入社会寻找工作的途径,同时也把其视为谋求工作的敲门砖。因此,在西班牙民众对高等教育极度渴求的情况下,私立大学的数量开始增加,拉蒙尤依大学就是在这种情况下出现的。

拉蒙尤依大学是西班牙巴塞罗那的一所私立大学,成立于 1990 年。该校的办学宗旨是提供高质量的教育、满足社会的教育发展需求,在管理上实行大学自治模式。目前该校已拥有 15 个学院,专门致力于不同的学术领域。拉蒙尤依大学可授予学士、硕士、博士学位,授课语言主要包括西班牙语、加泰罗尼亚语和英语。学校开设的主要专业包括生物工程学、传播学、商业法律、化学与化学工程、经济与商业、教育心理学、工程建筑管理与地球物理学、管理学、心理学、教育学、市场营销与管理、工商管理、信息技术、电影与电视创作、酒店管理、环境工程等。拉蒙尤依大学还与国际多所大学合作，为学生提供多种学习机会，学校的毕业生目前已遍布 100 多个国家、350 家国际公司。拉蒙尤依大学由具有悠久历史的加泰罗尼亚若干所高等教育机构组成。在红衣主教纳西斯·朱巴尼（Narcís Jubany）的领导下，这些机构与加泰罗尼亚经济基金会于 1989 年携手，共同创立了大学基金，该基金最终推动各机构联合成立了拉蒙尤依大学。目前拉蒙尤依大学包括 10 所享有盛誉、历史悠久的加泰罗尼亚高等教育机构：Sarria 化学研究院、Blanquerna 基金、Salle 工程建筑院、加泰罗尼亚哲学院、el Ebro 天文台、ESADE 基金、Pere Tarres 社会教育与社会工作学校、Mental Vidal I Barraquer 卫生研究院、Borja de Bioética 学院和 ESDI 高等设计学校（联合中心）。该校的 10 所高等教育机构在实行高度自治的同时，也积极开展横向联合，此种模式加强了各机构的自主管理并拥有高度的灵活性和适用性。虽然是私立大学，但拉蒙尤依大学正日益成为能够满足社会需求的西班牙一流高等学府。目前，该校已经增加了新的机构，专业课目范围已扩充至 43 门，涵盖了学士、硕士和博士的工程学及文科领域。

拉蒙尤依大学秉持着以人为本的办学理念，致力于提供优质教育和满足社会的需求，因此吸引了大批来自西班牙和拉美的学生，多年来学校致力于培养各界精英人才。学校开设的许多课程都与国际化交换生密切相关。随着博洛尼亚进程的推进，拉蒙尤依大学每年接受的留学生数量也不断增多，目前该校企业管理等几个专业已经跻身于西班牙大学排名的前三位。随着大学自治和交换生教育模式的深入发展，该校与欧洲许多大学实行了交换生政策及学分互认机制。总的来说，西班牙民众对高等教育的需求是推动拉蒙尤依大学大学自治发展的主要原因。目前在西班牙和欧洲公立大学的招生和就业不被普遍看好的情况下，拉蒙尤依模式的出现对于国际留学生来说无疑多了一种选择和机遇，同时也在客观上促进了欧洲私立大学创建世界一流大学的愿景。

2.4 格拉纳达大学发展模式

21 世纪以来，西班牙大学的硕博士教育变革率先从在该国南部安达卢西亚地区的格拉纳达大学（Universidad de Granada）开始，随着欧洲博洛尼亚进程的深入推进，该校引入了导师和学生双向共选的模式，作为摩尔人在世界上创建的第一所阿拉伯高等学府，这一教育变革推动了西班牙研究生教育的深化改革。笔者初次关注格拉纳达大学始于 20 年前在朋友家偶然听到西班牙作曲家塔雷加（Tarrega）的一首古典吉他乐曲《阿尔罕布拉宫的回忆》（Recuerdos de la Alhambra），曲调凄迷忧伤，自始至终气氛悲凉见证了格拉纳达这座城市的历史沧桑。后来，笔者有机会阅读了美国作家华盛顿·欧文（Washington Irving）于1832 年出版的的札记《阿尔罕布拉宫的故事》（La Alhambra），进一步了解了格拉纳达古城和格拉纳达大学。2016 年春季，笔者曾来到了格拉纳达这座古城，有机会深入调研了格拉纳达大学的兴衰历程。500 多年前，随着伊比利亚半岛统一战争的迅速发展，卡斯提亚王朝伊莎贝尔（Isabel）女王和阿拉贡王朝费迪南多（Ferdinando）国王完成了政治联姻，使得摩尔人在欧洲的统治受到了严重的威胁，仅剩下格拉纳达这座唯一的孤城作为最后的据点。公元 1492 年，统一战争的最后一战燃至格拉纳达古城，西班牙卡斯提亚王朝伊莎贝尔女王率领的十万大军兵临摩尔人统治的格拉纳达城下，随着摩尔王朝的土崩瓦解，格拉纳达古城的往昔也只能留存在人们的记忆里……

2.4.1 格拉纳达大学的历史兴衰

格拉纳达大学正是在这一段烽火硝烟的时代背景中诞生的，14 世纪中期摩尔王朝第七代苏丹优素福·艾布·哈贾吉（1333—1354）在位时创办了格拉纳达大学，因其坐落在格拉纳达古城而得名，这是摩尔人在世界上创建的第一所阿拉伯高等学府。

自那时起，格拉那达大学的学术影响力日益俱增，学生人数已达到千人以上，成为摩尔王朝的伊斯兰学术文化中心。公元 1492 年，当卡斯提亚王朝伊莎贝尔女王所率领的天主教军队攻占格拉纳达后，该校依然被完整地保存下来并逐渐改造成为天主教大学。

图 2-1　阿尔罕布拉宫（La Alhambra）的兴衰和赫内拉里菲（El Generalife）空中花园见证了摩尔人在世界上创办的第一所阿拉伯大学

随着伊比利亚半岛的统一，公元 1526 年西班牙国王卡洛斯五世提出了重建格拉纳达大学的计划并于 1531 年获得了教皇克莱门特七世的批准。作为西班牙最古老的大学之一，格拉纳达大学在长达 5 个世纪的发展中对各种文化、种族及信仰一视同仁。除了招收安达卢西亚各地的穆斯林青年外，还吸收了卡斯提亚王国、阿拉贡王国的基督教青年入学就读，在国内外的影响力不断提升。

进入 20 世纪后，传承文化遗产、强调创新意识、关注教学质量和坚持人性化发展的办学理念成为格拉纳达大学现代教育模式，目前该校业已成为西班牙南部历史与文化的教育中心。在秉持学术研究的同时，格拉那达大学放眼社会变迁，加强与教育机构和社会力量的合作，不断拓展其发展潜力。

21 世纪后，随着欧洲博洛尼亚进程的深入推进，格拉纳达大学已发展成为科英布拉高等教育联盟（The Coimbra Group of Univerisities）的一员，在这个享有世界盛誉的欧洲大学联盟中，格拉纳达大学与历史悠久的英国牛津大学、剑桥大学、比利时鲁汶大学、意大利博洛尼亚大学等学府齐名。如今的格拉纳达大学在校生已达到 90,000 名，各学科均拥有从学士到博士的三级教育体系和学位授予权，同时，在许多学科还积极招收博士后人才从事科研。大学的五个校区遍布格拉纳达古城，使其成为欧洲和世界上在校生规模最大的高等学府，无论是生源或者科学研究水平都已经成为西班牙和欧洲众多高校中的佼佼者。

图 2-2　群山环绕的格拉纳达古城见证了格拉纳达大学的历史沧桑

图 2-3　伊莎贝尔女王和丈夫费迪南多国王长眠于格拉纳达（Catedral de Granada），
　　　　永远见证着格拉纳达大学的历史与未来

2.4.2 博洛尼亚进程的格拉纳达大学教育变革

厚实的历史文化积淀和展望未来的创新精神形成了格拉纳达大学鲜明的发展模式。随着欧洲博洛尼亚进程的深入发展，格拉纳达大学在学术理论、教育、科学研究和出版等领域都取得了迅猛的发展，不论从在校学生规模、学术研究还是科研设施等方面来看，如今的格拉纳达大学已被公认为欧洲最重要的教学和科研机构之一。

博洛尼亚进程促进了格拉纳达大学交换生规模的不断扩大，本科交换生和硕博士研究生项目近年来已成为改变该校教育模式的两大优势。目前该校已有近 5,000 名研究生在读博士课程，其中 20% 以上的学生来自国外，50% 的学生在其他大学完成硕士课程后，选择到格拉纳达大学继续深造。目前，该校有 17,000 多名学生在读包括西班牙语语言硕士在内的文理科硕士课程，其中近 8,000 人是海外留学生，他们来自英国、美国、加拿大、德国、法国、奥地利、意大利、葡萄牙、瑞典、挪威、波兰、澳大利亚、日本、俄罗斯及中国。也就是说，格拉纳达大学主要接受其他学校毕业的学生就读硕、博士课程，这一举措极大促进了该校的国际化和世界一流大学的发展进程。

此外，博洛尼亚进程使得格拉纳达大学成为欧洲的语言培训基地，该校的语言中心和各校区分布在格拉纳达城市的各个角落。在古城中，每 4 个居民中就有 1 个是格拉纳达大学的学生，每 3 个居民中会有 1 人与格拉纳达大学有这样或那样的渊源，这座城市与格拉纳达大学已经成为不可分割的统一体。来自五湖四海、不同国度的学生相互交流，激发了彼此对于不同语言与文化的兴趣，这样一种语言交换的形式赋予了学生们更多的交流机会，尤其是使他们能利用课堂以外的机会学习西班牙语和进行科研文化交流。

格拉纳达大学正是抓住了学生来自世界各地的这一国际化特点，深化了西班牙语语言培训，而这种将母语作为交换生的教学语言并为学生所接受的模式，正是一所大学全球化特征所必须具备的条件。

由此，格拉纳达大学对前来就读硕博士教育的学生均提出了明确的使用西班牙语的语言能力要求。比如，如果申请就读的学生没有学过西班牙语，就需要接受一年到两年的密集型西班牙语培训。即使对于学过西班牙语或是经过培训的学生，格拉纳达大学也要求申请前来就读学生的西班牙语考试水平不能低于 A2 级，这些举措对于这所交换生人数占主要比例的国际化大学的发展至关重要。

2010 年后，格拉纳达大学实行了导师和学生的双向共选见面模式，也就是说在每年的 3、4 月和 9、10 月，学校会定期举行两次导师和学生的见面会，通过师生的直接见面与交流来达到相互了解和相互选择的目的。此后，学生会对自己所选择的导师和专业进行投票，导师则根据学生投票的顺序来选择自己招收的研究生。这一举措不仅加快了格拉纳达大学对国际高水平人才的招收和引进，也极大提升了学校的国际知名度。

2008 年 12 月 30 日，格拉纳达大学迎来了又一个国际化发展的机遇——西班牙格拉纳达大学孔子学院的开幕典礼。从此，汉语开始进入这所摩尔人所创办的第一所阿拉伯大学。目前，格拉纳达大学的交换生范围已经扩展到遥远的中国，并与北京大学、北京外国语大学建立了交换生项目。当然，格拉纳达大学选择中国交换生也有诸如学生的专业学术背景和本科学分绩点综合排名等条件。同时，格拉纳达大学孔子学院的开办也点燃了该校的汉语热和激发了中国人学习西班牙语的热情。

历经长达六个多世纪的发展，格拉纳达大学已经成为格拉纳达历史的见证者，它正以独特的方式影响着格拉纳达古城的社会文化与教育发展，并成为西班牙硕博研究生高等教育改革的典范。在西班牙安达卢西亚地区，格拉纳达大学承载着格拉纳达的过去与现在，是一座名副其实的大学城，因为它见证了摩尔王朝统治的兴衰，代表了博洛尼亚进程西班牙研究生教育发展的历史和未来。

注释：

1. ICT 教育（Information Communication Technology/Tecnología de La Información y Las Comunicaciones）：是指用 ICT 实施的教和学，分为输入信息、输出信息和其他等三个项目。2013 年联合国教科文组织的全球调查显示，ICT 能够提高学生的学习效果和更好地改进学习方法，把 ICT 教学工具融入课堂中，能增加学生与 ICT 教学工具接触的机会，对学生的学习成绩有良好影响，特别是对数学、科学、社会科学等需要提高学生知识理解力、实践能力和表现能力的学科，作用尤其明显。

2. 大学自治（University Autonomy）：指大学不受政府、教会或其他势力干预，实行独立办学。其特点主要表现在以下三个方面：一是大学自治的主体应当是大学自身内部的力量，可以是校长、教师和学生，但不是国家、社会或学校以外的其他组织；二是大学治理的内容属于高校内部事项，主要包括学术上的自由和管理上的自主；三是大学自治的目标是学术自由。大学自治是以学术自由为核心的大学精神的制度保障，但是大学自治并不意味着摆脱政府的干预或管理。

3. 全纳教育（Inclusive Education）：指 1994 年 6 月 10 日在西班牙萨拉曼卡召开的"世界特殊需要教育大会"上通过的一项宣言中正式提出的一种新教育理念和教育过程。全纳教育作为一种教育思潮，强调容纳所有学生，反对歧视排斥，促进积极参与，注重集体合作，以满足不同需求，是一种没有排斥、没有歧视、没有分类的教育。

4. 欧洲学分互认体系（ECTS）：该学分体系最初起源于 1989 年的欧盟伊拉斯谟（ERASMUS）项目，即现在欧盟的苏格拉底（SOCRATES）项目计划框架。它是欧洲唯一被广泛认可的比较成功的高等教育学分体系，最初仅限于学分的转换。随着 2000 年发起的博洛尼亚进程（Bologna Process），该学分体系的主要目的之一就是打通欧洲学分体制，相互承认学历，鼓励学生到不同的欧洲国家学习深造，加强欧洲学生的流动，推动知识社会的发展和经济进步。该学分体系的出现不仅有助于学生了解和比较学习的课程，还有利于推动欧洲高等教育机构的教学改革，从而更加有利于欧洲学生的流动，以及更有利于吸引更多的国外留学生到欧洲大学学习。

5. 情景化协作学习研究（Situational Collaborative Learning/La Situación de La Investigación Sobre El Aprendizaje de Colaboración）：是基于对知识的社会性和情境性的主张，情境学习理论认为学习的本质就是对话，在学习的过程中所经历的就是广泛的协商和协作。情景化协作学习不仅仅是一个个体性意义的建构心理过程，更是一个社会性、实践性和以差异资源为中介的参与过程。知识的意义连同学习者自身的意识与角色都是在学习者和学习情境的互动、学习者与学习者之间的互动过程中生成的，因此，情景化协作学习的创设就致力于将学习者的身份和角色意识、完整的生活经验以及认知性任务重新回归到真实的、融合的状态，在真实的情境中协作解决学习问题。

6. 西班牙国家远程教育大学（Universidad Nacional de Educación a Distancia，UNED）：西班牙国家远程教育大学创建于 1972 年，是西班牙的一所公立大学。该大学通过视听设备和网络进行远程教学，下设有经济与企业科学系、哲学系、理学系、政治与社会科学系、法律系、心理学系、教育系、语言学系、地理与历史系等九个系，另外还设有高等信息工程技术学院和高等工业工程技术学院等两个学院。西班牙国家远程教育大学开设有专科、本科、硕士和博士等不同学历教育层次，并提供继续教育的学习机会。

7. 科英布拉高等教育联盟（The Coimbra Group of Univerisities）：科英布拉集团成立于 1985 年，是由 38 所欧洲大学组成的大学网络联盟，其中不乏欧洲最古老和最富声望的大学。科英布拉集团得名于葡萄牙的科英布拉大学，该校也是欧洲最古老的大学之一。科英布拉集团是欧洲传统与综合大学组成的一个整合性平台，通过专门学术及文化连结的建立、设备改善及资讯与交换来宣传"大学联盟"的观念。除了自身活动及欧盟计划外，科英布拉集团亦与非会员国及非欧洲大学建立了合作关系，例如积极与地中海地区、拉丁美洲、中东欧及非洲、加勒比海及太平洋国家建立文化与学术交流合作，体现了相互尊重的多元色彩。

8. 格拉纳达大学（Universidad de Granada）：格拉纳达大学是中世纪安达卢西亚伊斯兰高等学府之一，因坐落在西班牙格拉纳达城而得名，是 14 世纪中期由奈斯尔王朝第七代苏丹优素福·艾布·哈贾吉（1333—1354）所创办的第一所伊斯兰大学。1526 年，西班牙国王卡洛斯五世提出了重建大学的计划，随后于 1531 年获得了教皇克莱门特七世的批准而正式创建。在其发展的六个历史世纪里，格拉纳达大学已经成为格拉纳达历史的见证人，同时也影响着格拉纳达城市的社会和文化发展。可以说，格拉纳达大学无论在师生人数、基础设施、人文历史还是科学研究方面，在西班牙和欧洲都享有很高的知名度，目前已经成为欧洲和西班牙的教育和文化中心，跻身于欧洲一流大学之列。

第 3 章
芬兰高等教育的发展与变革

3.1　芬兰高等教育概况及政策

　　芬兰共和国是一个人口仅有 560 多万、面积仅为 33 万多平方公里的北欧国家。在 19 世纪之前，芬兰仅是欧洲的一个发展滞后的农业国家，即使在 1917 年芬兰宣布独立后这一状况依然没有改变，科技与经济均不发达。但自 20 世纪 80 年代以来，芬兰已经从一个倚重自然资源的国家逐渐发展成为一个以信息化及知识化为导向的富裕的创新型国家。芬兰的发展离不开教育，尤其是高等教育。调查研究表明，在欧盟诸多国家中，芬兰的研究人员在整体劳动力结构中所占比重相较于其他国家是最高的。当前，在世界范围内获得认可的创新型国家仅有 20 余个，芬兰就是其中之一，先进的高等教育为芬兰的发展奠定了坚实的基础。作为传统教育强国，芬兰在高等教育方面取得了举世瞩目的成果。进入 21 世纪以后，随着芬兰加入博洛尼亚进程和伊拉斯谟项目，其高等教育发展特色显著。

3.1.1　芬兰高等教育发展现状

　　芬兰的高等教育早在 1640 年便已确立并发展，如著名的赫尔辛基大学于 1640 年 3 月 26 日创建，当时被称作土尔库皇家学院（the Royal Academy of Turku）。芬兰高等教育在 20 世纪欧洲高等教育一体化时代高速发展，在此期间先后成立了诸如经济和工商学院、多科技术学院、艺术学院、科技大学等若干所学校，扩大了高等教育的规模。

时至 20 世纪 80 年代晚期，为应对前苏联解体与东欧巨变并在国际局势变化中取得发展先机，芬兰致力于促进本国高等教育国际化并在国内推进国际一体化进程。芬兰教育部为此还出台了相应的行动计划，由此可以看出，芬兰高等教育的重心在于保持高等教育的高度开放性。

自 1992 年起，芬兰高等院校（大学与多科技术学院）开始参与欧盟教育培训领域最富有代表性的伊拉斯谟项目（Erasmus Mundus）。1995 年，随着芬兰加入欧盟，其大学陆续参与了欧盟所有高等教育项目，进一步推动芬兰高等教育的开放和发展。

自 1999 年加入博洛尼亚进程后，芬兰便积极致力于发展"欧洲高等教育区"。此后，为了让该国在 2010 年成为欧洲的科研及教育强国，芬兰于 2001 年制定了高等教育国际化发展战略。随后，芬兰政府在 2006 年 3 月发表了关于高等教育体系发展宣言，致力于进一步完善芬兰高等教育体系（杨超等，2012）并提升高等院校科研水平及教育水准。在博洛尼亚进程中，芬兰修订了大学法案和技术学院法案，对本国高等教育体制着手进行了改革。改革后，芬兰采用学士、硕士、博士三级学位体系，并在全国范围内推行欧洲学分转换体系（European Credit Transfer System，ECTS）。除此之外，还为学生出示"文凭补充说明"（Diploma Supplement），对学生所学课程作出全方位的说明，包括课程内容、课程性质及学生成绩等诸多方面。2005 年芬兰大学亦依据欧洲高等教育保障协会通过的《欧洲高等教育质量保障标准与指南》（Standards and Guidelines for Quality Assurance in the European Higher Education Area）对本国高等教育质量保障体系进行了调整和完善。芬兰教育部创建了国际交流中心（CIMO）并和其他大学所属的国际办公室构成网络化管理体系，这些举措推动了芬兰高等教育的进一步国际化。因此芬兰在新世纪的改革较好地适应了知识经济发展和全球化进程推进的新境况。

芬兰政府制定了严格的高等教育政策与高等教育制度，不仅明确要求大学在设置学位时需客观严谨，必须详述学位的名称、培养目标和教育教学内容，而且还要求大学需设立多样化的专业课程，供学生进行选择。经教育部核准许可后，芬兰高等院校不同学位的不同专业可施行本校独立的法规。芬兰高等教育注重向学生传授积极从事科研并为之努力的理念，在校大学生可进行独立的科学研究。对此芬兰各大学对学生开展科研予以大力支持，包括为学生提供高水平的教育支持。芬兰优质高等教育也得益于良好的师资保障，在该国的大学中，教授、副教授占师资总人数的比例可达 25%，讲师占师资总人数比例则超过 40%，而兼职教员及临时教师的比例约为 25%。由此可见芬兰大学优质的师资力量对高等教育的发展亦有裨益。

芬兰全民高度重视高等教育，该国共设有 29 所多科技术学院和 20 所大学。北欧国家中接受高等教育人口最多的国家是芬兰。截至 2015 年，芬兰 20-39 岁的人群中接受高等教育的人数占总人口的 1/3 以上。据统计，芬兰 34% 的人口获得了高等教育学位，而在芬兰 25-75 岁的公民中则有 75% 完成了高中阶段的教育（王俊，2010）。"双轨制"并行是芬兰目前高等教育体制的显著特色，这种体制即普通大学与多科技术学院两类高等教育机构并行。芬兰"双轨制"高等教育体系的产生源于 20 世纪 90 年代初期北欧经济的不景气与地缘政治的变革。在这种形势下，芬兰开始着手发展高等职业教育，通过合并中等职业学校等措施创建了多所技术学院（College of Polytechnics）。该模式为芬兰学生提供了以职业为导向的高等教育学位课程，注重对学生技能的培养，以此提高就业率并推动本国经济的发展。在芬兰，普通大学着重于培养学术研究型人才，而多科技术学院的办学目标则更侧重于培养职业技术类人才。大学可向学生授予学士、硕士、副博士、博士四种学位，而多科技术学院可向学生授予学士及硕士学位，学生若有意愿攻读更高的学位，可申请进入大学继续深造。

"双轨制"并行的高等教育政策使科学创新与技术创新同步发展，为芬兰培养了不同类型的人才，提升了芬兰的科技发展水平，促进了芬兰的经济发展，"双轨制"使芬兰高等教育成为欧洲一体化发展的领头羊，充分展现了其先进高等教育模式。

随着博洛尼亚进程的不断推进，"欧洲高等教育区"的教育涵盖面不断扩大，其核心就是确保各国高等教育的质量的提升。在这种背景下，《欧洲高等教育质量保障标准与指南》被各成员国认可并采用。不同国家以不同形式推进了高等教育质量保障体系的改革。2009 年 4 月，在比利时鲁汶召开的欧洲博洛尼亚进程第六次部长级会议上，与会的

46 个成员国一致认定芬兰高等教育质量保障体系达到了先进且较为完善的水平。

早在 1995 年，芬兰政府便成立了高等教育质量保障机构，即高等教育评估委员会（Finnish Higher Education Evaluation Council，FINHEEC），可见该国是较早推行高等教育系统化评估的欧洲国家之一。该机构独立于高等院校及高等教育行政机构，由 12 位成员构成，其中包括 4 位来自技术学院、4 位来自普通大学的代表，另外还包括 2 位学生和 2 位职业界的代表。在芬兰，高等教育评估委员会的作用在于帮助大学与教育部开展高等教育评估，助力高等教育的长远发展（郭朝红，2011）。该机构致力于提高芬兰大学办学水平及国际竞争力，以高等教育评估为手段帮助大学建立先进且完备的内部质量保障体系，并向教育部提供评估数据以支撑决策的制定与发展。

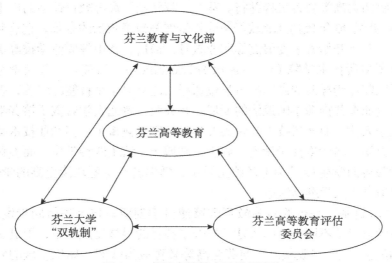

图 3-1　芬兰高等教育质量保障体系

芬兰优质的高等教育很大程度上得益于政府对高等教育质量保障的高度重视。为此，芬兰政府还专门制定了高等教育质量发展六年规划。在"2007—2012 年教育与科研规划"中，芬兰教育部确立的重点在于设定质量指标、加强外部审核、增强国际合作以及完善学科评估。在"2009—2015 年高等学校国际化战略"中（杨慧，2014），政府要求高等教育质量在原来基础上实现更加优化的发展，以提升芬兰的国际竞争力，同时对国际科研合作及国际人才引进也更加重视。

总体而言，芬兰高等教育质量保障系统可分为三个层面。宏观层面指的是芬兰教育文化部制定相关的高等教育政策，以引导芬兰高等教育的健康发展；中观层面指的是芬兰高等教育质量保障机构，即高等教育评估委员会，该机构可协助大学与教育部开展高等教育评估，提高芬兰高等教育质量并增强芬兰高等教育在国际上的知名度及竞争力；微观层面则是指高等院校依据自身实际情况和发展需求，建立起适合自身发展的高等教育质量保障体系，确立并发展高等学校内部质量保障机制，以促进芬兰大学行使自主权，实现有效的管理，从而更为便捷地提升教育及相关工作的质量。

3.1.2　芬兰高等教育的优势特色及挑战

1. 芬兰高等教育的优势特色

1）重视大学与企业及研究机构的合作

将大学与企业及研究机构相联系是芬兰高等教育发展的重要特点之一。这三者在研发科技成果方面的合作使科研成果直接转化为社会生产力的一部分，从而更高效地推动科技及经济的发展。

芬兰大学的学生可方便地阅读到学校收藏的著名科技文献或全球科研类重要文献。此外，各大学都配备全球领先且昂贵的实验室或实验设备。学校实验室所装配的软件、硬件等相关设备都是原版制造且更新及时，以确保设备的先进性。学生使用校内的实验室非常便利，只需在实验室的智能电子锁上刷学生证即可。芬兰企业若雇用一位技术人员，需每年向其支付 500,000 欧元工资；然而倘若公司与大学合作共同研发一个项目，则每年只需向每一位研究生支付 20,000 欧元的费用，在相当程度上大大降低了企业的研发成本。因此，芬兰的企业很乐意与科研机构和大学合作。与此同时，各大学的学生也非常支持学校与企业之间的合作，因为这种合作为学生提供了重要的科研实践机会，学生在校期间便可以参与科研实践，了解企业产品的运作与市场的走势。在企业与学校合作研发项目之际，企业亦可通过大学的专家学者得到有利于企业自身发展的市场资讯。

总而言之，芬兰大学非常重视大学与企业及研究机构之间的联系，这种合作对各方均有利，客观上有助于芬兰高等教育水平的提升。

2）高等教育理念

芬兰的教学方式多种多样且灵活机动。教师在讲授新知识的同时经常会和学生就所讲授内容进行讨论。芬兰大学教育亦重视培养学生的阅读能力与演讲能力等诸多方面的才能，旨在培养能力全面的学生。

在全球发达国家中，芬兰的公开考试最少。因为芬兰的大学教育理念是将重点放在培养学生的创造能力上，在芬兰教育界人士看来，竞争性的教学方法对学生的整体水平的提高并无益处，以考试分数来认定学生的学习成果是不全面的。芬兰的大学生对学习及自身的能力抱有信心，在自信的基础上从容面对自身发展的现状并规划未来的发展蓝图。

3）高等教育经费

芬兰政府高度重视高等教育经费管理，维持芬兰 40 多所大学运转所需的资金大多来源于政府的财政支持。此外，中央政府与各地方政府还共同承担了 28 所理工技术学院的经费。芬兰国内生产总值中的 6.5%被用于推动国内公共教育的发展，该投入远超西方发达国家的平均水平。国家财政负担芬兰大学教育所需经费比例可多达 70%，其他 30%的教育经费则由公共机构，如芬兰科学研究院及芬兰科技开发中心等机构负担。在芬兰，公民接受基础教育和高等教育均免费，在校大学生倘若没有半工半读收入或延迟毕业则可获得芬兰政府每月 500 欧元的补助。在这种情况下，绝大部分芬兰在校大学生依然选择自己找兼职工作赚钱，并未依赖政府的补助度过大学生活。芬兰政府对该国高等教育发展的前景持乐观积极的态度，政府在重视 ICT 信息交互技术教学的同时，也致力于完善和保障高等教育与科研质量，以建立更加完善与先进的高等教育体系。

2. 芬兰高等教育面临的挑战

1）芬兰语言文化的影响

芬兰高等教育在全球化影响日益加深的当下，面临着诸多挑战。芬兰的官方语言为芬兰语和瑞典语，这两种语言作为非通用语语言，其使用范围仅限于芬兰、瑞典等北欧国家。由于历史上相对较少的战争影响和独特的地理条件形成了芬兰独具特色的传统文化，但与欧陆国家的文化之间仍存在一定差别。因此，不熟悉芬兰语言和芬兰文化的大学留学生和教学科研人员尽管可以利用英语进行学习、教学和科研，但语言和文化间的隔阂还是会使他们无法全面了解芬兰社会的方方面面。为了解决上述问题，芬兰教育部致力于提供内容多样的英语授课课程来吸引国际留学生，并希望这些留学生学成毕业之后能够在芬兰顺利就业。但是，芬兰各大学在大力推行英语授课的同时，并没有给予芬兰语言文化课程足够的重视，这就造成了留学生即使能顺利完成学业，也未必能完全熟练地应用芬兰语进行交流，国外的教学科研人员也面临相同的情况，教学和科研势必会受到一定的影响。

2）芬兰教学科研人员参与国际交流

在芬兰的大学，师生参与国际交流对于学生及教学科研人员都是非常重要的。最初芬兰开展国际交流项目时，学生对此极为热衷。但随后由于参与国际交流机会的信息公布不及时，以及学生缺乏对自身专业发展的规划等诸多原因，导致学生对参与国际交流表现得较为淡漠。而教学科研人员对参与国际交流表现淡漠的原因则可归结为缺乏足够的时间和资金，所以他们更倾向于进行短期而高效的国际交流，比如参与国际会议和欧盟科研项目等。

3）芬兰高等教育的地位有待提高

芬兰高等教育的特殊之处表现在其高等教育规模较小、高等教育资源由中央政府控制、芬兰公民可免费接受高等教育等。因此，政府控制的高等教育资源成为芬兰大学竞争的主要目标，从而导致了芬兰高等教育在全球高等教育市场的发展出现分化。芬兰教育文化部于 2009 年

6月通过了新的大学法案，着手推动大学改革，确立了大学独立法人地位，进一步扩大大学自治权并独立承担财政责任，同时芬兰的大学开始对来自非欧盟和欧洲经济区的留学生收取硕士学位课程阶段的学费。虽然芬兰致力于设置内容多样的英语课程以吸引世界各地的留学生来芬兰深造并在这一点上获得了一定的成功，但芬兰的高等教育和知识输出能力与英国、法国、德国、西班牙等传统欧洲高等教育国家相比仍存在一定差距。

4）人口老龄化及劳动力减少对高等教育的挑战

芬兰目前面临着严峻的人口老龄化问题，这对芬兰的社会发展产生了不利影响。据芬兰政府于2010年5月发布的人口统计官方数据表明，该国已有逾17%的公民超过了65岁，这预示着芬兰面对的老龄化问题甚至比欧盟其他国家更为严峻。因为通过这个数据可以推测芬兰劳动力数量减少的高峰期有可能在其他欧盟国家之前到来，这使得芬兰政府格外重视引进国际人才以促进国家发展。而芬兰国内优质的高等教育资源亦可为引进国际人才提供有力支持，进而解决芬兰的大学国际教学科研人员不足的问题。

3.2 芬兰博士生培养模式

芬兰地处北欧，虽然在人口和面积上属于较小的欧洲国家，然而，出色的高等教育却为成为全球知名的科技强国奠定了基础，究其原因，芬兰优质的博士生教育起到了举足轻重的作用。芬兰大学被认为是学术或艺术研究机构，学生在此接受高等教育可被授予学士学位、硕士学位、副博士学位（Licentiate）及博士学位。但时至今日，芬兰的博士生教育在当代知识经济快速发展之际，仍面临着诸多棘手的问题。比如，博士生教育时间过长且学生中途辍学率高的问题需要尽快解决。2000年以后，在芬兰大学的学生中仅有16.5%的人可以在规定的四年学制内完成博士阶段学习并获得博士学位；而另外25%的学生则将学习年限延长为5-8年，更有甚者，高达18.5%的学生将博士学位的学习年限延长至 10 年以上。另外，随着 21 世纪博洛尼亚进程的深入，芬兰高等教育中普遍存在着国际化发展受限的问题，这种问题也反映在博士生教育上，国际化程度主要局限于欧盟国家内部的状况意味着芬兰大学很难将世界各地优质的生源吸引到本国来。造成芬兰博士教育国际化程度不高的原因还在于芬兰的语言。芬兰的官方语言为芬兰语和瑞典语，英语则为第一外语。芬兰语和瑞典语均为小语种，能了解和熟练运用芬兰语的人在世界范围内并不多见。而在芬兰大学课程的讲授中，有一半的课程是用芬兰语讲授，这对在芬兰大学学习的国际学生选课造成了一定的影响。因此，出于各种原因芬兰大学决定以改革来促进博士教育的发展。在加入欧洲博洛尼亚进程后，芬兰专门针对博士生教育开展了深入的改革并在这一方面建树颇多。改革之后的一些科技评价指标均表明芬兰所取得的成果远超欧盟平均水准甚至还超过了许多欧洲高等教育传统大国。这些指标涉及研究人员在从业人员中所占比重、青年博士在同龄人中所占比重以及人均专利数等诸多方面。欧盟委员会 2016 年发布的《创新比较报告》（*Innovation Report*）表明，目前芬兰的科技创新能力处于世界领先地位，与美国、日本保持在同一水准。由此可见，芬兰针对博士生教育的改革对其科技创新能力和综合国力的发展大有裨益。

3.2.1　芬兰博士生教育发展史及改革背景

芬兰博士生教育发展历程较长，自 1640 年芬兰高等教育诞生之初便随之出现。芬兰赫尔辛基大学于 1640 年 3 月 26 日建校，建校之际就开始发展博士生教育。芬兰的高等教育在 20 世纪得以迅猛发展，自 20 世纪 90 年代起芬兰政府对博士生的培养更为关注，对博士生教育的投资也是政府在高等教育领域重点解决的问题之一。芬兰政府敏锐地意识到博士生的培养对芬兰发展进步的重要性，因而对这一环节的投资达到了世界领先水平。巨额的经费投入及研究生培养重组使更多的人决定读博，从而导致获得博士学位的研究生人数迅猛上涨（王文礼，2013）。20 世纪 90 年代后获得博士学位的研究生人数增长了 120%，在博洛尼亚进程之后，芬兰平均每年约有 1,500 名来自不同学科领域的博士生顺利毕业。经济合作和发展组织（OECD）曾于 1987 年对芬兰的国家科学和技术政策进行了评估，评估结果认定，芬兰的研究生培养政策及培养模式尚不合理，需要进一步完善，这就使芬兰开始着眼于研究生教育的改革并付诸行动。1999 年 6 月，欧洲 29 国通过了《博洛尼亚宣言》，宣布将共同创建欧洲高等教育区。自此，欧洲高等教育在博洛尼亚进程之下迅速发展。随后，2003 年参与博洛尼亚进程的各国在《柏林公报》中明确将博士生教育作为第三级教育的一部分。2008 年 9 月 30 日在芬兰赫尔辛基举行的"第三级学位能力要求与研究者职业生涯"（the 3rd Cycle Degrees：Competences and Researcher Careers）论坛上，欧洲诸多国家探讨并交流了芬兰博士生教育国际化的经验并决定加大对博士生教育的资助力度。在博洛尼亚进程推动下，芬兰大学通过博士生教育的革新来增强本国的国际竞争力，以促进本国的经济及科研的进一步发展。

3.2.2 芬兰博士生教育改革的方法

1. 研究生院的成立

20 世纪 90 年代初期，芬兰教育部在参照美国高等院校创建研究生院制度的基础上，决定在芬兰设立研究生院。1994 年，芬兰科学院（the Academy of Finland）首先宣布执行政府的这项政策。此后，芬兰在 1995 年建立了第一所研究生院。之后多年间，芬兰研究生教育得以快速发展。芬兰国内的研究生院在 2015 年已接近 200 所，每年全日制博士生录取人数已达 4,500 人。在 21 世纪前 10 年，芬兰大学有越来越多的学生取得了博士学位，相较于 20 世纪 90 年代增长了近两倍。

研究生院制度的创建有利于保障芬兰研究生的教育质量，在博士研究生培养方面的优点主要体现在可以缩短学生提交博士论文的时间，提升博士生培养效率及质量，同时促进博士生教育的国际化发展。

芬兰研究生院大多是由数所大学共同运作，但也有部分研究生院是由科研机构与大学协同运作的，还有一些研究生院则是芬兰大学与其他各国大学共同合作运行的。这些研究生院致力于为博士研究生提供良好的学习环境与系统科学的教育。同时，芬兰的研究生院极其重视培养博士生的创新精神。

此外，就读于研究生院的在校生均享有一定数额的报酬，博士研究生在校时的薪酬依照惯例是每人每月 2,200 欧元左右。同时，研究生院为研究生课程及另外的一些活动提供资金支持，而博士生则可从中获得独立资金。芬兰大学在对博士生进行培养的过程中，为他们提供了较为可观的薪酬，而这笔薪酬对本国的学生和国际留学生均有较强的吸引力，这将使不少已获得学士学位及硕士学位的芬兰本国学生有意愿继续攻读博士学位，亦使不少国际学生选择到芬兰来攻读博士学位。

从客观上来说，这种现象推动了芬兰博士生教育的国际化。芬兰的研究生院每年可从教育部获得大约 3.600 万欧元的财政支持。同时，根据芬兰教育部的要求，芬兰研究生院在也必须做到提升自身的整体水平并优化其教育质量，使博士研究生的科研更为专业化并缩短博士研究生完成论文的时间。此举加大了大学和研究机构之间的合作力度，使高等教育的国际合作增多并使科研活动的质量不断提高。

2010 年，芬兰大学开始实施国会于 2009 年通过的《大学法》，芬兰的大学从此不再作为国家机构而存在，而是成为独立的法人机构。这意味着大学对自身资源具有大部分的所有权，而政府也不再具有对大学的全部所有权。大学的管理由此发生了不小的改变，其中涉及对大学董事会的改组，具体内容包括让校外人员出任董事会主席，董事会成员中校外人员所占比例必须超过 40%。此次改革使得博士生培养点更为集中，有益于优化未来芬兰博士生的培养质量。

2. 培养目标和培养方式的优化

芬兰对博士研究生培养目标的明确化及培养方式的优化有助于提高博士研究生教育的质量。在此基础上，那些学成毕业并获得学位的博士生也充分提高了自身的能力与知识水平，对其今后的发展将非常有利。

针对博士生培养，2005 年芬兰教育文化部制定了"国家博士资格框架"（National Qualification Framework in PhD）。该框架从多方面对博士生的培养提出了明确要求，有助于博士生培养的规范化、合理化和标准化，亦有助于评估及保障博士生培养教育的质量（束义明、罗尧成，2010）。该框架针对博士生教育提出了认知、技能及工作能力等诸多方面的详细要求。

简而言之，在框架的要求下博士生应当具有丰富的专业知识并能够将其熟练运用于相关领域的科学研究中。除此之外，博士生还应当了解其他领域的知识，拥有广阔的知识面。

与此同时，芬兰大学也非常重视博士生的创新能力，认为它是从事科研必不可少的能力之一。博士生能够熟练运用芬兰任意的一种官方语言及一门外语也是至常重要，因为这是进行学术交流及深入某领域研究的必备技能。

芬兰大学要求博士生具备解决复杂问题的能力，在学术研究出现瓶颈时，可以凭借自身的知识储备及应变能力推进研究进程，创造新的科研成果。此外，框架对博士生的道德及责任心也提出了要求，博士研究生必须在符合伦理道德的前提下进行科学及专业研究并对所研究的项目负责。同时，他们还应具备终身学习的能力，这样更有利于深入并持续地对某一领域进行研究，不断完善、丰富博士生自身的能力及知识涵养，从而为专业领域及自身的发展带来更多益处。

在博士研究生的培养过程中，确保优质的生源非常重要。在芬兰，申请就读博士研究生是相对比较宽松的，获得基本学位的学生均可申请进入博士研究生阶段学习。那些在本科阶段学习科学类专业并顺利获得学士学位的学生甚至有机会直接进入博士研究生阶段学习。如学生在海外取得硕士学位，亦可申请读博，但他们在先前的学习过程中所修主要科目的成绩必须达到优秀才能具备申请博士研究生的资格。芬兰大学并不排斥接收跨专业学生的申请，但前提是申请跨专业读博的学生必须具备与申报读博相关领域的知识储备。申请博士阶段学习的步骤包括撰写个人简历、提交学术和科研计划、提供教授的推荐信等环节，最后需要参加学校的面试。此过程确保录取的优质生源能够提高博士研究生培养质量及效率，对芬兰博士生教育的发展具有积极的推动作用。

在芬兰，博士阶段的课程学习是相对个性化的，学生可以依照自身的学习情况和所选专业安排适合自己的学习方式。该阶段的教学方法主要由讨论会、讲座及考试等构成。研究生院的不同专业会共同设置一些课程，除此之外，企业也会与研究生院共同合作设置某些课程。博士研究生培养的形式在不同的研究生院存在一定的差别，但都很注重将科学研究与社会及相关产业相结合。作为研究生院的博士研究生，学生们首先要深入学习所选研究领域的知识及相应的研究方法，然后再接受如何将所学知识与职业发展相结合的相关训练，最后还要完成一定量的研究项目。芬兰的博士生至少有一位导师，而且学生可由导师团队进行管理。导师将为学生的学习及研究提供有效的指导。

博士生教育的评价主要由两部分构成，即形成性评价与终结性评价。形成性评价是指在某些研究生院中负责管理博士研究生的评估委员会和导师团队可阶段性地对博士研究生所做的研究进程进行评估与反馈，评估委员会和导师团队的成员主要由大学内部或外部的指导教授或指导老师组成。而终结性评价则侧重于对学术论文进行评审，博士生完成论文的质量可以全面而深刻地反映其学习能力及创新能力。只有以科学而严格的评价标准对论文进行评审，才能确保博士研究生写出高水平、高标准的论文并进一步提高其研究水平及创新能力，进而保证博士研究生教育的质量和水平。

博士研究生论文的评审与最终的答辩可归纳如下。首先，研究生院需要设立评审团队，对博士研究生写作完成的论文初稿进行评审，若论文被认定为合格，评审团队将在博士研究生答辩前先将已发表的论文复印后交给研究生所在院系的不同专家审阅，之后再公开答辩。在答辩时，其他大学的教授也会被院系邀请加入答辩小组，这些教授在答辩过程中可以表达对论文中所提论点的质疑，从而保证论文答辩的公正性。

3. 博士研究生教育日趋国际化

在博洛尼亚进程的推动下，芬兰的博士研究生教育正日趋国际化，其改革方式大致包括创立并实施研究生院博士生教育国际化发展体系和平台，博士生教育的国际化程度与大学可否创设研究生院的评估标准息息相关。芬兰科学院高度重视研究生院开展的国际合作与发展进程，并将博士研究生教育国际化的深入程度纳入资助研究生院的标准中，以促进博士生的国际交流。斯堪的纳维亚和欧盟博士生院网络管理的创设，亦为芬兰博士生教育的国际化提供了有力支持。

为了加强博士生的国际流动，芬兰大学还采用了与博士生教育相关的国际合作形式，比如芬兰与各国大学联合培养博士生，加强不同学校间的国际合作研究，联合确立共同的博士研究生培养策略等（李俐，2012）。

为了帮助国际留学生克服留学芬兰的语言教育障碍，芬兰大学的博士生教育均使用英语为国际留学生授课。此外，芬兰在进行博士生教育改革时采用了欧洲统一的学分转换系统（ECTS），以此确保了学生的学习成绩在欧盟其他国家也被认可，这在某种程度上为博士生在国外的进一步学习以及自由转学等提供了便利。与此同时，芬兰的教育部设立了访问教授职位（Visiting Professorship），以资助外国学者在芬兰卓越研究中心（Centre of Excellence）开展研究工作。

自此之后，芬兰的博士研究生教育日趋国际化。国际经合组织的年度统计表明，2016 年在芬兰获得博士学位的国际留学生人数增加了64%。在 2003 年时，博士留学生在芬兰所有在读研究生中所占的比重约为 6.5%，而在 2016 年时已超过 15%。由此可见，芬兰政府非常重视其博士生教育的国际化，并以切实的行动及多种多样的方法来推动博士生教育的快速发展。

3.2.3　芬兰博士生教育改革成效

芬兰博士生教育在历经多年的改革与发展后，创造了令人惊叹的成就。该国的高等教育质量也借此得以优化并在国际上引起了诸多关注，从而提高了芬兰高等教育的国际地位。根据世界经济论坛 2006—2017 年的《全球竞争力报告》，芬兰的高等教育几乎在每届论坛中都被认为是国际最优质水平。芬兰政府重视对教育发展的投入，芬兰国内生产总值的 6% 以上被用于支持教育发展。值得一提的是，芬兰也是欧盟国家中公民接受高等教育最多的，接受过或正在接受高等教育的人口在全国总人口中占比超过 80%。根据芬兰教育文化部在线年报，2004 年时在芬兰获得博士学位的人数共计 1,399 位。随着博士生教育的改革与发展，2010 年时获得博士学位的人数已达 1,518 位，增长率约为 8%，

2015 年则达到近 2,000 名。

芬兰博士生教育改革获得成功的原因主要在于其先进的博士生教育模式，它将博士阶段的科学研究与社会相关产业的发展紧密联系起来，从而有利于博士研究生教育的发展，也有助于相关产业与社会经济的发展。

除此之外，推动博士教育国际化发展也是芬兰博士生教育改革获得成功的主要原因之一。芬兰致力于促进本国博士教育国际化发展不仅有利于人才与学术的交流，而且还为国内及在芬兰留学的国际学生提供了更优质的教育资源与发展机会，从而提高芬兰博士生教育的国际地位。

芬兰对博士生的毕业设计与论文有着高标准、规范化的要求，而且采取了非常严谨的方法及措施，对博士生毕业论文进行多元化评审，确保了论文的质量。博士论文在某种程度上较为全面地反映了博士研究生在校内学习及进行科学研究的能力，也反映了博士生的创新水平。因此，对论文的高标准、规范化要求是非常必要的，可以较为客观而全面地考察博士生的能力水准，从而确保培养出优秀的博士生，以保证芬兰高质量的博士生教育在欧洲和世界处于领先水平。

3.3　芬兰多科技术学院的发展与人才培养

早在 20 世纪 90 年代，芬兰便开始着手创建多科技术学院，在芬兰语中简称为 AMK。该机构的成立为芬兰应对全球化及知识经济发展所带来的挑战提供了有力支持，同时也标志着芬兰高等教育迈入"双轨制"发展时代。促进区域经济发展是芬兰大力发展高等教育的目的之一，而芬兰的高等教育也非常重视技术的创新与发展。在此基础上，多科技术学院的成立也就在情理之中了。多科技术学院侧重于培养富有实干技能的应用型人才，自 20 世纪 90 年代芬兰多科技术学院成立之初至今，已为芬兰 3/5 的接受高等教育的学生提供了优质的教育资源，其毕业生在芬兰国内和世界各国就业认可度都很高。多科技术学院经过长期发展，其教育方式及人才培养成果已被国际社会广泛接纳并认可，为芬兰科技与经济的高速发展从出了重要的贡献。

3.3.1 芬兰多科技术学院成立的背景及发展过程

在多科技术学院成立之前，经济合作与发展组织已经在 1981 年对芬兰教育政策的考察报告中就提到了芬兰应当成立与普通大学有所不同的多科技术学院，但这项建议在当时并未引起芬兰政府的高度重视（谭敏，2011）。究其原因，主要由于 20 世纪 60 年代至 80 年代正是芬兰经济一度高速发展的时期，当时多科技术学院成立的必要性并未全然显现出来。然而在那段时期之后，芬兰的经济发展开始面临去工业化的经济结构转型期，该转型期始于 1976 年，宣告了芬兰制造业与工业逐渐走向没落。紧接着，芬兰又在 20 世纪 90 年代初期遭遇了经济危机，所有这些新情况均表明芬兰缺乏具有实干技能的应用型人才。

遗憾的是，当时芬兰的职业教育发展比较薄弱，很难为国家经济发展提供高水平的技能型人才。20 世纪 90 年代之前，芬兰国内大学数量较少且高等教育体制较为单一，当时仅设有 20 所大学，这就导致了芬兰大学较低的入学率及相对激烈的入学竞争。当时，在每年参加大学入学考试的众多考生中，只有约 1/3 的考生可以被录取。即便如此，由于芬兰大学侧重于培养学术研究型人才，而缺乏对技能应用型人才的培养，以至于这些学生从大学顺利毕业并取得学士学位后也不能完全满足某些职业领域的需求。为了应对这种不利状况，芬兰政府发展多科技术学院的举措也就势在必行。

除此之外，在经济危机发生的同时，芬兰的人口出生率有所下降但失业率攀升，因此提升国民受教育水平也不失为一种提高就业率的有效途径，同时也可为国内的劳动市场注入高水平的劳动力。于是，鉴于国内实际情况以及英国、德国等国成立以培养应用型、高技能型人才为目标的高等教育院校的成功经验，芬兰政府决定成立并逐步完善多科技术学院教育体系。

综上所述，芬兰政府于 20 世纪 80 年代末出于其自身发展的需要及国际形势的巨变所带来的压力才正式准备筹建多科技术学院。但在是否需要成立多科技术学院的问题上，当时的芬兰社会舆论对此并不完全支持。

　　1991 年，芬兰教育文化部颁布了《中等和高等职业教育法》（*Secondary and Higher Vocational Education Act*），此后又相继创办了 20 余家试验性多科技术学院，这些技术学院主要由中学的后职业教育机构合并成立。之后的数年中，创办多科技术学院的良好效果逐渐凸显，于是芬兰议会在 1995 年通过了《多科技术学院法》（*Polytechnicin Laki*），以立法的形式确立了多科技术学院教育体系的法律地位。

　　时至 2000 年，芬兰国内学校向政府递交申请的多科技术学院全部被批准为永久性正式机构。在 2003 年《多科技术学院法》由芬兰议会进行了修正，芬兰政府依据该法律允许多科技术学院向学生授予学士学位，这就标志着"双轨制"高等教育制度在芬兰正式确立。2005 年，《多科技术学院法》被芬兰议会再次修正，此次修正后的《多科技术学院法》规定了多科技术学院具备向学生颁发硕士学位的权力，从而提升并完善了多科技术学院的发展水平。

　　根据芬兰政府 2011 年公布的《教育与研究发展计划：2011—2016》（*Education and Research Plan*：*2011—2016*），自 2014 年开始，该国政府对多科技术学院的办学资格认证及财政拨款进行了改革。教育部发布政令规定多科技术学院的教育职责及其他相关事务的运转方式，目的在于让多科技术学院更完善地发展并迎合劳动力市场的需求。芬兰政府依据各所多科技术学院的办学质量及影响力进行拨款，经费的下发也会参考学院人才培养的质量标准，如学生的成绩、获得学位的人数与学生的就业率及职场表现等因素。换言之，该国政府加强了对多科技术学院的宏观监管力度。由于毕业于多科技术学院的学生非常符合芬兰社会发展的需要及某些职业领域的需求，因此他们具有很强的就业竞争力。多科技术学院的办学目的在于培养高水平的技能应用型人才，提升芬兰国内的就业率并促进区域经济的发展。历经多年的发展，多科技术学院已然形成了自身极富特色的教育模式，使芬兰的高等教育逐渐迈入多样化发展的轨道，丰富了高等教育资源并培养了大量富有实干技能的人才。多科技术学院在芬兰高等教育发展、社会经济发展等诸多方面都扮演了重要的角色，起到了不可替代的作用。

3.3.2 芬兰多科技术学院的办学特色

1. 学制与专业设置的特点

多科技术学院的规范化发展意味着芬兰的高等教育迈入"双轨制"阶段。由于人才培养的目标不同，多科技术学院与普通大学在学制与专业设置上必然有所不同。既然多科技术学院负责培养技能应用型人才，那么其学制与专业设置必然以满足这一培养目标为导向。多科技术学院教育体系中的院校可向学生授予本科学士学位、研究生硕士学位。本科层次的学制为 3.5 年至 4.5 年，硕士研究生层次的学制则为 1 年至 1.5 年。相比之下，普通大学教育体系中的学校可向学生授予本科层次的学士学位、研究生层次的硕士学位、副博士学位和博士学位，本科学制为 3 年，硕士研究生学制为 2 年，博士研究生学制则为 4 年。由此可见，基于不同的人才培养目标，多科技术学院与侧重于培养学术研究型人才的普通大学在学制及学位授予方面存在诸多不同。

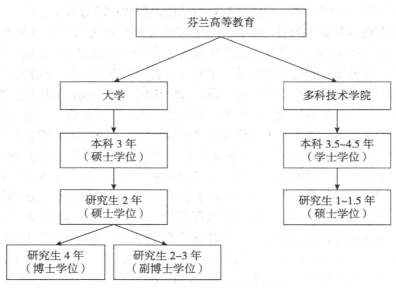

图 3-2　芬兰高等教育"双轨制"体系

芬兰多科技术学院的办学目的在于培养高水平的技术型人才，以满足地方的发展需要，其专业设置可大致可划分为七种类型（卓泽林，2017），涉及人文社会科学、自然资源开发及利用、旅游及酒店管理、工商管理、健康与社会服务、交通、文化等方面。多科技术学院所设专业的受欢迎程度在某种意义上取决于市场对该领域人才需求量的大小。目前，在多科技术学院中报考人数最多的专业包括设计、应用艺术、紧急救护及信息技术等。虽然其中一些专业招收学生较少，报考难度较大，但因为学生毕业之后就业相对容易且市场需求量大，因而报考人数一直居高不下。多科技术学院的所有学位课程都涵盖实际岗位实习，通常情况下实习期为半年，而学生若要通过实习期的岗位实践，至少要取得 20 个学分。这也体现了多科技术学院培养技术型人才的办学指导思想及注重实践的教育模式。多科技术学院的日常教学紧紧围绕学生未来的职业发展展开，课程设置也充分满足了学生未来的职业需求，负责培养了各类高水平且具有实干技能的人才，包括工程师、设计师、社会工作者、医护人员等。在每年新生录取工作开展时，绝大多数多科技术学院会综合参考考生的中学在校表现及入学考试成绩，同时将该考生的工作经历及校外实践经验作为重要考量因素。尤其在招录有意攻读硕士学位的考生时，考生是否能被多科技术学院录取的先决条件是该考生是否拥有至少 3 年的相关专业的工作经验。

2. 注重实践教学

在芬兰，多科技术学院的学生可同时接受其选择的专业理论教育与应用技能教育，学院对其学生的教育是本着培养高水平技术应用型人才的目的施行的。在此基础上，学院不断修改完善其实践教学体系。该教学体系对学生的实践能力及解决实际问题的能力极为重视，该教学体系主要包括认知实习、校内实训、企业实习、专项教学、能力拓展等部分。多科技术学院注重对技术应用型人才的培养，会安排学生进入职场实习半年，以实现专业知识与职场能力之间的融会贯通。

在多科技术学院，学生的毕业设计均以项目为导向并体现在校学习和实际工作之间的内在联系。学院鼓励在校学生积极参加多种国家职业技能竞赛，多科技术学院将竞赛训练与就业能力培养相联结，全面培养学生的实践能力。

3. 丰富多样的师资力量

芬兰的多科技术学院在成立之初，其教师资源主要来源于原有的职业学校或中等职业学院。为了使师资资源适应多科技术学院的教育模式，芬兰政府设定了为期5年的特殊过渡期，并为教师提供了多种多样的培训，实践证明，政府在培养师资力量方面的努力是卓有成效的。

目前，芬兰全国的多科技术学院拥有永久职位的教师共计5,300名左右，非永久性职位教师共计1,900名。此外，还有130名来自不同行业的资深专业人士作为校外讲师在这些学院授课。如此，学校和工商界的联系进一步密切，学生可以接受更全面的职业教育，对学生的个人发展极为有利。当下，芬兰的多科技术学院聘任教师的标准很高，要求申请人务必获得硕士学位或博士学位，其工作履历也是重要的参考条件之一。那些具有一定的工作经历且具有较强科研能力的人诚然在应聘中更具优势。

芬兰政府还制定了多科技术学院教师出国进行国际交流的相关政策，这极大地保证了教师具备国际化交流经历，进一步确保了多科技术学院师资力量的先进性。多科技术学院还举办了针对提升教师素养的多样化培训并创立了"教师交换"项目，着力提升师资的质量。

4. 学院与企业合作助推教育及科研发展

芬兰政府颁布的《多科技术学院法》规定多科技术学院的常规教学与科研活动务必与区域发展及职场工作有紧密联系，且必须与企业展开合作、共同培养应用型技能人才。多科技术学院和诸多企业进行合作的最大优势就在于可向学生提供实习岗位，使其体验真正的企业工作，真切地了解并感知相关行业的真实发展趋势及其从业人员实际的工作状况。这些举措体现了常规学院教学和学生社会实践之间的相互联系，使学生的综合素质进一步提升，亦使多科技术学院的特色教育得以充分发挥。

此外，学院与企业的合作也非常有利于其自身发展以及校内不同专业科研方向的确立，多科技术学院先进的科研成果又可以为其所在的区域经济发展提供有力支持。因此，芬兰的多科技术学院与企业建立了广泛而深入的合作伙伴关系，已成为非常普遍的现象。

多科技术学院和企业之间的合作大体可分为两方面。首先是关于教育教学的合作，院方会与企业一道商讨制定学院的专业、相关课程、课程教授的具体内容、学生的毕业设计选题、教学反馈、员工与教师的相互培训及对学生的培养计划。与此同时，双方将合作共建相关的实习基地以便学生开展实践活动。其次，院方会与企业协作开展相关领域的科研活动。如此一来，多科技术学院的科研项目不但极具应用性，而且会紧扣相关产业的发展需求并为其提供助力。

值得一提的是，多科技术学院进行项目研究的经费主要源自企业投资或社会捐款，一些对社会生产极为有益的科研项目甚至得到了政府部门资助。由此可见芬兰社会的各个层面对多科技术学院与企业间的合作持肯定态度，非常看重且支持这种合作。

5. 政府对多科技术学院的办学管理

对于芬兰多科技术学院的创立及发展，芬兰政府一直予以大力支持。早在 1995 年该国政府就颁布了《多科技术学院法》，以立法形式确立了多科技术学院教育体系的法律地位，这就为多科技术学院的未来发展奠定了基础，同时还提供了法律保障。

芬兰教育文化部于 1995 年成立了高等教育评估委员会，该委员会由 12 位成员组成，包括多科技术学院代表、工商业代表、大学代表与学生代表。高等教育评估委员会有义务对芬兰的多科技术学院及普通大学进行评估，以确保这些大学可以卓有成效和规范化地开展教育教学工作，为芬兰的高等教育进步、经济发展及科技腾飞作出贡献。

高等教育评估委员会每隔一段时间便会对多科技术学院办学中的诸多方面进行全方位评估，涉及常规教学中的专业课程教授质量、教育质量以及项目和专题等。倘若评估结果合格，该多科技术学院便会与芬兰教育部签订为期 3 年的教育合同，说明这所院校具有了相应的办学资质。

高等教育评估委员会与其他欧洲国家质量评估机构最大的不同之处在于其既是独立实体又具备自治权。该委员会拥有独立制定评价标准与规则的权限，可以自行制定计划、组织相关专业资深人士对多科技术学院设置的专业及课程进行外部评估，并依据科学的评估结果形成相关报告并递交给芬兰政府。政府则可根据报告所详述的客观评估结果进行相关教育政策的调整，并在某种程度上科学地规范大学办学管理。

需要着重强调的是，芬兰高等教育评估委员会的质量评估在施行过程中，其评估准则、具体评估方式及评估成果的公布等均由该机构自行决定，并不受政府的直接干涉。然而，政府又会以立法的方式任命该组织中的部分人员，这就确保了芬兰政府的主导、监督与奖惩方面的权力。该评估结果在芬兰社会普遍被认为是相对客观且可信的，政府可以据此结果对多科技术学院进行更为高效的管理，亦有利于多科技术学院的发展。

由此可见，独立教育评估的确是芬兰政府管理多科技术学院非常有效的方式之一，而多科技术学院的长足发展与政府的有效管理以及政策的有力支持也密切相关。芬兰大学教育和多科技术学院并行的"双轨制"模式有效地推动了芬兰高等教育在欧洲乃至世界的领先地位。

注释：

1. 伊拉斯谟计划项目（Erasmus Mundus）：是一个制定于1987年的欧盟高等教育合作与交流计划，该计划旨在推广欧盟作为全世界卓越教育学习中心的地位，提高欧洲高等教育在全球的吸引力和知名度，促进欧洲学历结构的整合以及欧洲高等教育的一体化。2014年1月，在该计划的基础上，欧盟正式启动了应用于欧盟现在所有教育、训练及青年体育领域的交换计划，即Erasmus+计划。

2. 芬兰语（Suomi）：芬兰的官方语言，属乌拉尔语系芬兰—乌戈尔语族。芬兰国内有约92%的公民使用该语言。同时，该语言也是瑞典的一种法定少数民族语言。芬兰语文献最早出现在十六世纪初，土尔库主教米卡尔·阿格雷考拉（Mikael Agricola）用芬兰语翻译了《圣经》的一部分。在芬兰被瑞典统治期间，芬兰语只是第二语言。直到1863年，政府才授予芬兰语与瑞典语具有同等地位。

3. 经济合作和发展组织（Organization for Economic Co-operation

and Development，OECD）：简称经合组织，是一个由 35 个市场经济国家组成的政府间国际经济组织，旨在共同应对全球化带来的经济、社会和政府治理等方面的挑战，并把握全球化带来的机遇。该组织成立于 1961 年，目前成员国总数为 35 个，总部设在巴黎。经合组织的宗旨在于促进成员国经济和社会的发展，推动世界经济增长，帮助成员国政府制定和协调相关政策以提高各成员国的生活水平，为鼓励和协调成员国和援助发展中国家作出努力，同时推动非成员国的经济发展。

4. 双轨制（Dual School System）：18 和 19 世纪的欧洲在社会政治、经济发展及特定历史文化条件的影响下，由于学术性现代学校和供大众入学的群众性现代学校同时得到了比较充分的发展，于是便形成了欧洲现代教育的双轨学制，即一轨自上而下，其结构是大学（后来也包括其他高等学校）、中学（包括中学预备班）；另一轨自下而上，其结构是中学及其后的职业学校教育。

5. 国家博士资格框架（National Qualification Framework in PhD）：芬兰国家博士资格框架制度中的"资格"，是指经主管机关评估并确认的个人达到既定标准的正式学习和研究成果，表明资格持有者必须知道和理解资格的内容。另外，资格是经过评估和确认的结果，必须建立在可靠和有效的评估程序基础上，旨在清晰反映个体学习和研究者的知识、技能和能力的本质。芬兰国家博士资格框架是以适用于指定层级的学习和研究成果作为主要依据，而不是依据学习时间的长短。

第 4 章
德国大学教育发展模式

4.1　博洛尼亚进程的德国高等教育概况

德国作为欧盟成员国中经济实力最为强大且社会福利较高的国家之一，其高等教育发展较为完善且极具特色，在当今欧洲高等教育一体化构建背景和博洛尼亚进程的影响下，德国高等教育又迎来了新的发展机遇。

4.1.1　德国高等教育概况

当前，德国总计有 401 所经由政府认证办学资质的大学，分布于德国的 16 个联邦州，其中不乏洪堡大学、慕尼黑大学、海德堡大学等世界知名大学。在德国高福利的支持下，其公立高等教育面向学生实行免费教育。

德国大学绝大多数为公立学校，一切公立大学均对学生提供免费的高等教育。尽管德国的私立大学为数不多，但在为学生提供优质高等教育的同时，会收取一定的学费。因此，在绝大多数情况下，依据不同大学的要求，在德国接受高等教育的学生仅需以学期为单位，向校方缴纳数额不超过 300 欧元的注册费即可。德国大学以多种形式支持学生更好地完成高等教育阶段的学习，具体的做法大致是向学生提供优质且价格相对低廉的住宿（学生宿舍）等，同时向学生提供经济补助以及贷款。与亚洲国家不同，德国不存在高考制度，而是实行大学入学资格审核原则，毕业于文理中学的学生均有资格进一步接受高等教育，这些学生只需向大学或教育部门申请入学即可。

　　德国的大学主要分为四类：即职业学院（Career College）、综合性大学（University）、应用技术大学（University of Applied Sciences）以及高等艺术与音乐学院（College of Art and Music）。其中，职业学院的办学目标在于培养高级技术实用型人才以满足社会需求，职业学院于1974年首次出现在德国的高等教育体系中，衍生于校企联合培养人才的项目（时凯、刘钧，2015）。当前，职业学院的数量与就读于职业学院的学生人数均较少。

　　综合性大学则是德国高等教育体系的主要组成部分，这些大学致力于培养研究型人才，并强调教育与科研并重，专业设置完善，涉及各类学术领域，并且具备硕士及博士学位的授予权，源源不断地为德国的科技、经济发展输送人才，对德国的发展大有裨益，因此也吸引着大部分学生来此就读。

　　应用技术大学的办学目的则在于培养应用型专才，其专业及课程设置均体现了这一点，应用技术大学所培养的人才非常契合企业的需求，其办学规模小而精，极具针对性。

　　高等艺术与音乐学院则可分为高等艺术学院与高等音乐学院两种类别，其办学目标在于培养艺术与音乐专业人才以及从事基础教育工作的教师，如著名的汉诺威音乐与戏剧学院。时至今日，有不少致力于学习艺术与音乐的学生来此学习，使得这类院校发展迅速。

图4-1　德国汉诺威音乐与戏剧学院

4.1.2　博洛尼亚进程与德国高等教育

作为教育发展史上最为重大的教育改革之一，博洛尼亚进程对欧洲高等教育的发展产生了极为深远且广泛的影响。1999 年 6 月 19 日，来自欧洲 29 国的教育部长在意大利的博洛尼亚联合签署了《博洛尼亚宣言》，宣告了博洛尼亚进程的正式启动。《博洛尼亚宣言》倡议欧洲诸国共建"欧洲高等教育区"，以推进欧洲高等教育的一体化发展。随着博洛尼亚进程的推进，其他许多欧洲国家亦陆续签署了宣言，加入到该历史性进程之中。

德国大力倡导和推进博洛尼亚进程，并且成为最初签署《博洛尼亚宣言》的 29 国之一，可见博洛尼亚进程对德国高等教育的影响极为深远。

图 4-2　意大利博洛尼亚

1. 博洛尼亚进程对德国高等教育的影响

博洛尼亚进程对德国高等教育的影响大体可以概括为以下几方面：

1）德国学位制度改变

在博洛尼亚进程启动之前，德国高等教育学位制度可划分为硕士和博士两级，第一级硕士学位可分为三种，分别是社会及人文学硕士（Magister），经济学、工程技术及自然科学硕士与国家考试硕士（即Staatsexamen，药物学、法学等学科的修习生可获此学位）。换言之，德国的高等教育制度最初并不包含本科层次的学位，德国学生倘若顺利完成学业且符合学位授予标准，则可直接获得硕士文凭。第一级硕士学位的修学年限通常为4—6年，根据学生不同的学习状况，修学时间还可能会有所延长。第二级学位则是博士学位，博士阶段的学习年限为3—4年，且学生无须通过考试就能获得攻读博士学位的资格。

由上述信息可以看出，德国原有的高等教育制度与欧洲主流学位授予制度之间存在巨大差异，二者并不能做到灵活转换。因此，德国所授予的学位在世界上难以被广泛认可并得到完善而全面的评估。

然而，伴随着德国加入博洛尼亚进程，德国高等教育制度以及其学位制度均发生了巨变。为适应21世纪欧洲高等教育一体化发展并使本国的高等教育与国际接轨，德国修改了1976年颁布的《高等教育结构法》，将学士学位授予正式纳入德国高等教育学位授予制度之中。本科层次的学制定为6—8个学期，硕士研究生阶段的学习则定为2—4学期，按时达标完成学业的学生可被授予学士学位或硕士学位。至此，德国通过学位制度的相关改革不仅成功缩短了学生获得学位的时限，而且使德国高等教育与欧洲主流高等教育制度相接轨。

除此之外，为了更好地使德国高等教育与国际接轨，德国大学还提供文凭补充说明（Diploma Supplement），就是对学生所学的专业及所获学位加以补充说明，使国外大学及用人单位能够清晰地了解德国学生的学习状况及其所获得文凭的层次。

2）德国高等教育质量保障

在博洛尼亚进程的推动之下，德国通过立法要求对大学进行全方位评估，以确保德国高等教育的教学及科研质量。因此，针对德国大学的评估是定期进行的，评估结果会定时予以公布。涉及学校办学施教方面的评估则要求在校生务必参与其中，以确保评测结果的客观与公正。德国高等教育质量保证体系由两部分构成，即教学评估与专业认证。当前，已设立了多处大学教学评估机构。这些机构旨在保障并提升德国高等教育的质量。教学评估包含五个环节，即学校自我评估、校外评估团队进行评估、评估组得出评估结论、大学就此结论进行探讨，以及评估机构呈送最终评估报告。该教学评估每 5 年一次，其作用体现在全面评价德国大学的教学管理、施教效果、授课内容、学生就业、教师水准等方面。

专业认证的目的则在于确保德国各地实施共同的学士及硕士学位授予标准并保证高质量的教学。大学的学位授予及办学务必符合德国联邦州文化部长常务委员会的要求，需要提及的一点是，德国专业认证机构的资质由专业认证委员会认可并授予。该委员会成立于 1999 年，所有德国大学必须经专业认证后才可正式开设新专业。除此之外，每 5 年需对该专业再次进行认证。

3）变更学分转换系统

在博洛尼亚进程启动之前，德国实行的学分制度为成绩证明制，该制度规定学生若要顺利毕业，则务必依照教学要求与考试条例的规定获得其所参与的一切课程和教学活动的成绩证明（Schein）。该制度虽然对学生的学习内容作出了明确规定，但缺乏统一的可比较、可测量的量化条例。

德国加入博洛尼亚进程之后，便开始采用欧洲学分转换系统（ECTS）对学生成绩作出评价（徐理勤，2008）。欧洲学分转换系统是欧盟委员会在欧洲范围内推行的学分系统，目的是使欧洲各大学间的比较与学生学习成绩转换更为便捷直观。此外，该系统还对高等教育阶段的学习强度进行了量化规定，其具体的内容是：学生每学期需修满 30 个学分，且每学期的学习量总计应达到 900 小时。

需要明确的一点是，依据欧洲学分转换系统的规定，1 学分代表着学生 30 个小时的学习量。在本科阶段，由于各专业的要求存在差异，如若要获得学士学位，不同专业的学生则需分别修满 180 学分（6 学期内）、210 学分（7 学期内）或 240 学分（8 学期内），而攻读硕士学位则务必修满 300 学分。需要强调的是，这 300 学分需在 10 个学期内修完，当然，这 10 学期涵盖了学士阶段的学习时间。欧洲学分转换系统的应用使得德国大学学生所修学分与国际接轨，亦加深了德国高等教育国际化的程度。由于采用了该系统评定学生的学业，学生的自学能力也有了进一步的提升。ECTS 学分系统直接规定了所修学分应达到的学时，而且学时既包含课内学时，也包含课外学时，如此具体且清晰的要求有益于学生的自主学习。况且，由于该系统合理地规定了学生的学习时间及学习量，由此势必会在一定程度上减轻学生的学习负担，减少了冗余的学习量，有利于学生进行高效而合理的学习。

采用欧洲学分转换系统最直接的益处在于使德国学生及留德学生的学习更为灵活。不论在国内还是国外学习，德国学生只要采用该学分转换系统所取得的学分均可得到承认，大大增强了欧洲各大学间学生的流动性。

需要提及的一点是，为了便于不同国家大学之间的学生成绩互认，ECTS 系统不仅为学生提供其本国大学所得出的成绩，还将为其提供一种相对应的成绩等级，该成绩等级可被划分为 5 类，即 A 级（前 10%）、B 级（A 级以下的 25%）、C 级（B 级以下的 30%）、D 级（C 级以下的 25%）以及 E 级（末尾 10%）。

4）推进德国高等教育的国际交流

鉴于德国加入了博洛尼亚进程，其高等教育与国际接轨的程度日益加深。德国通过伊拉斯谟计划（Erasmus）等项目加强了与欧洲各国及世界其他国家的人才交流，使该国高等教育国际化程度加深，吸引了外国学生及学者来德国学习或进行学术交流。此外，德国还向学生提供了高额奖学金，其受益者也包括留学生，此举吸引了诸多外来人才赴德进行学术交流或学习，对于德国科研及教育的发展大有裨益。

4.1.3 德国高等教育展望

可以看出，在博洛尼亚进程的推动下，德国高等教育获得了长足发展。由此可见，国际化在德国高等教育改革中扮演着重要角色，从某种意义上说，正是国际化推动了德国高等教育的发展。高等教育国际化使德国获益良多——不但推动本国学生能够顺利地走向世界，也吸引了大量国际人才来德国深造或进行学术交流与研究，为德国教育、科研以及经济的发展作出重大的贡献。可以预见的是，在德国积极推动其高等教育走向世界的背景下，未来德国高等教育国际化程度仍会加深，对人才的吸引力亦会逐步加强，德国高等教育会更加完善，对德国的发展将起到更大的助推作用。此外，德国比较注重大学的专业分类，依据社会需要以及学生学习的需求将大学分为多种类型，不同类型大学的专业设置、课程设置、师资特点及办学目的各有不同，使得德国大学的办学更为灵活且别具特色，既适应了社会发展的需要，又优化了高等教育体系，对德国高等教育的发展大有裨益。参照德国高等教育的发展，可以预见欧洲各国高等教育倘若要得到进一步发展，务必使国内高等教育始终保持国际化发展态势，通过开设以英语授课为主的国际课程以及设置国际交流项目或鼓励师生参与等措施，将本国高等教育置于国际环境中，参与激烈的竞争与多方面的合作，以吸引更多人才，促进高等教育的深入发展，进而推动教师教育的进步。此外，德国大学灵活的分类以及开放式的办学也值得借鉴，欧洲大学当下正逐步走向多元化办学，这使得各大学的专业设置、师资配置及课程安排更加具有针对性、更加注重实践型专才培养，从而将人才培养与社会对人才的需求更为紧密地结合起来，最终以多元化人才培养助推欧洲经济发展。

4.2 博洛尼亚进程的德国大学教师聘任体制

4.2.1 德国大学教师发展概况

伴随博洛尼亚进程的推进以及德国高等教育的多元化发展，德国大学教师的发展得到了进一步完善与提升。大学教师的职责主要在于教学与科研，因此大学教师的发展状况对高等教育建设以及国家科研发展起着极为重要的作用，作为科教强国，德国一向对大学教师的职业发展重视。德国大学教师教育的起步并不算早，但却发展迅速。时至今日，德国大学教师教育已处于欧洲领先地位。能取得如此成就，自然与成功的大学教师体系建设密不可分，德国大学教师发展强调教师的教学与科研自由，提倡教师将科研与教学相结合，在优化教学质量的同时促进科技的发展。值得一提的是，德国大学教师责任分工非常明确，完善的大学教师制度对教师专业发展提供了有力的保障。德国大学教师即教学科研人员，主要包括学术中层人员与教授。教授作为德国大学中主导科研及学术发展的人员，在高等教育发展中极其重要，包括确定科研活动的方向及选择参与人员、制定科研活动的内容并为科研项目的开展筹集资金。当然，教授的主要职责仍在于教学，因此，他们仍承担着重要的教学任务，包括常规授课、聘任其他教学参与人员、指导并评审学生的作业及论文等。在教授职称之下的大学教学及科研参与人员则属于学术中层人员，不同的学术中层人员职责也各有不同。其中由教授聘任的其他教师负责讲授与实践及技能相关的专业知识；学术助手的职责是在教授的指导下完成相关研究与一定数量的教学工作，这点与同为学术中层人员的学术雇员职责相似，但前者必须具有博士学历。高级助理在进行常规教学的同时可独立确定科研方向并进行科研活动，具备升任教授的资格。

4.2.2 德国大学教师聘任制

1. 德国大学教授聘任

德国大学实行极为严格的教授聘任制度，其教授名额依照每所大学所设专业来确定，并且只有州政府才具有资格任命教授。若要申请成为教授，需要经历激烈的竞争与多次相关的考评，教授通常是外聘的，而并非由本校人员内部直接升任。在德国大学中，教授职位属于终身制，依据其相关法律规定，教授通常被视为终身制公务员且不会被解聘。需要说明的是，有一部分教授也属于非终身制公务员，但这部分人数甚少。

德国对教授的培养历时长且极为严格，若有志成为教授则必须获得博士学位并具有教授候选资质。在满足这两项条件的情况下，还需经由其他教授的推荐成为教授候选人后，才可参与教授招聘的竞争。德国奉行教授评审与聘任相分离的政策。即使某人通过大学的评审获得教授资格，也不得在该校任职。这样促进了各大学高层次人才的流动，确保各大学能吸引来自不同地区的学者，有利于德国各校间的均衡发展，也使大学学术交流活动更为丰富。由此可见，合理的大学教师资格评审与聘任制度是促成德国大学在办学标准和规格上具有较强趋同性的原因之一。

在此提及的一点是，德国不同大学之间的差异并不是很明显，也没有类似我国"985、211"之类的等级划分观念。需要强调的是，德国大学实行教授讲座制度，即每位教授负责主持一次讲座，并且教授享有极大的自主权（孔捷等，2010）。在德国，只有具备了相当优秀的资质才可成为教授，因此每位教授必然是大学某学科的负责人，有资格在大学院系里开设促进学科发展及相关专业领域人才培养的课程，并有资格领导校内相关教学人员进行学术研究或授课。

2. 大学教师中兼职教学人员

兼职教学专业人员在德国大学教师中占据相当大的比例，是大学教师的重要组成部分。尤其是在德国的专业技术大学中，兼职教学人员的数量甚至超过了全职教学专业人员，凸显了兼职教学人员在此类大学发展中的重要地位，以及德国大学注重专业化发展的办学理念。通过对德国大学教师制度的分析，可以看出德国相对完善而严格的大学教师制度为其高等教育的发展提供了有力支持。显而易见的是，这种严格的大学教师制度增强了德国各校之间的人才交流，使各校的发展趋于平衡，同时也促进了大学内部的学术交流。

在德国大学教师制度中，教授并不属于兼职教学人员，因此行为争论的问题在于教授职位的终身制。许多人认为由于缺乏针对教授的合理评估机制，不利于教授积极投身于科研及教学，而且易于使部分教授在享有优厚待遇的同时在学术和个人发展方面停滞不前。

图4-3 德国大学课堂讲座

3. 德国大学教师聘任特点与比较

首先，德国大学非常重视大学在职学术人员的学术能力培养，并经常举办各种学术交流活动。此外，德国大学在保证教研人员的学术自由的同时，也尽学校之所能为学术研究提供完善且先进的条件。纵观博洛尼亚进程中欧洲其他大学的发展，其做法与德国大学比较相似，均注重学术人才的培养并改善校内的科研环境，促进学术交流，为高等教育的发展提供了强大的支持。

其次，德国大学教师职称评定与聘任相对透明且聘任范围广泛。以教授为例，德国教授不得在其职称评定大学任职，这一规定不但促进了各校之间学术人才的交流（陈芝波，2009），而且德国教授的聘任范围，属于全国性的，这样便拓宽了大学吸纳人才的渠道，有利于大学人才聘任的长远发展。欧洲大学教授供职于其所属大学已成为常态，换言之，教授通常来自大学的内部人员，欧洲各大学虽然非常重视引进外来学术人才，然而并不以国际竞聘作为教授的主要来源。这样做虽然是依据欧洲高等教育人才管理实际情况所作出的规定，但一些欧洲大学也借鉴了德国大学教师聘任制以优化其教师聘任体系。

再次，德国大学学术人员资历深，入职门槛高。以教授为例，申请者必须具有博士学位且需从事某特定学术领域研究与授课多年，在此先决条件下教授候选人仍要通过激烈的竞争才能竞聘成功。尽管我国教授资格的申请门槛也很严格，但与德国相比仍显得较为宽松。我国的在职教授未必拥有博士学位，甚至有些具有教授职称的人并未真正参与大学本科生的教学之中，因此提高教授的聘任门槛对于提升大学教师的整体水准至关重要，因此就我国高等教育教师聘任现状而言，当前我国高级职称评定开始施行的第三方评定机制尚有进一步拓展的空间。

最后，德国大学教师待遇高且工作稳定。尤其是是教授具有很高的社会地位以及较高待遇，教授一职属于国家公务员。德国给予大学教师比较高的待遇体现了其注重教师可持续发展以及积极推动科研进步的发展理念。大学作为人才富集之地，提高大学教师的社会地位并提供教学与科研的良好待遇，可以使大学教师具有更大动力去深化科研和教学，有助于社会的进步与发展。我国同样重视大学教师的社会地位及待遇，并不断改善其教学与科研环境。大学教师的科研与教学为我国科技与经济的发展作出了不可磨灭的贡献，因此进一步保持和稳定大学教师队伍、减少教师流动也成为新时期我国高等教育可持续发展亟待解决的问题。

4.2.3　德国大学教师培训与继续教育

在博洛尼亚进程的推动下，终身学习的理念逐渐渗透到德国各个大学。已经成为一种事业追求，而且不仅仅局限于在规定年限内完成学业。针对大学教师的学术培训与继续教育业已在德国展开，为德国大学教师的发展提供了新的机遇与保障。博洛尼亚框架协议为大学教师的培训与继续教育项目设立了标准，对德国大学教师的发展大有裨益。在博洛尼亚进程的推进下，德国大学教学法研究的学术性组织即德国大学教学研究会于 2005 年颁布了《大学教学继续教育标准化和认证的指导方针》，其内容便涉及德国大学教师能力的发展。在博洛尼亚进程的推动下，终身学习理念渗透到德国大学教师教育的方方面面。通过高等教育质量认证，德国联邦科研促进计划加速了教学法及教学项目的发展，使得这类项目得以顺利开展。教师培训项目的侧重点在于德国大学教学的创新与教师的教学进修（施拉姆，2014）。值得一提的是，德国大学教学研究中心不仅以工作坊的形式推进大学继续教育，而且为从事学术类研究的人员提供了发展的具体途径与方略。需要提及的一点是，德国高等教育界致力于培养优质的师资。因此，德国大学在聘请教授及其他类型的教师时，并不局限于在国内招聘，来自世界各地的知名学者及专业人才均有可能被聘任，德国各大学执教或从事学术研究。由此，德国大学内部人才交流十分频繁，校内专家讲座与不同范畴的学术讲座与会议也成为德国大学教师接受继续教育与培训的契机。综上所述，在博洛尼亚进程的推动下，德国大学教师培训与继续教育得以进一步完善与发展，大学教师整体素质的提升促进了高等教育的发展，并且使德国大学继续保持其在科研领域的领先地位。在德国大学的管理与发展中，针对大学教师的培训与继续教育起到了举足轻重的作用。

4.3 德国大学教师发展体系

在博洛尼亚进程的推动下，德国高等教育的发展愈发国际化。因此，德国大学需要培养具有国际视野的师资队伍来支持教育及科研的发展。在德国的高等教育体系中，教授是推动科研及教育发展的中坚力量，青年教师则是科研与教育发展的未来希望之所在，故本节将对这两方面内容进一步探讨，继而对德国大学教师发展趋势进行分析。

4.3.1 德国大学教授体系

德国高等教育发展历史悠久且备受赞誉，其卓越的教育质量蜚声海外，在高等教育领域取得如此成与德国注重大学学术与科研的发展密切相关。教授作为推动德国大学科研与开展教学工作的中坚力量，在探讨德国大学教师发展时，深入探究德国大学教授制的价值内涵与制度特点，对了解德国大学一流教师队伍的建设大有裨益。德国大学教师所能被评定的最高职称即是教授，而且在当今德国的大学体系中，教授被视为高级学术职位。依据德国现行制度，教授可分为三种类型，即初级教授（Junior Professor）、编外教授（Extraordinary Professor）与专职教授（Full Professor），这些分类涵盖了教授的聘任制、准入制与晋升制。德国大学教授制最初确立于洪堡时期。其时，该制度的发展对德国科研和学术的进步提供了有力的支持。然而，历经长时间的发展后，传统的德国教授制已不能全然适应高等教育全球化发展的新动态。因此，德国大学针对教授制进行了一系列改革。

这些改革措施可归纳如下，首先在原有的教授职位中设置了初级教授（Junior Professor）；其次，针对大学教授薪资体制进行了改革；最后，对教授的评估进一步严格。

1. 初级教授职位。由于德国教授的评定制度颇为严格，大学教师需具备相当的资历并获得博士学位后才可晋升教授。在此之前，大学教师需历经多年的发展，这使得德国教授平均年龄通常偏大，甚至高于其他许多国家，如此一来便相对降低了德国教授在科研产出方面的竞争力。在全面推进博洛尼亚进程的背景下，德国教授资格评定制度的弊端便凸显了出来。为了应对这一问题，德国大学设立了初级教授（Junior Professor）这一职位，使年轻大学教师无须取得教授资格便能获得聘任，从而给予了年轻大学教师更多的发展机遇，既促进了大学青年教师的发展，又进一步提升了德国大学教授的科研效率。同时德国政府为各大学的初级教授提供了一定的科研经费，推进了这项改革的进行。

初级教授由各大学聘任委员会聘任，其聘任范围并不局限于讲座教授，与传统的教授聘任条件相比，其聘任条件也相对宽松。依据德国大学相关规定，博士研究生如能顺利毕业获得博士学位且具备卓越的科研能力、出色的教学技能并撰写完成了高质量的学位论文便有资格申请该职位。在申请该职位时，博士毕业生不得申请自己所在大学中的职位，而必须另择其他大学进行申请。初级教授的权限包括进行独立科研、成为博士生导师等，但初级教授的工作年限最多为 6 年。在受聘的第 3 年，初级教授要接受中期评估，如通过评估，则可续聘三年。在初级教授任职期间，如果专职教授职位出现出缺，初级教授亦可参与专职教授竞聘。

2.编外教授。编外教授的人员包括专职人员和兼职人员，他们在某学科领域内进行科研与教学并从事专项研究。在德国，名誉教授（Honorary Professor）也属于编外教授的范畴，但与普通编外教授差别在于其很少参与科研，一般只专注于教学，并且不从学校领取薪水。

3.专职教授。专职教授在德国大学教师体系中具有至高地位，是支持德国大学教学与科研的中坚力量。专职教授具有某专业讲座的席位，拥有自己创建的学术团队，享有极大的学术自由并为自身承担的科研项目及教学课程负责，参与其科研项目的人员可由专职教授独立决定。专职教授属于终身制国家公务员，拥有很高的社会地位以及待遇。由于德国大学学术准入机制非常严格，教授必须具有博士学位，且教授候选人也必须具有博士学位。获得教授资格的大学教师，只有在其专业领域内经过为期 3–5 年的专项研究并举行学术演讲后，经过评审才可获得专职教授资格。德国专职教授的晋升制度涉及公开性、跨校际晋升以及学术自由保障等多项原则。德国大学教师竞聘专职教授必须在其他大学完成，以促进高等教育体系学术人才的交流，在保证公平性的同时亦有利于大学教师的专业发展。专职教授候选人在争取职位晋升的同时，其学术权利及学术自由可以在法律的支持下得到充分保障，充分体现了学术自由原则。

从以上德国教授体系发展的分析可以看出，为了适应德国高等教育国际化发展以及当今科研迅猛发展的趋势，德国对其原有的教授制度进行了改革，从而适应了科技与高等教育发展的需求，不仅为大学教师专业发展提供了广阔的空间，而且也为大学教师体系的可持续发展提供了更多机遇。

4.3.2 德国大学青年教师发展体系

德国在大学教师体系发展方面非常重视大学教师政策的完善及大学教师教学与科研能力的培养。其中，德国对大学青年教师专业发展尤为重视，因为青年教师对德国的教学科研以及大学自身的发展都起着举足轻重的作用。在德国，聘任大学青年教师的准入条件非常严格，一般通过实行诸如教授责任制、初级教授制等制度来促进大学青年教师的发展（刘文艳，2015）。在培养大学青年教师发展方面，德国大学的独到之处主要体现在以下几方面：

首先，德国实行严格的大学青年教师聘任制。其高等教育体制要求大学青年教师无论聘任到何种岗位，均需具有博士学位以及高水准的教学水平与科研能力。大学青年教师在大学一般担任初级教授与助教，一经聘用便会依据职位的不同与校院签订工作合同，担任初级教授一职需签订最长 6 年的合同，出任助教一职则可签订为期 3—6 年的合同，最长期限累计可续签至第 12 年。不论受聘于何种职位，大学青年教师在工作一段时间后，都会接受校方对其工作质量的评估，以决定其是否有资格获得续聘。大学教师合同制促使大学青年教师必须坚持不懈地提高自己的教学及科研能力，积极参加多种学术交流与讲座，以保障自身职业生涯的发展。如此严格的大学青年教师聘任制使得大学青年教师的专业化发展效果显著，也为他们的发展提供了动力与制度保障。其次，德国高等教育体系为青年学者提供了多种适合的大学教师职位。德国大学教师职责分工明确，并在此基础上设立了职责分明的多样化大学教师职位，大学青年教师通常出任初级教授与教学助手的职位。其中，教学助手需承担一定量的教学任务，并在教授的指导下完成规定的科研任务。初级教授享有很大的学术自由，可以独立开展与某专业领域相关的研究，但德国大学不会为初级教授配备教学助手，但初级教授有资格成为教授候选人，继而通过竞聘获得教授职位。德国大学针对青年教师设立了多样化的职位，为青年人才的发展提供了更多机会，有效提升了他们的工作积极性，职业发展更具自由度和创新性。再次，德国绝大部分大学都设立了专门的大学教师专业发展机构。且不同学校间还经常通过网络平台开展教师专业发展方面的协作与交流。在此基础上，所有大学均可参与到与教师专业发展相关的服务中。在这种背景之下，愈来愈多的德国大学青年教师积极参与到大学教师的培训与进修中。德国大学非常重视其青年教师的发展，大学青年教师的素养也对德国未来科研与教育的发展会起到至关重要的影响，因此，德国教育部门为大学教师，特别是大学青年教师提供了免费且多样化的教师培训与教师教育平台，对他们的教学水平及科研水准予以优化，并通过项目资助的方式促进大学教师特别是大学青年教师的专业发展。

最后，德国针对大学教师，特别是大学青年教师的培养方式颇为灵活且有效。在大学教师发展方面，德国实行的是合作式培养模式，该模式允许大学教师在充分保证其在校工作质量的同时，在校外另行兼职与其研究领域相关的其他工作。这一培养模式使得大学教师的实际教学能力、科研能力与薪资待遇均得到了大幅度的提升，也增加了大学教师特别是青年教师的发展机遇，使大学教师的科研、教学与当今世界科研发展的新动向及市场经济相联系，从而大大增强了大学教师对自身未来科研方向的思考与判断。在此基础上，大学教师亦可通过课堂授课的方式，将其最新科研成果及学术发展动向传授给学生，从而极大地拓宽了学生的知识面与视野，也为学生提供了更高的发展平台。值得一提的是，教授讲座制对德国大学青年教师的发展也有很大的帮助。在德国，教授被视为某学术领域的权威。因此，教授讲座制规定教授可以指导作为其教学助手的大学教师的论文，并使其参与到教授本人所主导的学术研究及科研实践中。由此，教授便起到了教师教育的引导作用，在一定程度上对青年教师的教学与科研进行了指导，提升了其教学与科研水平，极大地促进了青年教师的科研实践积累，为其日后的学术研究奠定了基础，进一步提升了大学青年教师的综合素养。

由上述分析可以看出，随着博洛尼亚进程的深入，德国大学教师体系的发展趋势愈发国际化、多样化和灵活化。良好的教师制度保障、合理的教师评估机制以及形式多样的教师教育为德国大学教师队伍的发展源源不断地提供助力，使得德国大学的教师体系愈发完善。

4.3.3 德国大学教师发展特点与比较

在对德国大学教师发展趋势及其专业发展进行分析的基础上，有些经验也可对我国大学的教师队伍发展提供借鉴。

首先，从促进大学教师发展的层面来看，不论德国还是中国都设立了各自的大学教师专业发展机构，并以此为平台在不同大学间开展交流与合作，借此提升大学教师的专业发展水平及综合素养。我国大学教师专业发展机构还为不同层次的教师提供了多种专业发展服务，注重他们的继续教育，在对大学教师进行专业培训的同时，开展相应的教师教育项目评估，以评估大学教师的专业发展，从而助推教师队伍建设。其次，德国与中国大学均实行严格而开放的大学教师准入制度。在高等教育及科研全球化发展的今天，若要为本国的高等教育体系及科研发展注入动力，以高标准条件聘任具有国际视野的大学教师已势在必行。德国实行严格而透明的大学教师聘任制，对其高等教育及科研的发展产生了积极作用，德国对大学教师职位的改革也使得青年学者有机会施展才华，促进科教的发展。与之相比，我国大学在高等教育国际化发展的今天也十分注重国际、校际人才的交流与高水平教师的聘任。与此同时，我国大学青年教师的教育和培训项目呈现出多样化、灵活化的特点，以培养更多的国际化青年学者和教研人才，使我国大学教师队伍建设迈向新的发展阶段。最后，德国与中国均鼓励各大学、教师与企业开展合作并进行科研与人才的联合培养。在此过程中，大学教师可以将其学术研究与市场需求相结合，使之对科研发展的最新动态有所了解，也为其在学校的教学提供更多参考。在此过程中，大学教师的发展空间得到拓展，有利于大学建设高水平的教学与科研队伍。同时，大学教师的科研能力也为企业研发注入了新的动力，大学教师在实现个人价值的同时，也使企业从中获益。

我国大学未来的教师发展可借鉴德国大学的二元制人才培养模式，在大学与企业间为教师专业发展提供更多机遇，使得大学教师专业发展更贴合当今科研、教育与经济发展的趋势，有助于进一步提升大学教师队伍的教学与科研水平，以促进我国大学教师体系的可持续发展。

4.4　博洛尼亚进程的德国大学反思型教学发展

随着博洛尼亚进程的不断推进，高等教育改革在知识全球化进程中发挥着愈加重要的作用，反思型教学作为德国大学及欧洲其他大学教师的重要交际工具也扮演着重要角色。在这样的大环境中，大学教师不仅应具备丰富的专业知识、精通各种教学和研究方法，还应具备较高的道德素养和可持续发展潜力。如果没有日常教学经验的积累，大学教师就不能进步、不能发展；只有不断对自己的教学实践进行反思，教师才能获得更新、更成熟的经验，并进一步提升个人的综合能力。总而言之，反思型教学对德国大学教师的专业化发展有着重要的理论价值和实践意义。

4.4.1　反思型教学对教师专业化知识的积累

大学教师的专业知识化是一个广泛的概念，不仅涵盖了专业本身的结构、功能、实践、内在逻辑，还包括了对教育理论、教育心理学、授课课程等相关专业理论的深入解读和研究。另外，在教学活动中，不断积累的教学经验和理论知识不仅成为大学教师专业化发展的指引，而且也是教师专业知识的一个基本组成部分。随着 21 世纪德国大学精英计划的开展，德国大学提出了教师教育的显性知识和隐性知识理念。不言而喻，显性知识指的是人们所掌握的、可以用来准确交流的知识。相反，隐性知识是口头、书面或手势语言所不能或难以传达的知识，具有非理性、偶然性和间接性的特点。

尽管隐性知识存在于社会的每一个领域和人类认识的各个层面，但无法通过他人直接的教导来获取以及表述。相反，只能通过自己的努力，在某一特定领域建立和获得这种知识，即通过自身的实践经验不断地完成任务并进行不断的反思和总结，才能被从业者用自己的语言来传达。教师对知识的追求和获取永不停歇，同时对知识的控制也在不断改变。因此，大学教师应该不断积累和丰富自己的隐性知识，并通过不断的批判性反思去验证这些知识的价值。

德国大学教师在教育过程中通过个人经验的积累和实践，掌握了丰富的隐性知识，而这些隐形知识则需要通过不断的教学实践加以激活和评估，从而验证其有效性和重要性。反思型教学是大学教师积累和验证隐性知识和实践性知识的重要途径。在反思型教学的初期，教师通过反思来确定教学目标、内容和解决问题的方法。在实践中，教师将专业理论知识与实践知识结合起来，指导教学实践并观察效果。教学实践结束后，教师则对教学活动进行总结和反思，调整自己的知识体系和教学方法。

另外，在反思型教学实践中，教师通过批判性总结和反思来评估自己的教学表现，将反思的收获与自己的专业知识相结合起来，从而实现对个人专业知识的重构和积累。通过这样的教学实践，教师不仅可以从中积累显性知识，还可以从反思与潜意识里获得隐性知识，进而不断生成新知识。在这个不断提问、反思、调整和积累的过程中，大学教师的专业理论和实践知识得以不断发展和成熟，并为教师的专业化发展奠定了坚实的知识基础。

4.4.2　反思型教学对教师教学能力的提升

德国大学教师教育的主要职责是通过教学活动向学生传授知识，培养学生的学习能力。对于教师来说，反思型教学实践不仅体现在制订新教学计划、在今后的教学实践中获得更多经验或更多教学知识等具体的方法上，更是为教师提供指导策略或者学术发展理念，激励他们批判性地看待那些已然习以为常的教学理念。反思型教学实践有助于大学教师发展探究型教学模式，将创新理论与未来的教学实践工作相结合，激励他们建立新的教学理念和自我评价方法。换句话说，反思型教学将促大学教师从经验型和专家型转变为反思型，激励他们不断提高教学水平。德国大学的反思型教学在教师教育与教学中的作用主要体现在以下三个方面。

1. 反思型教学的角色调整。在传统教学实践中，教师主要扮演知识传播者的角色。但是在德国大学教学中，根据不同的教学情境需要，教师要扮演九种不同的角色，包括管理者、评估者、组织者、督促者、参与者、资源提供者、推进者、指导者和研究者。通过反思这一过程，教师和学生在教学实践中不断调整自己的角色定位。教师作为指导者、推进者、参与者的角色确保了学生在教学活动中的地位。换句话说，在反思型教学实践中，学生不再是被动地单纯接受知识，而是积极地参与到教学活动之中，并对教师的表现给予反馈，从而显著提高了教学效果。

2. 反思型教学的改革。教师的教学观念、教学习惯、风格和方法在其教学经验中逐渐形成，并受其学习经验、知识结构以及教学经验的影响。这些观念反过来又会对教师在教学实践中的表现产生影响。诚然，在德国大学教师反思型教学过程中，教师已逐渐习惯进行合理的总结、评估以及改进教学活动的各个环节，包括教学计划、思路、策略、方法等。通过不断研讨和评估教师的教学表现并对其进行反思，有助于教师对已有教学计划和活动加以调整和改进，进而实现教学效果和提高教师自身的教学水平。

3. 反思型教学的理论与实践结合。任何教育理论都源自丰富的教学实践，而这些理论都需要在实践中进行检验，进而指导实践。德国大学要求教师在教学过程中，应基于自己的教学理论对课堂教学中所涉及的概念、目标、内容、设施、方法、风格等进行反思。继而对自己的教学表现进行评估，发现问题并积极收集学生反馈。通过反思这一过程，教师形成新的教育理论和实践知识，进而为新一轮的教学活动提供有力的引导。换句话说，反思型教学的目的是为了实现更优的教学实践。在现有研究成果的基础上，教师深入反思自己的教学活动，进而提出改进的理论，充分体现了理论与实践的结合。总之，通过反思型教学，德国大学教师不断提升其理论与实践相结合的能力，为其学术研究能力和专业化发展打下坚实的基础。

4.4.3 反思型教学对教师研究能力的影响

在近几年的博洛尼亚进程中，反思型教学在德国大学教师教育的应用代表了欧洲高等教育认识论和方法论的重大转变，即从传统的科学范式向人本范式转变。这种转变使人们开始关注教师专业发展中所形成的知识体系和专业技能，这些的知识和技能是指教师个人的理论和实践体系。在反思型教学活动中，教师根据自己和他人的教学理论和教学经验，以教学活动作为反思的内容，进而分析和评价自己的教学表现、过程、心理、效果以及学生的反馈，从而达到发现问题、解决问题、完善教学实践的良性循环。反思的结果反过来又指导新一轮教学活动的开展，这一循环过程不仅完善了教师的教学观念，而且丰富了他们的理论和实践知识体系。这种不断更新的认知逐渐成为大学教师自身学术和教学能力发展的基础，并为新一轮教学实践提供进一步的指导。此外，德国大学教学研究会在2005年公布的《大学教学继续教育标准化和认证的指导方针》也激励教师针对复杂多样的教学活动进行认真的观察和反思，鼓励教师在教学过程中充分发挥自主性和主动性，积极发现教学活动中的问题，并提出有效的解决方法。同时，通过对教学理论的不断学习，以及同事间在听课后的互相交流与讨论，教师可以充实和完善自己的教育理论，进而更加有效地对新的教学实践加以指导。这个过程中将极大地促进和提高教师的创造力、逻辑能力和研究能力。

4.4.4 反思型教学对教师职业素养的提升

在教师教育与教学过程中，德国大学比较关注教师职业道德素养的提升，大学教师承担着培养学生获取知识能力和发挥主观性能力的责任，对学生的学习、知识积累以及个性修养方面有着重要影响。在教学活动中，教师不仅要对学生负责，还要对自己的教学表现和专业发展负责。因此，教师教育的发展离不开职业道德素养的培养。在反思型教学实践中，无论是从反思内容、反思程序还是反思的具体方法来看，关键依然在于如何解决自身教学实践中的问题、如何客观全面地分析和反思问题，以及如何开创新的实践的新局面。换句话说，反思型教学过程就是教师接受自己过去的教学行为并加以反思，为今后的教学活动中可能发生的情况做好准备。教师只有主动接受过去并承担起相应的后果，才能够通过反思来改变自己，从而真正实现有效的改进。因此，在反思型教学过程中，教师在教学活动的各个阶段都要勇于对自己的教学行为和表现承担责任，不断反思过去的教学经验，积极与学生和同事合作，接纳他们对自己教学行为和结果的各种反馈意见。这一过程有助于教师发现个人在教学实践中的问题，探索原因并在未来教学活动中验证解决方

欧洲大学教育 发展概况

案。这样，教师的职业素养才能不断改进，教学质量和效果才能得到有效的提高。

4.4.5 反思型教学对教师持续发展的重要性

大学教师的专业化发展并非一蹴而就的，尤其在德国大学讲座教授制度环境下，教师和学术人员的专业发展可能需要经历更长的周期。在德国大学推进教师教育过程中，教师除了需要长期的积累和实践，还需要一个强大且持续的推动力，以探索和发挥其专业化发展的潜力，从而实现持续发展。毫无疑问，反思型教学在这个过程中起着关键的作用。

在教师教育过程中，德国大学鼓励教师重新思考自己过去的教学行为，重新定位自己在教学活动中的角色和职能，鼓励教师听取其他教师和学生的反馈意见，并在特定环境下不断其教学行为进行调整。这意味着对教师作为教学活动主体的教学观念和行为的挑战和超越，也代表着教师对教学理论和实践知识的重构、对未来教学观念和行为的重新规划以及对自己专业素质的进一步完善，反思型教学为大学教师提供了新的科学研究方向，使他们能将理论知识和教学经验付诸实践，并不断反思这一教学过程，进而丰富和调整改自己在教学中的理论和实践知识，同时，这也是大学教师进行科学研究和提高专业能力的过程。大学教师专业化发展应该是不间断、持续性和螺旋式上升的，德国大学不断推进反思型教学理念有助于教师专业化发展意识和专业化发展潜力的显著提升，并为完善德国大学教师的知识体系开辟了一条新途径，也为提高教学质量提供了新的思路，这无疑拓宽了传统讲座教授和编外讲师制以外的教师专业化发展领域，为大学教师的可持续发展提供了巨大的动力。

4.4.6 反思型教学的挑战与困境

根据 2005 年在挪威卑尔根签定的《欧洲高等教育区质量保障标准与指导方针》（*European Standards and Guidelines for Qulity Assurance in European Hugher Education*），大学教师教育的过程必须不断指导教师创新教学理念和观念，并将更有效的教学策略和方法运用到教学活动中。反思型教学以教师为导向，旨在充分发挥教师在教学和专业化发展中的潜力和创造性，培养和提高教师的探究型思维。近年来，虽然德国大学的教育工作者都对反思型教学的概念进行了广泛的讨论，但对于教师所应反思的内容、如何开展反思型教学活动以及师生在反思教学中的角色都尚未达成共识。因此，设计和开发反思型教学方案成为一项具有挑战性的任务。这一过程不仅需要探索新的教学实践，而且还要考虑到创新教育理念所涉及的诸多要素，例如，如何将反思型教学的理念和目的传递给与教师教育相关的人员（包括教师、学生、管理人员等），以及如何应对传统的讲座教授和编外讲师制度的限制等。此外，为了推进高校教师的反思型教育和终身教育发展，德国还设立了专门的大学教师专业发展机构。在德国，每所大学都对教师专业发展提供了相关服务与咨询，并且80%~90%的大学拥有自己的教师专业发展机构或者以网络形式与其他大学展开相关合作。自博洛尼亚进程以来，已有过半的德国青年学术人员参与过大学教师反思型教学能力的进修。在此基础上，德国政府投入大量资金，免费对大学教师提供终身教育培训，着重强化和提高教师的整体素质，并以项目资助的形式推动教师的专业发展。例如，德国大学设立了"海森堡基金"，用于资助那些获得大学执教资格的优秀青年学术人员在正式受聘为教授之前开展教学实践和研究工作。由此可见，21世纪的德国大学反思型教学是在洪堡理念和德国精英大学计划的实施中不断发展和完善的，其发展方向包括大学教师培训、继续教育、教师专业能力的发展以及教师教学评估等方面，既是对传统讲座制的继承和延续，也是对欧洲新型教师教学改革的创新，体现了欧洲高等教育发达国家在教师教育方面的发展趋势。在高等教育一体化发展的今天，此种趋势也可以为我国大学教师教育的发展和"双一流"建设提供有益的借鉴和参考。

注释：

1. 洪堡理念（Humboldt Idea）：洪堡理念指德国著名教育家威廉·冯·洪堡对于大学教育改革提出的三条原则，即独立性、自由与合作二者统一的原则；教育与研究统一的原则；科学统一的原则。洪堡理念不仅提出了大学改革的理想，而且还在他倡办的柏林大学中付诸实践，提倡学术自由、教育与科研相结合，使柏林大学成为德国新型大学的榜样。威廉·冯·洪堡在创办柏林大学时确立的学院自治、科研与教学统一、学术自由三原则对德国、欧洲乃至世界高等教育的发展都产生了深远的影响。

2. 讲座制（Lecture System）：讲座制是大学基层学术组织的一种形式，一般认为，大学讲座制度起源于欧洲中世纪大学初期，是一种以师徒关系出现的行会组织形式。讲座制形成并确立了现代大学的科学研究职能，在提升学术权力、保障教授治校、学术自由等方面扮演着重要角色。近代德国大学是世界研究型大学讲座制的典范，它以重视学术自治、强调学习自由、教学自由以及首创教学与科研相结合而著称。1810年，柏林大学的建立赋予了讲座制新的活力和现代元素，讲座制成为近代德国大学教学与科研相结合的重要载体，并极大地提升了德国大学的科研和教学水平，对欧洲国家和地区的其他大学产生了重要影响。

3. 精英大学计划（Exzellenz Universitäten）：精英大学计划是德国前教育部长布尔曼于2004年提出的卓越大学建设计划。通过联邦政府对德国少数实力雄厚的11所大学进行整体资助，有效地缓解了德国大学在尖端科研上资金和人才短缺的窘境，提升了德国大学的国际竞争力，改变了德国大学在世界大学排名中的地位，德国政府希望通过这种方式打造出能和英美等精英大学相抗衡的德国大学。

第 5 章
博洛尼亚进程的东欧大学
教育发展变革

5.1 博洛尼亚进程的匈牙利高等教育发展历程

匈牙利地处欧洲中东部，其高等教育发展历程长、历史悠久且颇具特色。早在 18 世纪晚期，匈牙利便已确立了现代大学的基本框架。迄今为止，该国已建立了 74 所高等院校，随着欧洲博洛尼亚进程的推进，匈牙利高等教育获得进一步发展。

5.1.1 匈牙利高等教育发展历程与现状

匈牙利的大学着重培养学术研究型人才，并为此开设了学术性较强的高等教育课程。匈牙利的学院则侧重于培养应用型人才，因此其课程设置以培养学生的实践能力为主。

自 20 世纪 80 年代中期开始，匈牙利高等教育质量得到了进一步的提升，其高等教育规模亦逐渐扩大，在人才培养方面也颇有建树，涌现了 13 位诺贝尔奖得主，如利奥·西拉德（Leo Szilard）、托多尔·卡门（Todor Karman）、爱德华·泰勒（Edward Teller）等多位科学家，他们为匈牙利的科学发展作出了重要贡献。

1. 匈牙利高等教育的发展

匈牙利高等教育历史悠久，起步较早。早在 13 和 14 世纪时，匈牙利便已在布达（Buda）、佩奇（Pecs）、布拉迪斯拉法（Pozsony）等地建立了数所大学。但在 16 和 17 世纪时，由于奥斯曼帝国的入侵使得匈牙利的高等教育一度中断，匈牙利于 18 世纪后期建立了现代大学的基本框架。目前该国的 74 所高等院校中，有 21 所国立大学、11 所国立学院、8 所非国立大学和 34 所非国立学院，匈牙利高等教育在 20 世纪得到了快速发展。自 20 世纪 80 年代以来，其大学学术水平进一步提升，培养了一批颇具影响力的人才。

2. 匈牙利高等教育的特点

1）学位制度的发展

20 世纪 90 年代以前，由于受到前苏联教育模式的影响，匈牙利政府负责管理国内高等教育的所有项目，大学仅授予博士学位及副博士学位，无权颁发学士和硕士学位，只履行高等教育人才培养义务，具有资格颁发学士和硕士学位证书的仅为科学院。

1989 年后，匈牙利进行了新一轮的学位制度改革。此次改革取消了副博士学位，仅设博士学位，由大学负责颁发。匈牙利大学或学院的毕业生按照双向模式授予学位，在学生完整地接受 12 年基础教育并获得中学毕业文凭后，通过考试且成绩合格者即可进入高等教育院校深造，具有同等学历者经考试合格后，亦可进入高等教育院校就读。学生在高等教育院校接受 3—4 年的高等教育及考试之后，如考试成绩合格，便可获得毕业文凭，此文凭与西方国家的学士学位基本等同。而进入高等学校且接受 4—6 年教育的学生，倘若所有考试成绩皆合格，便可获得高级毕业文凭，此文凭相当于西方国家的硕士学位。大学毕业生通过博士入学考试后即可进入博士阶段学习，经过 3 年的学习与研究，顺利通过论文答辩后可获得博士学位。由于匈牙利于 1999 年才加入欧洲高等教育发展的博洛尼亚进程，该国开始致力于新一轮的高等教育改革，因此此次改革进程较为缓慢，博洛尼亚进程所设定的"两层三级"的学位体制于 2006 年 9 月 1 日才被该国采用，即高等教育包括本科与研究生两个层次，学位则分别为学士、硕士与博士三个级别。全日制学习年限分别为本科 3 年、硕士 2 年、博士 3 年。

2）高等教育质量评估体系的发展

匈牙利对于高等教育的评估始于 20 世纪 90 年代设立的匈牙利认证委员会（Hungarian Accreditation Committee，HAC），该机构也是认证匈牙利高等教育机构的权威部门。在匈牙利教育部 1993 年 9 月颁布的《高等教育法》（*National Higher Education Law*）正式实施后，匈牙利认证委员会的作用在于保证高等教育的质量，随着匈牙利高等教育法的修改，其功能也在不断改进和完善。在匈牙利认证委员会成立之初（即20 世纪 90 年代初期），其唯一的职能是负责审批博士专业。20 世纪 90 年代最初 3 年内，认证委员会开始履行高等教育质量评估的职能。自1996 年至 2000 年，该机构业已成为匈牙利国高等教育质量与评估的权威机构。从匈牙利认证委员会的发展历程可以看出 HAC 在匈牙利高等教育体系中的地位正不断提升。

HAC 的职能在于监督匈牙利高等教育领域的教育活动、开展高等教育质量评估及促进高等教育质量保障体系的建构与完善。匈牙利教育部于 2000 年至 2005 年再次对《高等教育法》进行了修订，因此 HAC又具备了评定教授职称与评估成人教育所开设课程质量的新功能。迄今为止，匈牙利《高等教育法》已明确规定 HAC 为匈牙利独立且唯一的权威组织，负责评估匈牙利高等教育教学及科学研究和艺术活动的质量，并且检查、督促高等教育机构与战略规划的进展情况。匈牙利认证委员会目前作为匈牙利高等教育认证与评估的官方机构，除了致力于建立符合本国国情的质量评价体系外，还与欧洲其他国家的高等教育质量评估机构开展合作，并且不断完善其自身的认证评估体系。

3）学分转换体系的衔接

匈牙利于 2003 年 9 月实行新的学分转换系统，该系统与欧洲学分转换系统相兼容。依据新学分制度的要求，学生若要取得学士学位，需至少取得 210 学分；取得硕士和博士学位最低需要 300 学分与 180 学分。学分转换制度的实行促进了匈牙利与欧洲其他国家间教育的共同发展与融合，也有利于学生间的交流。换言之，欧洲其他国家的学生若在匈牙利取得学位，则可以得到整个欧洲高等教育体系的认可，这也促进了匈牙利高等教育与欧洲高等教育的进一步衔接。在此基础上，匈牙利正在筹划课程改革，其大学课程与欧洲各国大学课程进一步接轨也是该国高等教育改革的重要目标之一。

5.1.2 博洛尼亚进程的匈牙利高等教育

1. 博洛尼亚进程的起源

21世纪的博洛尼亚进程致力于推动欧洲高等教育一体化，其发展历程可概括如下。1997年联合国教科文组织和欧洲理事会在葡萄牙里斯本颁布了《欧洲地区高等教育资格承认公约》。该公约是对欧洲地区高等教育唯一具有约束力的文件，因此也被认为是推动博洛尼亚进程的基础性文件之一。1998年英、法、德、意四国推出《欧洲高等教育体系和谐建构宣言》，此宣言的目标在于解决欧盟各国高等教育的弊端，与欧盟高等教育方面密切联系，打通欧洲高等教育的交流渠道，进一步推动博洛尼亚进程的发展。

此后，欧洲29个国家于1999年在意大利博洛尼亚举行会议，签署《博洛尼亚宣言》（Bologna Process），博洛尼亚进程就此全面启动。该宣言的目标是促进欧洲各国学生交流，消除交流障碍；大力提升欧洲高等教育的吸引力；建立统一的欧洲高等教育框架。各签约国均期望在高等教育方面实现欧洲一体化。具体表现为各签约国希望时至2010年，欧洲各国大学生的成绩和毕业证书可以获得其他签约国的认可，创建欧洲高等教育区（European Higher Education Area）。《博洛尼亚宣言》规定召开两年一度的各国教育部长会议，以此作为监督和推动该进程的方式。2010年，博洛尼亚进程的46个成员国高等教育部长分别在奥地利维也纳和匈牙利布达佩斯举行了博洛尼亚进程10周年纪念大会，其主要内容包括建立欧洲高等教育区、建立清晰和可比较的学位制度、实行学分制、实现学历学位学分互认、建立高等教育质量保障体系、提倡终身学习等。在匈牙利布达佩斯召开的博洛尼亚进程10周年大会也为匈牙利尽快融入欧洲高等教育区、实施可比较的学位制度和学分制、建立高等教育质量保障体系和发展终身学习等目标提供了难得的发展机遇。

2. 欧洲学分转换系统

在博洛尼亚进程的推动下，欧洲各国均实施了统一的高等教育学位体系，即 2 层 3 级的学位体系，2 层即本科和研究生，3 级即学士、硕士及博士，其学习年限分别为全日制本科 3 年，硕士 2 年，博士 3 年。与此同时，匈牙利大学也确立了欧洲学分转换系统，这不仅有助于国际间学生的流动，也便于国内不同学校间学生的交流。欧洲学分转换系统规定，获得 1 个 ECTS 学分需 25 个学时，这 25 个小时的分配可归纳如下：上课时间为 5 小时，作业和社会实践为 12 小时，教师辅导为 7 小时，考试时间为 1 小时。在此规定下，每个学生每学年必须修满 60 个学分。欧洲学分转换系统不仅有助于匈牙利大学与欧洲其他高等院校间的交流，而且突破了欧洲不同国家间高等教育的壁垒，使欧洲各国可以承认彼此的学历与文凭，这种机制有利于人才交流，也进一步巩固了匈牙利在欧洲高等教育中的地位。

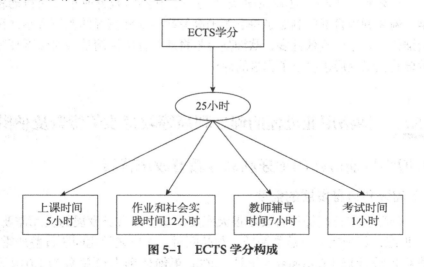

图 5-1　ECTS 学分构成

与此同时，竞争机制也存在于匈牙利与其他欧洲大学高等教育领域，由此欧洲大学质量评估与监测机制随之出现。随着欧洲高等教育质量评估机制与评估准则的进一步发展完善，欧洲高等教育质量保障协会（European Association for Quality Assurance in Higher Education，ENQA）于 2000 年宣告成立。此后，2005 年在挪威卑尔根再次召开了欧洲高等教育质量保障会议,此次会议出台了欧洲高等教育质量保障标准和指南(European Standards and Guidelines for Quality Assurance in the European Higher Education Area,ESG)。2008 年又成立了欧洲高等教育质量保障注册机构(European Quality Assurance Register for Higher Education,EQAR),由欧洲高等教育质量保障协会(European Association for Quality Assurance in Higher Education,ENQA)、欧洲大学协会(European University Association,EUA)、欧洲高等教育机构协会(European institutions of Higher Education Association,EURASHE)和欧洲学生联合会(European Student Union,ESU)四个组织共同倡导成立。由此可看出,欧洲高等教育质量评估机构与评估准则已有了初步发展。根据 2010 年欧洲大学协会的报告,已有 28 个参与博洛尼亚进程的国家确立了本国高等教育质量保障体系,当然,确立的依据正是卑尔根会议上通过的欧洲高等教育质量保障标准和指导方针。

匈牙利于 1999 年加入博洛尼亚进程,在高等教育改革方面行动较早。匈牙利教育部门制定了符合本国高等教育实际情况的改革方案并积极推行,如今已收效甚多,欧洲高等教育质量保障注册协会对该国高等教育的质量发展也给予了积极的评价。

5.1.3 博洛尼亚进程的匈牙利高等教育改革背景及举措

1. 博洛尼亚进程的匈牙利高等教育改革背景

1)匈牙利自身发展的需要

匈牙利进行高等教育改革很大程度上基于其自身发展的实际需要。21 世纪,匈牙利人口总数锐减,与此同时,人口老龄化问题日益严重。据欧盟统计局(Eurostat)统计,2006 年匈牙利人口总数为 1,010 万人,2008 年降至 1,000 万人。截至 2021 年底,匈牙利人口数量已减至大约 971 万人。人口数量锐减导致高等院校在校学生人数减少,2004 至 2005 学年度匈牙利高等院校在校学生人数约为 42 万人,但 2009 至 2010 学年度高等院校在校学生数仅剩 24 多万人,下降了 42.4%,匈牙利人口的减少导致高等教育参与人数相应降低及教育规模的缩小。在当今全球发展知识经济和重视人才培养的大背景下，匈牙利高等教育面临着重新崛起的挑战。由此可以看出，匈牙利加入博洛尼亚进程实为明智之举，可吸引欧洲甚至全球范围内其他国家的专业人才或优秀学生来匈牙利留学或工作，因此匈牙利高等教育的规模非但没有缩小，反而得到了进一步发展，博洛尼亚进程对匈牙利与欧洲乃至世界文化、技术、教育的交流都产生了积极的影响，并将进一步推动匈牙利高等教育的全面发展。

2）欧盟一体化发展的要求

随着欧洲高等教育逐步走向一体化，多数国家所作出的高等教育一体化发展抉择推动了欧盟教育体制的改革和相关机构的成立。如今，欧盟各国在高等教育的诸多方面追求一体化，推动了高等教育领域的国际化发展。博洛尼亚进程在这种背景之下应运而生，并以推动欧洲高等教育一体化发展为其主要建设目标。匈牙利作为欧盟成员国之一，在欧盟国家积极参与建设"欧洲高等教育区"（European Higher Education Area，EHEA）之际，必然会依据博洛尼亚进程的要求进行一定程度的高等教育改革，同时依照自身国情制定改革方案与计划，与欧盟各国在高等教育领域共同发展以实现欧洲各国在知识、人才、技术领域更为广泛而深入的交流。

2. 博洛尼亚进程的匈牙利高等教育发展举措

1）逐步完善的政策支持

21 世纪欧盟高等教育一体化发展已是大势所趋，匈牙利作为欧盟成员国和博洛尼亚进程的签约国，积极推进与欧洲国家高等教育的一体化发展是必然的选择。这不仅有助于缓解匈牙利高等教育面临的危机，而且还促进了匈牙利高等教育一体化的进一步发展。然而在博洛尼亚进程的实施过程中，政策的支持与实施并未完全匹配。换言之，匈牙利高等教育政策的出台滞后于博洛尼亚进程与欧洲高等教育改革的实施，这一点在学位结构、评价体制、学分转换上都有所体现。但总体而言，匈牙利政府对博洛尼亚进程在匈牙利的开展都给予了极大的政策支持，这也确保了博洛尼亚进程的实施，匈牙利教育部门甚至设立了博洛尼亚进程工作办公室，制定了相应的行动计划致力于研究博洛尼亚进程的各项政策，并以此为匈牙利高等教育机构提供相关信息资源，以促进博洛尼亚进程在匈牙利的深入发展。同时，该机构还致力于推动高等院校、政府部门、实业部门、研究机构与社会组织之间的合作工作。

2）学习方式灵活机动

终身教育是博洛尼亚进程所倡导的核心理念。实施终身教育意味着在匈牙利和欧洲诸多国家中，不同年龄段、不同背景和不同阶层的公民将拥有更多接受高等教育的机会。这些群体在开拓眼界和丰富人生的同时也获得了新知识与技能。高等教育的目的不再局限于修学分、通过考试取得文凭，而在于学以致用，提高服务社会的能力。在博洛尼亚进程的引导下，匈牙利高等教育将变得更为平等和普及，接受高等教育的方式也将多种多样，更多的群体通过接受高等教育获益匪浅。匈牙利大学注重将终身学习与高等教育的普及相结合，使 21 世纪的高等教育真正面向公众。

3）推进高等教育的国际交流

当代欧洲高等教育注重国际化合作发展，强调高等教育的国际开放性及创新性。因此，欧洲国家在高等教育发展方面尤为重视交流与合作。博洛尼亚进程促进了欧洲各国间的文化交流与人才交流，甚至推动了欧洲的文化交流与人才交流走向世界，欧洲各国也在全球竞争的背景下通过高等教育的改革有所收获。匈牙利高等教育发展的重点之一在于建立与欧盟国家一体化的学分互认制度、学位互认制度以及质量保障机制。与此同时，匈牙利加强了与博洛尼亚进程国家的协作交流，通过高等教育推动创新经验交流及人才交流，同时借鉴其他国家高等教育发展中的优点，以帮助自身更好地发展国际化及开放式的高等教育。欧洲目前开展的主要交流项目是伊拉斯谟计划（Erasmus Mundus），由欧盟发起的该计划旨在促进欧盟各国间学生的交流，进一步发展高等教育一体化并提升高等教育水平，伊拉斯谟计划对所有欧盟国家的大学和其他相关高等教育机构均带来了积极的效果。匈牙利在 1997 年正式参与了伊拉斯谟计划，依据规定，参与该计划的匈牙利大学生需要在合作交流大学进行至少 3 个月的交流学习，最长交流时间为 1 年。同时，合作机构提供的课程将得到认可和批准。该计划亦提供奖学金，有助于匈牙利学生更好地参与国际交流、学习和研究工作。

4）知识城市建设

1997 年欧盟发布了名为《走向知识型欧洲》（*Toward a Europe of Knowledge*）的报告，该报告提出了构建知识欧洲的设想（姜勇，2009）。2009 年 4 月博洛尼亚进程第 6 次部长级峰会在比利时鲁汶大学召开，会议发布的《鲁汶公报》（*Leuven Communique*）指出，欧洲高等教育在 2020 年前务必为建设具有高水平创新能力的知识欧洲作出应有的贡献（李婧、罗玮，2009）。在此前提下，匈牙利致力于建设知识城市，政府对提升公民整体素质也相当重视，在高等教育方面投入了大量的资金与精力，提倡广泛的高等教育及终身教育。匈牙利在人口老龄化的影响下，继续推进其高等教育的社会服务功能，使普通公民接受高等教育的意识得到了进一步增强，知识城市建设取得了初步成效。

5.2　捷克布拉格查理大学多语种教学模式

布拉格查理大学（Univerzita Karlova，捷克语；Charles University in Prague，英语）由神圣罗马皇帝查理四世于 1348 年创立，是欧洲古老的大学之一，同时也是神圣罗马帝国建立的第一所德语大学，是中东欧地区和捷克最古老、规模最大的大学。布拉格查理大学曾经培养了爱因斯坦、卡夫卡、扬·胡斯等一大批著名科学家、作家和政治家。根据西班牙国家研究会（La Asociación Nacional de Estudio de España）的排名，2015 年该校名列世界第 97 位，2014 年《美国新闻与世界报道》（US News & World Report）位列世界大学排名第 179 位，其物理和数学学科均在世界前列。布拉格查理大学设有 17 个学院，最高可授予医学博士和哲学博士学位，随着欧盟博洛尼亚进程的推进，捷克布拉格查理大学的多语种教学理念成为欧洲大学语言教育的典范。

5.2.1 英语教学

随着欧盟博洛尼亚进程的推进，捷克布拉格查理大学每年的交换生数量不断增加，英语逐渐成为除捷克语外的主要教学用语，目前该校的英语教学主要集中在哲学、法律、医学系、社会科学、体育运动、自然科学和药物学等系科以及 1992 年后新开设的专业。哲学系是布拉格查理大学最早成立的，多年来为了使该校的教育更加国际化，哲学系一直坚持用英语授课，如"二战"后的捷克和斯洛伐克区域国别研究专业、电影、戏剧、历史、逻辑学、教育社会学、语言学和语音学以及为期 4 年的全日制文科学士专业等。法律系在学生选修时要求凡学习法学理论、法学史、现代法学等专业的本科生和研究生，必须至少先学习 1 个学期的英语后才能进入专业学习。医学院是欧盟交换生较多的学科，而且 5 个医学系基本上都接收交换生和留学生，所以从事基础和临床研究的全日制学生课程均用英语讲授。社会科学系秉承其教育传统，对热门专业和当代经济、大众传播领域的专业也采用英语授课，诸如社会学基础、捷克和斯伐克社会学、政治研究概论、电影新闻学和摄影新闻学、基础经济学、大众传播学等。数学与物理学是布拉格查理大学的世界领先专业，为了保持和提高这一国际地位，这两个学科的 5 年全日制本科生和 3 年研究生专业均用英语教学，如光学、X 光结构分析、理论地球物理学、激光光谱学等。体育运动系的英语授课专业主要集中在新开设的专业领域和博士学习阶段，包括 2 年至 5 年的全日制专业，以及从 1992 年 9 月起开设的体育运动和康复两个专业。自然科学系的英语授课专业较好地契合了欧盟博洛尼亚进程的"洛尼亚进教育模式，如地质学、地理学和生物学等学士专业、自然环境保护硕士专业（3 年制）和哲学博士专业（2 年制）等，有效地解决了从学士到博士阶段学习的教学语言衔接问题。药物学系在其药物学专业的学制中也采用了英语授课的模式。其他需要先选修英语课的专业还有地球化学、地质学基础与沉积地质学、应用地球物理学、工程地质学与水利地质学、地理学与制图学、地理学、人口学、分析化学、无机化学、物理化学、核化学、生物化学、普通化学、特殊生物学与生态学、微生物学与遗传学、自然环境保护等。

布拉格查理大学将英语作为其主要教学语言，这一做法极大地提高了其专业国际知名度和国际参与性，为欧盟博洛尼亚进程的发展提供了积极的支持。

5.2.2　捷克语教学

捷克语教学是布拉格查理大学的第二大授课语言，仅次于英语。该校教育工作的另一个目标就是传承发扬捷克的历史传统、服务捷克的经济和社会发展。因此，捷克语授课的学科领域包括天主教神学、新教神学、胡斯教派神学、法学等，同时在第一医学院、第二医学院、第三医学院、比尔森医学院、赫拉德克·克拉洛韦医学院、药剂学学院、哲学学院、自然科学学院、数学和物理学院、教育学院、社会科学学院、体育运动学院和人文科学学院等相关专业也采用捷克语授课。布拉格查理大学的专业考试包括笔试和口试，目前，在专业口试中主要使用捷克语，而对于来自欧盟的交换生则采用英语和德语口试相结合的方式。

图 5-2　布拉格查理大学哲学学院　　　图 5-3　布拉格查理大学专业课口试

5.2.3　德语教学

布拉格查理大学是神圣罗马帝国建立的第一所德语大学，因此德语的教学传统被长久保留下来了，但不作为主要教学语言，而是作为一种辅助教学语言。布拉格查理大学有 3 个系以德语为主要教学用语，包括哲学系本科生和研究生课程，如捷克研究、文学、中欧史、欧洲现代史、应用语言学、语言学和理论数学等。另外，由于受到历史和传统的影响，布拉格查理大学的一些专业讲座也会用德语授课，如体育运动系的专题讲座。同时，教会和社会团体也与该校签订了教学语言的协议，明确了其授课专业的使用语言，如神学系需根据学校与教会的协议选择教学语言，通常以德语授课为主。

5.2.4　法语、西班牙语和俄语教学

二战后和冷战时期，由于前苏联高等教育对布拉格查理大学的影响，一些专业曾经陆续采用俄语授课，目前，这一模式仍然在一些专业中保持下来。同时，鉴于法语和西班牙语在欧洲高等教育中的重要地位，这两种语言开始陆续进入该校的课堂教学中，并且其使用率正在逐渐增加。目前，布拉格查理大学哲学系的文学史与语言学专业和体育运动系的部分专业以法语为教学用语，文学史和语言史等专业还采用西班牙语和俄语讲授课程。由于法语、西班牙语和俄语对欧洲文学的发展和语言的演变起到了巨大的作用，布拉格查理大学在设置这一领域的教学语言时，充分考虑了欧洲的历史传承和文化语言的衔接，从而使学生能用相应的法语、西班牙语和俄语进行语言文学研究。同时，这三大语言也是世界和欧洲使用人口相对较多的语言，因此，多语言的教育政策也符合布拉格查理大学对外交流的理念。随着欧洲博洛尼亚进程的推进，布拉格查理大学积极选派教师和学生去欧盟其他国家大学进行国际学术交流，学校给予一定的经费支持。其多语种教育理念和政策进一步推动了该校与欧洲其他大学高等教育的有效衔接，为欧盟博洛尼亚进程和高等教育一体化作出了积极的贡献，同时也值得欧洲和世界其他大学的国际化发展学习和借鉴。

5.3　波兰华沙大学高等教育变革

初次开始了解华沙大学是在 2010 年的一次音乐会上，听到华沙大学师生演奏的一首波兰最著名浪漫主义钢琴家肖邦创作的《钢琴协奏曲》（Piano Concerto No.1 in E Minor），旋律对比强烈，乐句优美且流畅，曲调时而轻盈如游丝、时而灵动轻巧、时而石破天惊，仿佛在生动地叙述着华沙大学历经艰辛的发展历程。华沙大学（Uniwersytet Warszawski，波兰语；University of Warsaw，英文）是波兰最大的国立大学，始建于 1816 年。18 世纪沙皇俄国、普鲁士及奥地利瓜分波兰，19 世纪初俄国沙皇亚历山大一世为了在东欧地区推行俄国的高等教育理念，下令建立了这所大学。当时，该校的校徽是一个古老的头戴皇冠的波兰鹰，而校徽上的 5 颗星则分别代表当时欧洲最时髦的 5 大学科领域：神学、法学、医学、哲学及自由艺术。在沙皇统治下，华沙大学有很多教师都来自俄国，俄语授课风靡一时。遗憾的是，1830 年至 1856 年期间沙皇政府关闭了该大学，直到 1870 年华沙大学重新开放，各个学科逐步开始使用波兰语授课，从此华沙大学进入了高等教育的快速发展时期。但不幸的是，20 世纪的第二次世界大战烽火又波及到波兰华沙，使得华沙大学高等教育的发展变得跌宕起伏、举步维艰。

5.3.1　两次世界大战中华沙大学的变革运动

1915 至 1918 第一次世界大战期间，德国占领了华沙，为了获得波兰人的支持，德军占领机构决定在华沙重建波兰的高等学府。同时，德国军事当局意识到能借助华沙大学的高等教育资源对波兰人的社会理念进行改造，自此华沙大学再次成为波兰首个合法的国家学术机构，波兰语再次被确定为教学语言。为了遏制波兰人的爱国运动，德军占领机构对华沙大学的波兰籍讲师数量进行了限制，不允许超过 50%，但并没有限制学生的数量增长。因此 1915 至 1918 年华沙大学的学生人数从 1,000 人增加到 4,500 人。随着"一战"的结束，波兰于 1918 年获得了独立，为华沙大学带来了其成立以来最大的思想解放和学术自由。到了 20 世纪 30 年代，华沙大学已经发展到拥有教师 250 人和学生超过 10,000 人的欧洲著名大学。

图 5-4　第一次世界大战期间德国占领下的华沙

然而，波兰华沙的历史决定了华沙大学高等教育跌宕起伏的发展历程。1939 年 9 月 1 日，德军突然对波兰发起了"闪电战"，由此揭开了第二次世界大战的序幕，华沙再一次沦陷。1939 至 1944 年德军占领华沙期间，德国占领当局关闭了波兰所有的高等学府，华沙大学当然也不能幸免，大量的教学设备和实验器材也被移出校园，校园变成了军事营房。为了强化对波兰人的统治，德国占领当局取缔了波兰语的教育地位，但是华沙大学的许多教授冒着死亡的危险，自发组织了华沙的地下教育机构——"秘密大学"（Tajny Uniwersytet Warszawski）并坚持进行波兰语教学，同时建立了地下教育课堂，传播波兰语教育理念。到 1944 年波兰解放时，共有超过 300 位讲师和 3,500 百名学生参与了华沙大学的地下课堂教学。随着盟军诺曼底胜利登陆和苏军在东线战场的全面反攻，1944 年 8 月 1 日华沙起义爆发，波兰人民揭开了反抗德国占领军的战斗序幕，华沙大学的学生纷纷加入到起义队伍中。在长达63 天的华沙起义中，华沙大学的很多学生献出了自己宝贵的生命。在"二战"期间，华沙大学校园变成了军营，但华沙大学师生始终坚持自己的教育理念，与德国当局进行了不懈的斗争。为此，不少师生被关押在距离华沙 300 公里外的奥斯维辛集中营。至"二战"结束时，华沙大学约有 162 名教职工、30 名行政人员献出了生命，60% 的华大校园建筑被毁，80% 的书籍和艺术品遭到破坏和遗失。1945 年 12 月，华沙大学开启了重建之路，逐渐成为冷战时期东欧高等教育变革的中心。

图 5-5　德军对波兰发起"闪电战"　　图 5-6　二战时德国占领下的波兰华沙

图 5-7　奥斯维辛集中营见证了华沙大学师生不懈的斗争精神

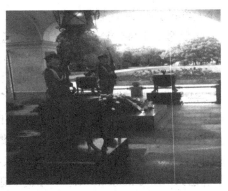

图 5-8 华沙起义纪念碑和无名烈士墓见证了华沙大学的艰辛发展历程

5.3.2 华沙大学的高等教育变革

冷战结束后，波兰社会的变革为华沙大学提供了许多挑战和机遇。20 世纪 90 年代，华沙大学开始了现代化改革。从 1989 年至 2005 年，该校的学生人数增长了 4 倍，教师队伍扩展至超过 3,000 人，每年入学的新生达到 18,000 人。除了常规的大学本科、硕士、博士学位课程外，还开设了暑期课程、预科班课程和假期课程，并实行跨专业学习等新兴教育方法。同时，华沙大学开始实施一系列高级科学研究项目，其中不乏相当数量的欧盟资助项目。该校也成功跻身于欧洲顶尖大学行列，成为中东欧高等教育改革的典范。为了提升该校在欧洲及全球的竞争力，华沙大学采取了有效措施建设学科梯队并不断增进学科间的科研合作，其社会学、经济学、现代语言学、信息科学、生物化学及应用物理学等领域均跻身国际领先地位。华沙大学科研人员的研究成果在欧洲及国际一流学术杂志上不断发表，同时，被引用的数量也在稳步增加。学校科研人员有更多的机会参与国际会议，也进一步增强了华沙大学在国际合作领域中的综合实力。华沙大学的科研基金主要来自国家预算，同时也有相当一部分来自欧盟的资助。随着博洛尼亚进程在波兰的推进，欧盟有 56 项科研项目在华沙大学进行研究，该校也荣获了波兰科学部颁发的"欧洲科研计划的最佳参与者"称号。华沙大学在残疾学生的教育方面也作出了变革示范，为学校的残疾学生提供了诸多便利的学习条件，如为视力受损的学生提供特别印制的特殊教育信息手册、为盲人学生提供盲文试卷、为行动不便的学生提供轮椅。华沙大学还设有专门的残疾人宿舍大厅，以方便那些行走不便的残疾学生，学校图书馆和电脑室也为他们安装了特别的桌椅。华沙大学校园大部分建筑都做了特别设计，以确保轮椅学生能够自由出入，即使那些没有特殊设计的建筑，也配备专门的人员帮助轮椅学生出入。此外，还有自愿者把教材录制下来，以供视力残疾的学生使用。

图 5-9　华沙城堡广场印证了华沙大学的历史变迁

5.3.3　博洛尼亚进程的的华沙大学教育变革

作为波兰的第一高等学府，华沙大学已与五大洲 47 个国家的 141 所大学建立了合作关系，其中包括 97 所欧洲大学、8 所北美大学、18 所南美大学以及 18 所亚洲大学。该校均与其保持科研合作交流，也使得华沙大学的外国留学生人数达到 1,000 人以上。进入 21 世纪后，随着欧盟博洛尼亚进程的推进，华沙大学与超过 1,000 所科研单位建立了合作伙伴关系，其中包括博洛尼亚进程和伊拉斯谟协议中的欧盟 420 个科研单位。为了提高博洛尼亚进程中的语言学习能力，华沙大学成立了波兰语培训中心，为没有波兰语基础的留学生提供波兰语预科课程，同时规定在正式专业课程学习期间，学生也可以选修波兰语。为了全面实现波兰语和英语的双语教学目标，华大规定选修波兰语授课课程的学生需先修 1 年的波兰语预科课程；选修英语授课课程的学生如无相关的语言成绩，校方将根据其测试水平安排英语培训，以确保他们能达到相应的专业课程的语言要求。华沙大学还为本科生和研究生提供了岗位学习、国际夏令营以及假期留学项目，通过引进最新的教学技术促进科目交叉学习，使学生能随时适应世界潮流的变化以及应对欧盟劳动市场的各种挑战。这一措施使得华沙大学的学生在科研和职业发展中得到了许多国内外公司和组织的支持，这些国内外公司均给予华沙大学毕业生很高的评价。华沙大学毕业生中包括很多成功人士、知名学者和作家，也不乏诺贝尔奖获得者。作为一所从战火硝烟中走出来的高等学府，华沙大学历来致力于追求学术思想的解放，在华沙大学的各个校区内，教师、研究人员、学生和普通市民都可以自由参与由该校知名教授举办的学术讲座，这一举措旨在让更多公众有机会深入了解华沙大学的科研成果。同时，华沙大学还定期举办外语角、文学沙龙、桌游以及文化鉴赏等雅俗共赏的交际活动。如今的华沙大学不仅是波兰的政治文化中心，也是世界主要的高等教育研究中心。从 1816 年创立至今的 200 年曲折发展中，该校已经发展到拥有 18 个学院和 32 个学科领域，拥有 3,300 名教职工和 53,000 名学生的规模。培养了世界钢琴演奏家肖邦、波兰的多位总统及政要、以色列前总理梅纳赫姆·贝京等众多有影响力的人物。根据 2023 年 QS 世界大学排名，华沙大学位列世界第 284 位，艺术和人文科学专业大学排名均在世界前 50 位。在过去的 200 年里，华沙大学有 5 位杰出校友获得了诺贝尔奖，饱受艰辛的华沙大学在人类进步的阶梯上不断践行着捍卫真理的神圣使命，并成为欧盟博洛尼亚进程高等教育变革的典范。

图 5-10　瓦津基公园中耸立的肖邦纪念碑见证了华沙大学的历史与现在

注释：

1. 利奥·西拉德（Leo·Szilard）：美籍匈牙利裔理论物理学家，1898 年出生于匈牙利布达佩斯的一个犹太富裕家庭。1938 年移居美国，先后在哥伦比亚大学和芝加哥大学从事核物理学的基础研究和应用研究，1961 年当选为美国国家科学院院士。同时，西拉德也是一位伟大的思想家和发明家，他喜欢发明并在许多国家获得了发明专利，热衷于将他的想法分享给其他人并与他们共同实现这些创意。

2.《里斯本公约》（Liz Convention）：该公约于 1997 年 4 月 11 日在葡萄牙里斯本签署，并于 1999 年 2 月 1 日正式生效。1997 年 4 月 8 日，欧洲理事会与联合国教科文组织在里斯本召开会议，双方共同推出了《欧洲地区高等教育资格承认公约》，简称《里斯本公约》。该公约是欧洲地区唯一的承认地区内高等教育资格的具有约束力的文书，是博洛尼亚进程的基础文件。

3. 匈牙利认证委员会（Hungarian Accreditation Committee，HAC）：匈牙利高等教育体系主要由 20 世纪的大学和学院组成，其教育体系的完整性和先进性获得世界各国的广泛承认。匈牙利认证委员会成立于 1993 年，隶属于匈牙利教育部，是国际高等教育质量保障机构联合会成员，负责对匈牙利高等教育教学和研究活动进行质量评估和认定。目前匈牙利共有 74 所大学得到国家教育部承认，其中包括国立大学、学院；私立大学、学院；教会大学、学院；支委会大学、学院，这些大学和学院均对外国留学生使用英语教学。由于这些院校都经过匈牙利国家学历认定委员会认证，因此提高了匈牙利的大学教育水平和科技领域的成就，使其高等教育发展程度名列欧盟最受欢迎的留学国家第 6 位。

4.《鲁汶公报》（Leuven Communique）：自 1999 年博洛尼亚进程实施以来，各成员国商定在 2010 年前每两年举行一次部长级会议，并且每次会议都对各项工作的进展作出评估并发布相关报告。这 6 次会议分别是 1999 年博洛尼亚会议、2001 年布拉格会议、2003 年柏林会议、2005 年卑尔根会议、2007 年伦敦会议、2009 年鲁汶会议。《鲁汶公报》就是在 2009 年 4 月召开的鲁汶会议上发表的公报，旨在促进交流与合作，并从政策和实践两个层面为欧洲高等教育一体化的深入实施做好各项准备。

5. 欧洲高等教育质量保障注册机构（European Quality Assurance Register for Higher Education，EQAR）：欧洲高等教育质量保障注册机构是一个致力于提升欧洲高等教育质量保障透明性的机构。在该机构注册的欧洲各国教育质量保障机构遵循了欧洲高等教育区域质量保障的标准与准则，为公众提供相关欧洲范围内教育质量保障机构发布的清晰与可靠的信息。非欧洲国家的机构在遵守该标准指南的前提下，也可申请加入该机构。在提交申请报告后，注册处将组织国际专家小组对相关机构是否符合申请标准进行考察，再由专门的委员会作出决定。虽然注册是非强制性的，但是越来越多的欧洲国家高等教育认证机构加入了欧洲高等教育质量保障注册机构。

6. 欧洲高等教育质量保障协会（European Association for Quality Assurance in Higher Education，ENQA）：该协会于 2000 年成立，为欧洲高等教育非官方组织，主要职责是提供政策上的建议，旨在构建一个高等教育质量保障网络来分享和借鉴质量保障方面的经验和案例。同时，该协会还作为欧洲高等教育的智库，为欧洲高等教育领域质量保障工作提供交流平台。

7. 捷克语（Čeština）：捷克语是捷克的官方语言，与波兰语、斯诺伐克语、索布语等同属于斯拉夫语族西斯拉夫语支。在过去的 300 年里，捷克在 1620 年、1848 年至第一次世界大战、1945 至 1948 年和 1968 年的"布拉格之春"等不同的历史时期分别出现了四次规模较大的移民潮，捷克语逐渐传播到海外，开始被旅居欧美各国的捷克侨民所使用，如美国、加拿大、乌克兰、阿根廷、塞尔维亚、克罗地亚、罗马尼亚、波兰、德国、奥地利等。最大的海外捷克语群体生活在美国，在欧洲则主要集中在塞尔维亚。另外，在许多国家的大学也开设了捷克语专业，如北京外国语大学 1954 年开设的捷克语专业迄今已有近 70 年的历史了。

8. 波兰语（Polski）：波兰语是波兰人的语言，使用人口约 50,000,000 万，其中约 38,000,000 人在波兰，约 10,000,000 人在其他国家和地区使用。波兰早期曾通行拉丁文及捷克文，至 14 世纪时才正式形成书面文字，到 16 世纪形成了标准的波兰语。波兰是将波兰语作为官方语言人数比例最高的欧洲国家，有接近98%的波兰人使用他们的母语波兰语。此外，在立陶宛、白俄罗斯和乌克兰也有一定数量波兰人居住，在俄罗斯、美国、加拿大、英国、德国和澳大利亚等欧美澳国家也有部分讲波兰语的人口。

第 6 章
欧洲大学语言教育发展模式

6.1 欧洲大学双语教育政策的多元文化现象

　　当今世界上有许多二元文化或多元文化国家的学校根据本国的具体情况实施了不同的双语教育政策。不同国家实行的双语教育政策有不同的模式,分为沉浸式强化训练教学、维持性双语教学、过渡性双语教学、双向/多向性主流双语/多语教学、主流语言 + 导入外语/二语课堂等。

　　沉浸式强化双语教育方案最初由加拿大魁北克省设计,其目的是为了让母语为英语和法语的学生都能流利地使用两种主流社会语言。此教育规划所取得的巨大成功使该教学方案得到迅速传播并为其他国家的教育部门所接受,同时,它也致力于培养学生成为两种较高通用的社会语言的双语使用者。学生的整个受教育过程全部由双语教师负责,所有的课程讲解均用双语进行。

6.1.1 双语教育政策在不同国家的文化体现

　　英国、德国、法国、瑞士、西班牙、意大利等欧洲大学在移民社区成功地实施了双向性双语沉浸式教学模式的实践。对初入学的学生采用90% 母语对 10% 的当地语言或英语的比例进行教学,然后逐年以 10%的增量更替。到大学二年级时,两种语言在课程设置中的比例达到各占 50%。欧洲教育部门对双语教学评估表明无论是小语种还是大语种使用者都能从中受益并掌握高水平的双语表达和读写技能。维持性双语教育政策体现在对小语种学生采用两种语言授课，两种语言均被划分开来，不同教师用不同的语言上课。这种教学的目的在于维持和发展地域性语言和文化历史，同时也让学生全面掌握主流社会的语言和文化，既为丰富和发展本地区语言创造条件和机会，又符合主流社会繁荣兴旺和社会文化多样性之愿景。如西班牙加泰罗尼亚地区的大学教育均采用了维持性双语教育政策，即使用西班牙语和加泰罗尼亚语并行的双语教育模式，这一模式最早在 20 世纪初期加泰罗尼亚语被确定为官方语言时就已经开始。欧洲大学以"遗产语言双语教学"（Bilingual Teaching of Heritage Languages）之名义支持维持性双语教学，公共教育基金也支持兴办了不少私立移民学校，这种双语教育模式培养出的学生具备较强的双语读写和听说表达能力。欧洲各国为了重振民族文化和民族精神，很多大学都采用了维持性双语教学模式，大学教育先是以本民族语为主要教学语言，然后才逐渐转向以英语教学为主。欧洲国家的过渡性双语教学和世界经济导向紧密相关，在国际交流中逐渐从教学语言转变为最终用于国际经济文化交流的语言。

过渡性双语教学一般需要具体的教育规划和大量的教育资源，这种教学模式在德国大学的移民继续教育中比较成功。在教育初期，德国大学采用移民的母语（如阿拉伯语）作为教学语言，由双语教师将主流语言作为第二语言进行教学并逐渐过渡到两种语言在各科教学中的共同使用，不作任何明确的划分，最终学生从双语教学课堂全部转向使用主流语言的单语课堂。德国是移民较多的欧洲国家，德语和英语是进入主流社会的通用语言，这种过渡性课堂教学语言转向合乎大学双语教育的发展规律且与每个学生的切身利益息息相关。

瑞士由于其中立地位吸引了大量移民，瑞士大学教育也为国民接受高等教育提供了更多机会。瑞士大学最初的教学语言以法语、德语或意大利语为主，英语作为第二语言也继续存在。随着欧洲高等教育一体化的发展，来自各母语背景的学生都纷纷转向用英语作为教学用语的学校，最终导致目前英语成为瑞士大学教学的主流语言和交际用语，而法语、德语和意大利语则成为瑞士大学教育的第二语言。目前主流双语或多语教学模式在欧洲国家的大学教育中较为盛行，这种教育模式是在整个学生学习过程中用两种或两种以上的主流社会语言进行教学，最早起源于 20 世纪 50 年代的卢森堡。由于当时有许多欧共体官员的子女进入当地学校却又无法用统一的语言教学，因而就制定了从小学、中学到大学的各类学校使用欧共体成员国官方语言的教育规划。这些学校的孩子具有高度流动性，随着父母工作的变迁而经常更换学校，但孩子本身的母语只属于本国的官方语言，如法语、德语和意大利语等，而在其居住的语言社区只能属于少数人使用的语种。为了让学生同时掌握两国或多国官方语言，卢森堡学校根据本国学生的不同情况，分为数个语言区，总共包括 11 种欧共体国家的官方语，如丹麦语、荷兰语、英语、法语、芬兰语、德语、希腊语、意大利语、葡萄牙语、西班牙语和瑞典语等。这些语言学校对来自不同国家的学生用该国的官方语言进行教学，同时开始第二种语言或第三种语言的学习，教学逐渐由单语转向双语或多语，各语言区的学生群体也开始混合。这种教学法的成果是大多数学生将本国官方语言作为母语，同时又能不同程度地熟练使用两种以上的欧洲其他国家的官方语言。如今，这类学校已成为由欧共体成员国各国教育权威部门下属的公立教育机构。它与其他双语教学的不同之处在于所有的教学语言对各语言民族团体来说都具有相等的社会价值，同时充分利用学生在多语环境下学习外语的有利条件，能较早地让学生接触外语，并在各阶段逐渐加大外语的学习比重，从而培养出既有双语或多语语言能力，又有在多元文化环境下的跨文化交际能力的学生。

6.1.2　双语教育的跨文化交流能力

另一种双语教学模式在许多欧洲国家的大学教育规划中也比较常见，即主流语言 + 导入外语／二语课堂，其目的是让本国学生学会一门或两门以上的外语，此类双语教学其实就是加强外语教学。大学教育各主要课程均用本国语言授课，而专业外语教师则进行专业外语教学和强化训练，外语的课程设置常常与这个国家和地区的经济、文化以及科技发展对双语能力的需求有关，学习时间的长短和教学策略的选择则视个体学习者的语言基础和对学习结果的具体要求而定。这种模式最明显的一个例子就是目前欧洲各国普遍出现的辅助性英语课堂。无论是课后、周末或假日，各年龄段的学生甚至成人都到大学接受继续教育，以学到更多的外语知识。根据个人学习目标或经济状况、精力的投入，学习者可以获得不同的学习效果和双语文化交际能力。特别是在西班牙的大学教育中这种现象尤其突出，学习英语的目的就是为了发挥其社会功效，将其作为学生和企业员工通向学术成功或事业成功之路的工具。

6.1.3 双语教育的多元文化导入

　　语言既是文化的载体，又是文化的组成部分，欧洲国家双语教育规划中所强调的核心就是要在培养学生双语或多语能力和表达技巧的同时，不能疏忽二元文化或多元文化间的导入和理解，将教授学生多样文化的经验和价值观视为日常教学工作的重要内容。双语教学课堂是跨文化交际的场所，各民族的学生都深受本民族语言文化的熏陶，行为举止都带着本民族文化传统与价值观的影响，课程设置应反映且珍视学生的文化修养。教师在教学中力争将两种语言文化的差异性和共同点与所授课程相结合，着力培养学生的双语能力，帮助学生塑造个性。同时，大学的使命还在于使文化历史和传统得以代代相传，多元文化背景正是欧洲大学双语或多语课堂的一个重要组成要素。欧洲大学双语教育中通过正式和非正式途径不断导入二元文化，学生在母语文化和目的语文化的融合中提高了自身的语言运用能力。在正式的课堂教学中，欧洲大学通过文化导入的方式，系统地介绍了所使用语言国家和地区的历史、政治、政府、民族、种族、科学、艺术、音乐、体育运动等知识，以及如何在这个社会生存和适应社会环境的需要等；非正式的文化导入则是在学校的各个场合有意识地讲解相关国家和地区的风土人情、行为举止、生活习惯、礼仪礼节以及如何在细节问题的处理中培养自己的社交能力和优雅举止等，同时也引导学生认识不同文化的差异，如不同的价值观、宗教信仰、理念观点、喜好偏见等，以达到从多层面、多角度培养学生的二元甚至多元文化意识，使他们在本民族文化与外语或二语文化之间建立起一个相互协调与双向沟通的良好框架，有助于推广本民族文化的优秀传统，增强对外语或第二语言国家或民族文化的深入理解，克服跨文化交际中出现的各种心理和语言文化方面障碍，促进两种语言和二元文化的双向适应和交流，使双语教育中的二元文化和谐共处，兼容并蓄。在博洛尼亚进程推动下的高等教育一体化发展中，欧洲大学通过双语教育模式培养出来的人才是全面发展的复合型、国际型人才，双语教育不仅仅注重外语的学习，而且将语言习得贯穿于整个学校的管理、教育、各学科教学的全过程。这种模式注重创设语言文化环境和不断强化教学语言，用教学语言和文化背景来促进学生语言能力的全面发展，体现了双语教学的实质。不论是英国大学还是西班牙大学，"外语突出、各科领先、综合发展"都是双语教育所追求的目标。随着中国高等教育快速迈向国际化、现代化的进程，以及"双一流高校"建设工程与追赶世界一流大学和一流学科的推进，那些既精通汉语和汉语文化，又通晓外语和外国文化的双语人才，必将成为中国参与国际竞争的重要力量。

6.2　安道尔大学母语教育与外来语文化的博弈

安道尔（Andorra，西班牙语／英语；Principat d'Andorra，加泰罗尼亚语）是欧洲面积最小的袖珍国家之一，国土面积近 500 平方公里，位于法国和西班牙之间的比利牛斯山脉东南部，拥有 7 个城市，首都安道尔城（Andorra La Vella）。

6.2.1　安道尔母语教育概况

安道尔高山峡谷遍布全境，平均海拔 1,000 多米，是典型的欧洲山地国家，也是全世界国民预期寿命最长的国家之一。历史上，法兰克王国的查理曼大帝为表彰安道尔人与摩尔人作战中的贡献，特许在安道尔设立教区。自 11 世纪开始，西班牙乌戈尔伯爵一直担任安道尔主教一职，所以安道尔的母语一直受到西班牙加泰罗尼亚语的影响。直到1933 年法国占领安道尔后，法语文化开始逐渐渗透到安道尔的母语教育中，1936 至 1940 年间法国因西班牙内战而派兵驻守安道尔。第二次世界大战期间，安道尔维持中立状态，成为维希法国与西班牙之间的过渡地区。1993年，安道尔举行公投，通过了本国的宪法，并成为联合国的一员。

由于在近千年的发展过程中，安道尔一直受到西班牙加泰罗尼亚语（Catalan）的影响，因此加泰罗尼亚语自然而然成为其母语，同时，西班牙语和法语也是安道尔的通用语言。在二战及冷战期间，安道尔政府一直想成立一所高等学府，以解决其国民的母语教育问题，但是由于其外来人口多于本地人口，且母语教育与外来语文化一直存在博弈问题，所以安道尔人的大学梦长期未能实现。直到1997年，安道尔议会才通过了成立安道尔公国大学的提议，为了全面实施母语教育和人才培养，安道尔唯一的一所大学——安道尔大学（Uuniversitat D'Anorra）在圣胡利娅—德洛里亚（Sant Julià de Lòria）宣告成立，其办学宗旨就是在保留外来语文化的同时，大力提倡母语教育，为安道尔的母语教育和经济发展培养人才。安道尔大学在校生只有3,500人，世界排名位列10,000名左右。而且专业比较单一，主要有护理学、工商管理学、计算机科学和教育学专业，另外开设了高等职业教育培训课程。进入21世纪后，安道尔大学在护理学和计算机科学专业设立了两个研究生院并开设了博士课程。由于安道尔大学发展时间不长，其高等教育在坚持以加泰罗尼亚语教学的同时，还不断受到外来语文化的影响。

众所周知，安道尔全国人口有70,000人，其中30,000人属于安道尔人，仅占43%，其余的常住人口主要来自西班牙、法国和葡萄牙。因此安道尔人的母语教育与外来语文化一直处于相互博弈和相互影响的状态。虽然安道尔具有良好的正规教育系统，但不论是哪个级别的教育培训体系，学生都必须首先掌握母语即加泰罗尼亚语后，才可以进一步选择自己所使用的语言教育，中小学生可以从加泰罗尼亚语、法语或西班牙语三个不同的语言教育系统中进行选择，这三个教育系统可以让学生在学习上述三种语言后，继续学习英语和葡萄牙语。除了这三个语言教育系统外，还有不同的教会学校和私人国际学校指导学生参加语言课程培训，另外还为成人设立了基础成人教育中心进行语言教育培训。

6.2.2 母语教育与外来语文化的博弈

为了有效地解决母语教育与外来语文化之间的关系，安道尔大学并没有刻意追求加泰罗尼亚语在高等教育中的强势地位，而是根据本国国情和经济发展优势指导学生的语言教育。

图 6-1 安道尔城（Andorra La Vella）

图 6-2 安道尔大学（Universitat D'Andorra）

从 20 世纪 50 年代迄今，安道尔的旅游、商业及金融业发展迅速，成为经济支柱产业。该国的旅游业尤为发达，因属山地气候，冬季寒冷漫长，高山积雪一年可达 8 个月，因此成为欧洲名副其实的滑雪胜地。为此，安道尔大学的工商管理和计算机科学专业大部分课程以英语授课为主，同时还设有一部分法语和西班牙语课程，以有效地服务于安道尔旅游、商业及金融业的发展。

旅游业占安道尔 GDP 的 80%，为该国经济的主要来源，每年约有900 万游客因免税政策及冬夏两季的度假设施选择前往安道尔旅游。虽然近年来法国和西班牙在其境内实施经济改革，令安道尔失去一些优势，但作为免税天堂，其金融业地位十分稳固。因此，安道尔大学针对旅游和金融专业专门开设了高等职业教育培训课程，采用加泰罗尼亚语、西班牙语和法语的三语授课模式对旅游和金融领域的从业人员进行深入的培训。

图 6-3　高山峡谷之中魅力安道尔　　图 6-4　欧洲海拔最高的国家

安道尔的小型医疗体系十分完善，其医院不多，多以医疗护理机构为主，疑难杂症患者大多被送往附近的西班牙巴塞罗那和法国图卢兹的医院接受治疗或手术。因此，安道尔大学护理学院主要以加泰罗尼亚语教学为主，同时辅以西班牙语和法语教学，主要目的为当地居民提供一般性医疗服务和就诊。同时，为了更好地服务于本国的旅游业发展，安道尔大学还开设了部分亚洲语言课程。2016 年 6 月 9 日，西班牙巴塞罗那孔子学院与安道尔大学达成并签署了建立安道尔孔子课堂的合作协议，这标志着安道尔这个袖珍国家正式开启了中文教学的历史篇章。安道尔孔子课堂位于安道尔大学内，主要为安道尔的中小学教师、企业界和政府等提供中文语言服务，不仅开展汉语教学和文化交流活动，而且还与安道尔大学开展学术合作，为安道尔旅游服务业提供专业培训，为政府提供中文信息咨询和语言服务等。同时安道尔孔子课堂还将承办当地的汉语水平考试（HSK）、国际汉语能力标准化考试（YCT）考试以及汉语教师培训业务。安道尔大学在推动国际化语言发展与交流方面，为欧洲小国开辟了从本国经济出发，因势利导发展多语种教育的成功模式。

6.3　欧洲英语发展模式

6.3.1　欧洲英语现状

由于英语在国际上的通用性，在欧洲国家得到了广泛使用。目前除了英国和爱尔兰是以英语为母语外，其他欧洲国家都拥有自己的母语，但大多数欧洲国家，尤其是北欧和西欧等国的中学和大学都必须学习英语，其中大学英语语言教育一直是欧洲高等教育一体化的主要语言课程。在欧洲，当地居民学习英语主要是为了能与外国人交流和方便自己的出行，大多数欧洲人都能使用一种"夹生"的英语（Mixed English）与外国人交谈，从而使得英语的工具性语言作用日益突出。

在推广程度方面，随着欧盟博洛尼亚进程的推进，英语已成为不同国家交换生学习和教学的共同语言，大多数欧洲大学均设有英语课程，尤其在北欧的挪威、瑞典、丹麦、芬兰和冰岛，西欧的比利时、荷兰等国都将英语用作官方语言及日常交流的通用语言，而不仅仅是一门外语。即便是在中欧的德国、奥地利、瑞士和卢森堡等国，人们也没有将英语视为外语，而是将其视为一项生存和交流的主要技能。在南欧的西班牙、意大利、葡萄牙、希腊等国，英语被广泛应用于旅游业。东欧的捷克、匈牙利、波兰、塞尔维亚、罗马尼亚、保加利亚和俄罗斯等国虽然不太依赖英语交流，但其国际经济贸易的发展却离不开英语，由此可见，英语在欧洲的地位更像是国际普通话，而不仅仅是一门外语。从对外语的定义来看，外国语言指某一地区的本土居民不使用的语言或其他语言。基于这一点，英语在欧洲似乎属于外语，因为在欧洲只有英国和爱尔兰是以英语为母语的国家。从欧洲委员会 2001 年 11 月通过的欧洲共同语言参考标准（Common European Framework of Reference for Languages，CEFR）来看，大多数的欧洲人都能达到初级 A2 的水平，即他们能理解并能用英语进行基本沟通，例如能够用英语表达个人和家庭信息、进行购物、讨论区域地理和就业话题，能与人沟通简单而例行性的工作以及最贴近自己生活环境之中的事物等。

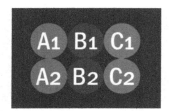

图 6-5　欧洲共同语言参考标准和等级（CEFR）

还有一种情况在欧洲也比较普遍，即一些欧洲国家的孩子自幼就学习一种以上的语言，他们也被称为双语人或三语人。这些孩子可以有两种以上的母语，而其中任何一种语言对他们来说都不是外语。例如，安道尔就是一个加泰罗尼亚语、西班牙语、法语三种语言并存的欧洲小国，安道尔的学生从小学到大学都要学习这三种语言。同时，由于安道尔独特的旅游和贸易发展需要，安道尔大学为全体国民提供免费的英语培训，并计划在以后的教育体系中将其纳入第四种交流语言。如果此项计划能够顺利开展，那么要不了多久，安道尔有望成为欧洲首个具备四语能力的国家。卢森堡（Luxembourg）也是一个三语国家，主要使用卢森堡语、法语和德语。卢森堡凭借其雄厚的教育投资，从 20 世纪80 年代就开始普及英语教育并且给予英语教师优厚的待遇。从欧盟委员会 2020 年度统计来看，卢森堡的中学和大学教师待遇排在欧洲第一位，教师的年收入达到 70,000 欧元。尽管卢森堡人通常被视为三语人，但随着英语在卢森堡的普及，英语在卢森堡已成为通用语而不仅仅是一门外语。此外，在东欧的捷克（Czech）和匈牙利（Hungary），由于其母语捷克语或匈牙利语无法与欧洲和世界其他国家的人们进行交流，因此两国都将英语作为大中小学的第二学习语言。在布拉格查理大学，英语的教学地位甚至超过了其母语捷克语。而在布达佩斯的大街小巷，你经常能听到匈牙利人在讲英语而不是匈牙利语。从第二语言与外语的区别来看，关键在于教育语境。虽然二者都不是母语，但第二语言指在学习阶段拥有语境的语言，而外语通常指在学习阶段缺乏语境的语言。因此，英语在这些东欧国家被视为第二语言，而不是外语。在南欧的西班牙、意大利和葡萄牙，英语的地位相对不那么乐观。由于西班牙语、意大利语和葡萄牙语在欧洲乃至全球拥有悠久的历史和深远的影响，这些国家往往注重维护母语的传统地位和国际影响力，因此从情感上排斥英语对其母语的冲击，不愿意将英语作为学校的必修语言，充其量只是将其视为一种选修语言。

6.3.2　欧洲英语与"外来语"

进入 21 世纪后，欧洲英语在一些国家被称为"外来语"。比如，全世界有 20 个国家、超过 5 亿人将西班牙语作为母语或第一语言；有 9 个国家、超过 2 千万人将葡萄牙语作为母语或第一语言；还有 28 个国家使用意大利语。从这些数据中，我们就可以明白为什么英语在这些国家不受欢迎。如果将英语与其他国家作为外语的标准进行比较就会发现，在西班牙、意大利和葡萄牙等国的旅游景点、交通场所和媒体等公共场合，你可能看不到英语作为公示语出现的情景，也就是说，在这些南欧国家，英语连外语的地位都难以达到。因此，笔者暂且将英语称为这些国家的"外来语"。从笔者所在的西班牙加泰罗尼亚地区的英语使用情况就可以看出端倪，加泰罗尼亚地区是西班牙的教育大区，但是中小学的必修语言仅限于加泰罗尼亚语和西班牙语，大学里英语的使用情况更是少得可怜，除了外聘的美英等国教授使用英语教学外，几乎所有的西班牙本国教师均使用加泰罗尼亚语和西班牙语进行课堂教学，就连欧洲其他国家的教师交换到西班牙大学进行教学科研也不得不"入乡随俗"。由此可见，英语在西班牙只是"外来语"，而不是传统意义上的外语。尽管英语在法国的地位较之南欧国家要稍好一些，但是法国人也有排斥英语、炫耀法语的情结，因为法语在欧洲和世界上地位较高，令法国人倍感自豪。世界上约有 1 亿人将法语作为母语，近 3 亿人在使用法语，另有 57 个国家和几乎所有国际组织都将法语作为官方语言，为了保持法语的纯洁性，很多法国人失去了学习英语的动力。随着欧洲博洛尼亚进程和经济教育一体化的发展，法国作为欧盟的经济和教育大国不得不承担起自己的职责，这才导致近年来英语在法国的普及和快速发展。法国的高等学校诸如工程师学校和商科学院等都会要求学生参加英语的托福和雅思考试，而且规定达不到一定的分数就不能毕业。也就是说，欧洲博洛尼亚进程和经济教育一体化使英语在法国逐渐成为第二语言。在中欧的德国，英语的发展状况就要好很多，由于德语在历史上地位较低，因此德国人没有形成在文化上排斥英语的自负情结，反而更乐于接受英语语言文化。另外，两次世界大战的失败经历也让德国人重新认识和反思自身的历史，从而虚心学习欧洲和世界其他国家的成功经验，这使得英语在中欧德语国家教育和经济领域占有重要的发展地位，成为名副其实的第二语言。在德国的基础教育和高等教育中，英语是必修课程，德国享誉世界的职业技术证书和工程师证书考试都可以用英语进行。欧洲博洛尼亚进程和伊拉斯谟协议也使得德国成为欧洲接纳交换生的大国，大多数的德国大学均采用德语和英语的双语教学模式，这也使得德国成为欧洲交换生数量最多的国家。北欧的挪威、瑞典、丹麦、芬兰和冰岛，西欧的比利时、荷兰等国都将英语作为官方语言，英语在这些国家的地位要高于第二语言。从传统上来说，北欧和西欧等国由于其自身的国际化发展需求，需要依赖英语来进行对外交流与合作，同时也要借助英语提升本国在教育、经济和贸易发展中的国际地位。因此长期以来，英语在这些国家的地位十分稳固，成为大学教育中与其母语并行的教学语言和通用语。也可以说，英语在这些国家已经逐渐成为通用语。

由此看来，在多语种的欧洲国家，我们不能简单地用外语来衡量英语的作用。由于这些国家在地理、历史和经济发展上存在着较大差异，英语也已经很难再被人们统称为外语了。在此，我们不妨用母语、通用语、第二语言和"外来语"来取代以往人们对欧洲英语的一般性称谓，这样也许更符合英语在欧洲的真实地位和发展趋势。

注释：

1. 沉浸式双语教学（Immersion Bilingual Education）：沉浸式教学是指利用虚拟现实技术，为学习者提供一个接近真实的学习环境，借助虚拟学习环境通过高度互动和演练来提升各项技能。此种模式要求用学生用所学第二语言／外语进行教学，本族语／母语不用于教学，以便让学生沉浸于目标语言的环境中。

2. 维持性双语教学（Maintenance Bilingual Education）：与过渡性双语教学一样，维持性双语教学模式，亦鼓励学校在学童上学之初使用其母语为教学语言。在学生渐渐适应后，将部分科目改用外语或学校的主流语言上课，但某些科目仍然采用母语教学，并着重教授学生母语文化与相关的语言运用。该课程模式的目的是让学生能维持双语能力发展，而不仅仅只用外语或主流语言来教学。

3. 过渡性双语教学（Transitional Bilingual Education）：过渡性双语教学主要是针对那些母语不是学校教学语言的学生。为了帮助这些学生在知识性科目上不会因语言能力有限而落后于其他同学，所以在学习初始阶段，这些科目会以学生母语为授课语言，然后逐渐降低母语教学的比例，当学生的语言能力足以适应主流教学环境时，就不再使用母语教学。因此，母语教学只是一个过渡期，其最终目标是使学生顺利适应学校主流语言的授课环境。

4. 双向性双语教学（Dual Language Bilingual Education）：双向性双语教学主要是促进来自不同母语背景的学生之间的融合并互相学习双方的语言及文化。采用这个模式的学校会将来自不同母语背景的学生共同组成一个班，分别用不同语言授课。有些课堂上则会有两位老师分别使用两种语言教学，以确保学生在继续发展自己的母语的同时也能够学习另一种语言。

5. 汉语水平考试（HSK）：汉语水平考试是为测试母语为非汉语者的汉语水平而设立的一项国际汉语能力准化考试，由北京语言大学汉语水平考试中心设计研制，包括基础汉语水平考试、初、中等级汉语水平考试和高等汉语水平考试。汉语水平考试每年定期在中国国内和海外举办，凡考试成绩合格，可获得相应等级的《汉语水平证书》。中国教育部设立了国家汉语水平考试委员会，该委员会全权领导汉语水平考试，并颁发汉语水平证书。截止到 2023 年底，全球共有汉语水平考试考点 860 个，其中海外考点 530 个，分布于世界 112 个国家。

6. 国际汉语能力标准化考试（YCT）：国际汉语能力标准化考试主要考查汉语为非母语的中小学生在日常生活和学习中运用汉语的能力。该考试以增强考生学习汉语的自信心和荣誉感为目标，遵循"考教结合"的原则，考试设计与目前国际中小学生汉语教学现状、使用教材紧密结合，其目的在于以考促教和以考促学。

7. 欧洲共同语言参考标准（The Common European Framework of Reference for Languages，CEFR）：欧洲共同语言参考标准是被国际认可的描述语言能力和水平的标准。在欧洲高等教育中，该标准已被广泛接受，并且正在被越来越多地运用到欧洲以外的全球范围内。欧洲委员会公开宣布该参考标准为描述个人的语言技能提供了良好的基础，是一种客观、实用、透明和机动的方式。2001 年，该标准首次由欧洲议会通过，此后几经修订，并以综合方式描述了语言交际的参考内容，包括交流所必需的能力、相关的知识及技能、交流的情形与领域，从低到高将学生的语言水平和所具备的实际交流能力进行了较为详尽的描述和定位。

8. 通用语（Universal Language）：通用语主要作为不同语言背景的人们之间进行交际的媒介，是交际时所使用的一种共同语。通用语可以是一个民族的本族语，从广义上来说，任何一种用于国际贸易或交际的媒介都是通用语，如汉语的普通话是中国不同民族之间的通用语，而英语则是国际间交际的最主要通用语。

第 7 章
博洛尼亚进程的欧洲大学课堂教育模式

7.1　博洛尼亚进程的欧洲大学翻转课堂教育模式

　　翻转课堂（Flipped Classroom）又称翻转教室，是一种全新的大学教学模式。2007 年起源于美国，随后陆续在欧洲大学使用，尤其受到欧洲私立大学的青睐，此类大学希望在与公立大学的竞争中借助翻转课堂吸引更多生源和提高学生的就业率。翻转课堂彻底颠覆了传统的教育过程，先由学生在家中观看老师或其他人准备的课程内容，到学校后学生和老师一起完成作业并且进行问题讨论。由于学生及老师的角色对调，在学校完成作业的方式也和传统教学不同，因此，现代教育研究称其为翻转课堂。

　　目前翻转课堂的核心概念大致包括由过去课堂上"老师说、学生听"的专业教育模式转为重视多面和多层次教育，将学习的主动性重新带回到学生的自主学习中。翻转课堂更看重启发学生的学习意愿，帮助学生建构自主学习能力，并认同和实现多元评价与多元价值。实现翻转教学的关键在于认同学生是学习的主体，充分发挥学生的天赋才能和社会适应性。随着 21 世纪欧洲博洛尼亚进程的发展，欧洲私立大学出于教育竞争、生源、就业等方面的考虑率先开始了翻转课堂的教育模式，如欧洲私立大学中，英国白金汉大学（the University College at Buckingham，UCB）、BPP 大学学院（BPP University College）、法国高等经济与商学研究学院（Institut des Hautes Etudes Economiques et Commerciales，INSEEC）、西班牙拉蒙尤以大学（Universitat Ramon

Llull，URL）和圣巴布罗大学（Universidad San Pablo，CEU）、芬兰阿尔托（Aalto University）大学、德国不来梅雅各布斯大学（Jacobs University of Bremen）、瑞典斯德哥尔摩经济学院（Stockholm School of Economics）等都相继在一些学科中开启了翻转课堂教育模式。

博洛尼亚进程发展 15 年来，"翻转课堂"的概念和模式不但影响了欧洲私立大学，而且扩展到了欧洲的许多公立大学。上课前让学生先看视频成为其中一种教育方法，欧洲大学形成了最适合老师和学生的课堂教育方式，造就"以学习者为中心"的现代教育技术课堂。

7.1.1　高等教育社会化引发欧洲大学教育变革

科技给大学教育带来的远远不只是教学范围的扩大和教学手段的提高，同时也让大学教育的本质发生了改变。欧洲许多新兴大学在发展中陆续创立了创新中心，其成立的目的就是打造一个持续发展的科技平台，以社会需求为导向，不断探索多样化的学习体验和创建各类创新平台。这样一来，教师、学生、校方的合作伙伴、就业市场和整个社会都被连接起来。大学教育不再是孤立的，而是与社会需求和发展紧密结合在一起。翻转课堂就是在这样一种环境下的教育模式变革，它重新调整了课堂内外的时间，将学习的决定权从教师转移至学生。在这种教学模式下，课堂内的宝贵时间能够使学生更专注于主动参与的、基于项目的学习，共同研究解决本地化或全球化的挑战以及其他现实世界面临的问题，从而获得更深层次的理解。教师不再占用课堂的时间讲授信息，而是要求学生在课前完成相关信息的自主学习。学生们可以看视频讲座、博客微博、阅读多功能电子书以及在网络平台上与其他同学进行讨论，还可以与教师进行多角度交流，他们可以在任何时间查阅和咨询所需要的信息和材料。在课后，学生自主规划学习内容、学习节奏、风格和呈现知识的方式，教师则采用讨论法和协作法来满足学生的个性化学习需求，旨在通过实践活动让学生获得更真实的学习体验。翻转课堂模式是博洛尼亚进程大教育改革运动的重要组成部分，它与混合式学习、探究性学习等其他教学方法和工具在概念上有所重叠，但共同目标都是为了使学生更加灵活主动地参与教学过程，提高学生的学习参与度。从翻转教育角度讲，互联网时代的学生可以通过网络平台学习丰富的在线课程，而不一定非要到学校来接受教师的传统面授教学。由此，欧洲大学将翻转课堂这一理念从大学的学科专业教育拓展至继续教育和终身教育，实现了高等教育服务社会的目的。

7.1.2　教学内容与媒体和技术教学动态结合

　　如何界定什么是翻转课堂并不重要，重要的是如何让学生从教育实践中获得收益。学生不需要了解教改的具体内容，因为知道太多反而感觉自己成了教学法实验的对象。尤其在新生刚入学的阶段，他们可能会以为学校教学就应该遵循某种特定的模式。如果过分强调教改，反而会引起学生的焦虑情绪。就这一点而言，作为欧洲私立大学的代表，英国 BPP 大学学院和西班牙拉蒙在大学的翻转课堂实践的成功做法值得借鉴。

　　现代教育技术改革的一个热点问题是高等教育改革到底是应该马拉车（教学方法引导技术应用）还是车拉马（技术引导教学方法）。对此，许多欧洲私立大学表达了自己的看法，现实的情况是技术改革正推动着教学方法的革新，如翻转课堂经常提到的一个改革模式是私立大学能较快适应教育技术的社会化功能。这些大学的社会化改革功能体现在教学媒体的替换、课堂教育新功能的增加等方面。比如过去学生可能通过提交论文来总结自己的课程知识，现在则可以通过让学生提交电子学术文章（Electronic Academic Articles）来重新评价和拓展整个课堂教学活动。欧洲大学的研究者认为没有哪种模式可以适合所有的老师。比如有的老师课堂上多采用小组讨论，有的老师课堂上更喜欢评论作业，有的老师课堂上倾向于让学生动手完成一些项目，但是老师的"顶层设计"理念是一致的，即如何将适合自己和学生和适合自己课堂的教学元素进行最为合理地搭配，使教学过程体现多元化的翻转学习方法。

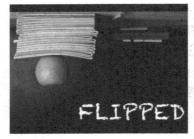
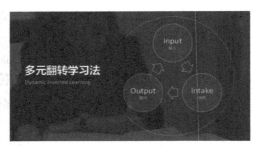

图 7-1　多元翻转学习法

7.1.3　发挥教师的顶层设计规划

　　许多欧洲大学要求老师每周罗列一个表格，把每周的教学目标、测评方法、教学内容、课堂教学活动、课后教学活动都一一列出来，然后看用什么方式去组合更合理。之所以把测评先于教学内容列出来，是因为这种设计体现了一种反向设计理念（Reverse Design），即知道你要达到什么教学目标，怎样才算达到目标（测评方式），你才可以知道如何去设计你的教学内容，而不是反过来被教学内容或者一本教科书所主导。在这方面，欧洲私立大学的翻转课堂模式体现了其教学设计的灵活性和独特性。

　　线上课程不断增加，现实中的课堂教学也在发生转变。过去，教室是教师讲授、学生听课的场所；现在，学生可以通过慕课平台或其他网络资源自主学习和探索，通过网络实验室在线搜集、分析数据。教室变成了小组交流、汇报和与教师讨论的场所。这种以学生自主学习为基础的翻转课堂和学生探索与教师指导相结合的混合学习方式（Blended Learning）使学生沉浸在探索与发现的乐趣中。欧洲大学的创新中心除了研究翻转课堂模式外，还开发了慕课新媒体实验室、在线学习实验室、ICT 信息技术教育实验室等。实验室广泛搜集公开发表的各类相关学科信息并形成大数据，通过对比分析这些数据，研究高等教育发展趋势，为欧洲新兴大学的翻转课堂提供数字化参考依据。诸如白金汉大学、BPP 大学学院、法国高等经济与商学研究学院、拉蒙尤以大学、阿尔托大学、不来梅雅各布斯大学、斯德哥尔摩经济学院等欧洲新兴大学教育模式中，翻转课堂只是其中一种学科教学模式，并不是必须的教育改革模式。在学校相关部门提供配套的培训和资源后，很多老师才开始在其学科尝试翻转课堂模式，他们并不一定都是技术教育教学的高手，也需要引导和培训。很多老师经过新的尝试后，逐渐成为翻转课堂教育模式改革的拥护者和实践者，成为 21 世纪欧洲博洛尼亚进程高等教育改革的重要力量。

7.1.4　博洛尼亚进程的欧洲大学翻转课堂特点

翻转课堂最初出现在欧洲新兴大学和私立大学，随着博洛尼亚进程的深入发展，这些大学为了追赶老牌和知名大学，率先开始了翻转课堂教学实践，取得了一定的成效，呈现出以下特点：

1. 教师和学生角色的转变

在以往的传统课堂上，学生往往被动地接受知识、奋笔疾书，在课堂上机械地记笔记，无法真正参与到课堂中来。整个课堂几乎成为教师的主场，学生仅仅是实施教学进程的配角。在这种课堂模式下，虽然教师尽心尽力、疲惫不堪，但学生却听得一头雾水。在这种传统课堂模式下，教学质量也无法得到保证。学生的参与仅限于教师的教授计划和课程安排，做好课前预习、课上听讲、课后作业，在考试之前做适当的复习即可完成相应的学习任务，然而由于学生缺乏主动性，学习效果往往达不到教师的要求。而在翻转课堂教学模式引导下，原有模式发生了革命性的改变。学生是课堂的主体，课堂是学生的舞台。学生利用课堂时间在教师的指导下将知识内化。在课堂上学生遇到不懂的问题也可以和小组成员讨论，大家集思广益、互相学习，协同合作解决问题。如果问题在小组内得不到解决，可以向老师请教。教师实时、恰到好处地给学生解难答疑，教师成为学生学习知识、解决问题、应用知识的促进者，教师的地位得以提高，成为学生学习的推动者、指导者、领航者。

21 世纪欧洲大学高等教育改革推动了博洛尼亚高等教育一体化进程，大学教师不再是课程学习的主导，而是由学生自己决定学习课程。

在这之前，学生需要清楚知道自己将来准备从事什么行业，当然这方面学生还可以向大学就业管理机构咨询。在学生确定自己将来所从事的行业之后，下一步要做的就是根据自己的职业生涯选择课程。选择课程之后就是与教师协调，制定学习计划。然后待这些准备工作做好之后就是课前的预习，因为这种模式下学生作为主导者要做的是自主学习，而课堂则是学生展示学习成果和向教师提出问题的地方。下课之后，自然不会有繁重的作业，知识的积累和课外实践都由学生自己来决定。教师和学生角色的转变能够使学生养成自主学习的习惯，深入探究所学的知识，形成自己的知识框架。翻转课堂让学生参与到实际的学习活动中来，通过体验式的方法加深对知识的理解。翻转课堂打破了欧洲大学以往的主题讲座授课方式，同时也超越了传统的协作式和研讨式学习模式，有利于学生在 ICT 信息交互环境下创造性地发挥思维潜能。

2. 课堂时间重新分配

在翻转课堂教学中，学生是课堂的主体，课堂上的大部分时间都由学生来支配。学生在充分的课堂时间里深入探究、内化吸收知识。相比之下，教师讲授时间相对有限，尽量为学生留出更多的课堂时间，让学生参与其中。传统的欧洲大学课堂教学模式主要是主题讲座授课方式，其次学生会结合教材和参考书进行一些针对性的课堂陈述。但有时候会出现教师讲授自己熟悉的知识，学生却模棱两可、理解不透彻的情况。

随着翻转课堂教学在欧洲大学的陆续使用，教师的讲授知识的时间被大大缩减了，留出的时间有利于教师有针对性地解答学生的问题。21世纪后，随着 ICT 信息技术在欧洲大学的普及，使得翻转课堂教学将传统意义上教师讲授转变为学生课下完成，学生可通过小组在线交流和参与大规模开放在线课程（MOOC），方便了学生之间的交流、讨论，有助于学生更加深入地理解知识、建构完整的知识框架和形成知识体系。同时，课堂时间的重新分配让老师有时间对学生进行针对性的辅导，并实施形成性终结性评价。实时进行形成性评价便于了解学生对知识的理解程度，提升课堂中的交互性。当然，这也便于教师有针对性地给学生提出合理的学习建议，帮助他们改进学习计划。而学生及时地了解教师对其课堂表现的评价，从而真实、客观地了解自己的学习情况和认知水平，可以查漏补缺，打下扎实的专业基础。可以说，21世纪欧洲私立大学翻转课堂的成功，源于在教师指导下学生高效地利用了课堂时间，提高了课堂效率，达到了创新教育的实践目的。

3. 学生的自主学习与合作意识增强

　　翻转课堂教学将自主权交给学生，学生根据自己的学习情况决定学习内容、学习时间、学习方式，为了有的放矢地解决问题，学生根据自己的选择来学习相应的课程。翻转课堂教学将学习变成一种主动认知和体验的过程，学生是学习的主人，享受着大学赋予的学习权利。不论是在线学习知识，还是参与课堂讨论中，学生都具有高度的学习自主权。翻转课堂教学将学习化被动为主动，学生的自主学习意识增强。比如在商科课程学习中，学生自己调研相关资料、研究案例。在学习新的经济或管理类理论时，如果学生碰到不懂的术语，可以自主进行网络在线资料调研，也可以视频咨询教师。选择哪种方式解决这个问题，完全取决于学生自己，从另一个方面看这无形中提高了学生的自主学习能力。在课堂以外的时间，翻转课堂教学在教师给定的教学目标指导下，学生通过网络小组互助学习，能够形成更强的合作意识和团队精神。有时学生可能会自动组成动态学习小组进行学术交流和研讨，通过在线研讨相互交流、各抒己见。通过智慧的碰撞产生创新思维，从而对知识有一种深刻、透彻的理解，并由此形成完善的知识架构。在学生相互交流的过程中，合作意识逐渐凸显。翻转课堂教学培养的学生毕业后，往往具有较强的自主性和创新创业意识。例如，学生毕业后具有选择就业或自主创业的机会，随着欧洲一体化的发展，创新创业日益成为欧洲大学生更为青睐的事业，而他们进行创新创业所需要的知识和技能，正是在翻转课堂教学中培养和提升的。在知识学习和实践能力发展的过程中，学生们知晓了自己该如何抉择，从而逐步实现自己的理想。学生创业单凭一己之力是远远不够的，寻找志同道合的同伴组成团队进行创业才能够开拓发展，这也是翻转课堂所倡导的理念，即将自主学习和合作意识有效地结合起来，成为事业发展的驱动力。

7.1.5 翻转课堂教学在欧洲大学中的应用特点

1. 西班牙大学多样化应用特点

近年来，翻转课堂的教学理念渗透到西班牙的一些公立和私立大学如巴塞罗那大学、巴塞罗那自治大学以及拉蒙尤以大学的教学活动中，学生在一种轻松活泼、灵活自如的氛围中学习知识。西班牙的大学课堂主要以西班牙语作为授课语言，在课堂上，学生是整个教学活动的主角，可以真真切切地参与进来。教师在授课的过程中，摒弃了呆板、单一的多媒体课件授课方式，更加注重研讨式和协作式相结合的教学过程。其间，教师和学生不断进行双向交流，整个教学更加多样化，而不是单向的知识输出。当然，在课堂上也有相应的团队学习活动或者讨论，从而推动整个教学过程的顺利进行。在课内外活动和讨论中，学生获取了知识、提高了技能。西班牙大学教师为提高学生的技能和鼓励创造性，开设了一些实践性较强的专业课程，并通过在线服务进行社会调研和要求学生提交可行性研究报告，如教师在讲到广告时，不仅讲授广告相关的理论知识，也会让学生参与到广告的社会性实践中。学生在学习了相应的广告理论后，教师会给学生预留实践作业，要求学生为某个产品设计广告并提交多样性方案，几天后通过在线课堂进行展示并加以讲解说明，鼓励学生将课堂上学习的理论知识运用到具体实践中以服务社会。

2. 法国大学的思辨性应用特点

翻转课堂在法国的大学中应用不多，但也取得了一定的效果。以往法国大学教师在授课时，学生比较注重动手记笔记，启发课堂思维的实践性活动较少。博洛尼亚进程发展 20 年来，法国大学在翻转课堂中注重培养学生的思辨能力，鼓励学生提出自己的见解和观点，如蒙彼利埃大学（Université de Montpellier）、图卢兹大学（Université de Toulouse）。在课堂上，教师担任引领者的角色，整合出所有书中难以理解、富有争议的命题以激发学生的思维能力，提出个人的见解和观点，然后为学生搭建一个在线课堂平台进行辩论。学生们通过在线研讨平台，对同一问题展开生动的辩论，从各种不同的意见中获得了启发性观点和思辨性结论。为了进一步提高学生的思辨性技巧，法国大学和学院还会定期举行教师之间的公开辩论活动，同时要求学生到场观摩学习，以探索学习各自的辩论技巧。在这种思辨性翻转课堂教学模式的熏陶下，法国学生的思辨性学习能力得以提高。这种以学生为主体、以辩论为依托的翻转课堂教学模式，使法国大学的学生们练就了演讲式学习的技能，为学生未来的创新创业和科学实践打下了坚实的基础。

3. 德国大学的互动式应用特点

德国大学的翻转课堂教学以学生为主体，教师充分调动学生的主动性，激发学生探求新知识的欲望，促使学生积极主动地思考并与教师互动。传统的德国大学授课方式分为讲座课、讨论课和练习课三种形式。近年来尤其是后疫情时代，这三种授课方式体现了翻转课堂的互动式应用特点，如慕尼黑大学（Ludwig-Maximilians-Universität München）、慕尼黑工业大学（Technische Universität München）、柏林大学（Universität zu Berlin）等传统老牌大学。其中，翻转课堂教学理念在德国大学的讨论课中体现出互动式应用的特点。在讨论课上，教师与学生就某个科研话题展开交互式讨论，达到了培养学生的创新思维和促进学术交流的目的。德国大学的翻转课堂互动式应用还体现在其多向性和协作式的交互应用上，学生比较注重课前的预习和查阅资料。随着在线图书资料的普及，学生可以不断查阅课程的相关资料，还可以延伸到社会和企业对课程的关注点，通过协作式学习和研讨，学生将自己的关注点带入到课堂讨论中，与教师进行互动交流，从而达到多向性和协作式解决课程问题的效果。同时，德国大学教师对翻转课堂效果的评估也是按照互动式应用效果来进行的。

4. 英国大学的小组式研讨

小组式研讨课堂在英国大学的教学模式中存在了几百年，如牛津大学、剑桥大学、爱丁堡大学等，讨论课的课时因辩论题材不同而相应地进行调整。通常讨论课的课时为 30 分钟到 1 小时不等，学生在 20 人左右。讨论课的方式也并非千篇一律，有时由教授引领讨论，有时则由同一专业的在读博士引领。讨论小组由 3—4 名成员组成，讨论课的展开形式也比较随意，没有刻板的条条框框。通常小组成员围坐在一起，老师提出一些问题或说明情况后，学生之间展开热烈的讨论。小组讨论结束后，由小组代表汇报讨论结果，老师根据学生在讨论过程中的表现和小组讨论结果进行评分及补充。随着翻转课堂在英国大学的逐渐应用，小组式研讨课在英国大学教学中也出现了一些新变化，小组式研讨提倡学习者对课程内容的主动探究，以项目研讨的方式进行深层次的在线协作和讨论，同时强调对学生知识内化过程的反思型评估，根据反思的效果来指导学生的小组式研讨课堂，以达到自主学习、小组研讨、课堂讨论、效果评估和反思教学的翻转效果。

7.1.6 欧洲大学翻转课堂的师生能力发展

1. 学生自学能力

自博洛尼亚进程以来，欧洲大学翻转课堂更强调学生在整体学习过程中的自主性和灵活性。学生需要根据自己的学习情况，有的放矢地准备学习内容、学习时间、学习方式，但没有绝对的自主性，学生在自主安排学习的同时，也要对自身学业以及未来的职业规划负责。另外，在欧洲大学翻转课堂教学模式下，学生的自学能力至关重要，翻转课堂的内容因人而异，每个学生的自学能力也不尽相同，因此自学能力的高低在一定程度上影响了课前知识的准备，进而决定了学生课堂学习的效果。由于翻转课堂课前知识的学习需要学生自学完成，学生需要借助网络在线资源和各种资料调研，因此把握好课前知识学习这一环节非常重要。学生要严格将课前知识的学习程度及效果纳入翻转课堂过程学习中。同时学生还应该拓宽学习途径，依据多种研讨方法或教学媒介获取知识，解决课前预习时遇到的问题。翻转的目的在于提高学生的自学能力，使他们不过分依赖教师，而是通过信息交际手段和协作式学习等方式拓展思维。如果学生缺乏自觉性，新知识的预习就达不到课前预习的效果，那么翻转课堂学习也起不到应有的作用，学生也就无法适应翻转课堂教学模式。因此，欧洲大学在实施翻转课堂时会尽可能地创造条件帮助学生自学，提高他们的自学能力，如西班牙大学的 ICT 网络学习过程、瑞典大学的灵活学习模式和卢森堡大学的网络信息化媒介学习等，都是为提高学生的自学能力服务的，从而保障翻转课堂的实施效果。

2. 教师课堂控制力

随着欧洲大学交换生规模的不断扩大，翻转课堂教学模式也不断发展，教师逐渐成为学生创新学习的引领者。教师对课堂控制力体现在其对学习情况的分析能力、课堂辅导能力、课堂协调能力和课堂把控能力等，这也是欧洲大学教师教育的要求和标准。在翻转课堂教学模式下，教师通过展开话题将学生带到创新思维的模式中，学生在教师的指引下开动脑筋，自主、灵活地研讨和学习知识。教师需要不断提升课堂把控能力，让学生融入课堂，积极参与课堂活动。如果教师难以调动学生积极性或学生不愿开口发表自己观点，则说明教师的课堂控制力还有待提升。按照欧洲大学教师教育的评估要求，教师需反思和改进课堂控制效果，积极有序地开展课堂活动，提高课堂教学质量。随着欧盟伊拉斯谟交换生协议在欧洲各大学的逐渐实施，交换生模式对欧洲大学翻转课堂教学效果也提出了新的要求。

3. 综合能力

就综合能力培养而言，欧洲大学翻转课堂模式体现了以下特点：

第一，欧洲一体化的发展和现代社会的终身学习理念加快了翻转课堂模式在欧洲公立和私立大学的普及，而信息化时代，学生获取和应用信息变得更为便捷，从而也促进了学生以目标为为导向学习知识，对培养学生的综合能力具有一定的作用。从欧洲私立大学的应用来看，欧洲大学翻转课堂模式注重学生的角色转变，提倡学生学习的自主性和主动性，着力培养学生的综合知识和能力，同时让学生对学校专业划分有了一定的了解。在第一学年结束之后，学生可根据自己对专业的了解，自主决定选修的课程以及将来从事的职业方向。当然，学生也可以去校内的就业事务处咨询专家。在学生确定自己的未来职业规划后，可根据自身职业生涯选择课程，并通过课程学习和实践提高综合能力。如奥地利的维也纳大学（Universität Wien/University of Vienna）每学期都会举办公司和企业的就业规划咨询会，由企业和公司代表来校对学生的未来职业和选修课程进行指导，无形中提高了学生选课的针对性。

第二，学生自主选择课程的方向必然是自己的兴趣所在，这也必然会使学生压力减少，更容易在该课程学习中有所建树，从而培养和提高自己的综合能力。例如，西班牙私立大学拉蒙尤以大学的学生对商科的很多课程具有极大的兴趣，学校可充分利用各种信息资源，为学生提供自主学习所需要的丰富资料，不断培养学生对课程的兴趣，而翻转课堂模式的应用则可以引导学生从商科的调研和研讨入手，逐步培养自己的服务管理能力，以实现学生未来的职业理想。同时，翻转课堂模式所提倡的团队意识也带动了学生的合作意识和自主学习意识，这些隐性知识对学生后期的职业发展具有一定的实践价值。第三，欧洲大学翻转课堂模式所提倡的学生自主决定、自己实施的理念会不断丰富学生的人生经历以及培养其优良的品质。通过教师和学生角色的转变，能够养成学生自主学习和探究知识的习惯，构建自己的知识框架。在翻转课堂中，学生有机会参与到实际的学习活动中来，体验不同的学习方法，有利于发挥学生的创造性思维。但是翻转课堂模式对于部分基础知识较薄弱的学生也是一种挑战，由于课外自主学习的教学模式并不利于他们系统地掌握知识，如欧盟伊拉斯谟协议所规定的交换生和国际学生，由于语言障碍和其他因素，他们可能会比本国学生遇到更多的困难。在此种模式下，这部分学生要付出更多的时间精力，但毋庸置疑的现象是翻转课堂所倡导自主式、参与式、体验式、探究式、合作式和反思式学习方法正不断吸引着交换生和国际学生，因为翻转课堂模式可以不断激发学生的学习兴趣，点燃学生的热情，进而不断提高学生的综合能力。第四，欧洲大学翻转课堂模式在一定程度上是与企业和公司共同开设的课程，如西班牙巴塞罗那自治大学与凯克萨银行（Caixa）开设的商科课程、慕尼黑大学（Ludwig-Maximilians-Universität München）与西门子公司（Siemens）开设的电气工程课程等，这些课程对增强学生的自主学习意识、研讨意识、团结协作意识等综合能力具有一定的作用，使他们在走出校门后能尽快融入社会和企业中去。

7.1.7 欧洲大学翻转课堂的局限性

由于实施翻转课堂的大学主要是一些新兴大学和私立大学，并且欧洲大学赋予教师较大的自主教学权利，因此在实施翻转课堂模式的过程中也出现了一些问题和教学局限性：

1. 学生自学能力不尽相同

正如前述所提及的，翻转课堂将自主权交给学生，学生根据自己的学习情况决定学习内容、学习时间、学习方式。在这种教学模式下，学生的自学能力至关重要，每个学生的自学能力都不尽相同。自学和协作能力的高低在一定程度上影响着课前知识的学习，而这正是翻转课堂非常重要的一个环节，课前知识的学习程度直接影响课堂学习效果和质量。如果学生缺乏一定的自学和协作能力，过分依赖教师的讲座，就会出现新知识学不进去或课前知识的学习达不到应有的效果，就无从适应翻转课堂教学。正因如此，欧洲大学在实施翻转课堂时，总是尽力创造条件培养学生的自主和协作学习能力，以激发学生的创新思维能力。

2. 传统讲座式教学方式根深蒂固

欧洲大学传统的教学方式为讲座方式，大部分学生已习惯于教师的课堂讲座形式并通过听和记笔记来了解和习得新知识。随着翻转课堂模式的实施，有些学生和家长对其效果并不认可，部分自主学习能力比较薄弱的学生甚至一时之间无法适应翻转课堂的教育创新。而一些性格比较内向的学生也不愿更多地自我表现，而是比较倾向于传统的教师讲座方式。如意大利威尼斯大学（Università Cafoscari Venezia/Cafoscari University of Venice）的商科和语言学专业在实施翻转课堂模式时，就不得不考虑到交通问题对学生自主学习时间的影响，由于威尼斯大学的各个学科和学院分布在不同的岛屿，学生只能将大量时间耗费在乘船上旅途中，从而给教学带来了一定的影响。因此，威尼斯大学在综合考虑实际问题后，还是回归到传统的教师讲座和 ICT 信息交互相结合的方式，以期在有限的课内外时间给学生带来更多的专业知识。

3.教师课堂控制能力因人而异

在翻转课堂模式下,教师成为学生学习的领航者,翻转教学进展对教师的分析能力、课堂辅导能力、课堂协调能力、课堂把控能力都提出了较高的要求。在翻转课堂教学时,教师需组织教学活动的开展,引导学生积极参与。如果教师调动不了学生的积极性,就说明教师的课堂控制能力没有达到预期的效果。因此,欧洲大学对翻转课堂下教师的基本要求是尽力使学生的课堂活动积极、有序的开展,从而提高课堂教学质量。但教师课堂控制能力也因人而异,导致翻转教学的实施不同程度地遇到了一定困难,具体来说,可以概括为以下三点:第一,现代社会日新月异,是一个终身学习的社会,翻转教学下的协作学习模式不见得适合每个人,但以目标为导向的学习方式在现代社会中还是占据了主导地位。第二,学生自主选择的课程方向必然是自己的兴趣所在,这样有助于学生压力的减少,更容易在该行业中有所建树。因此,并不是所有学生都会选择翻转教学课程。第三,学生自主学习和协作学习的模式会提升学生的适应能力,而对于能力相对较弱的学生,则会带来一定的挑战,以课外自主学习为主的教学模式并不利于所有学生系统地掌握知识,部分学生在翻转课堂的模式下要付出更多的时间精力。另外,欧洲大学的一些课程并没有建立慕课(MOOC)学习平台,在某种程度上也影响了翻转课堂的教学效果。总体而言,欧洲大学的翻转课堂大多开设在文科课程中,而在理工科课程中则相对较少,这也是欧洲一体化大学教育的理念,即尽量为学生的学习创设一种宽松的学习环境。总之,博洛尼亚进程的欧洲大学翻转课堂所倡导的理念是自主式、参与式、体验式、探究式、合作式和反思型学习模式。翻转课堂教学不仅激发了学生的学习情趣,还有助于学生提高自学能力与合作意识,为欧洲大学的一体化教育改革进行了有益的探索。

7.2 ICT 网络教学与博客化教学发展创新

7.2.1 欧洲大学 ICT 网络教学发展

1. ICT 网络教学

进入 21 世纪后，网络技术的迅猛发展与普及极大地影响了人们的学习和生活，掌握基本的网络知识和技能已成为当今社会人们不可或缺的技能。伴随着计算机网络技术的迅猛发展和普及，ICT 迅速渗透到欧洲大学的教育领域，引发了传统教育的变革，其在线课程教学作为一种便捷、交互、与时俱进的课程形式也应运而生。ICT 网络教学利用信息通信技术，通过现代化软硬件、网络平台、交互界面等方式改变了传统的教学方式，更加符合现代社会的需求。该课程旨在充分利用网络资源和种类多样的开放式学习系统，为学习新知识的学生和老师提供获取教学资源、查阅资料、在线交流等机会。学生通过网络可以查阅资料、自学教学视频并获取知识。利用 ICT 网络技术能充分发挥教师和学生的主观能动性，提高学习效率，达到最佳的教学效果。同时还可以通过网络平台、交互学习界面补充课堂学习的不足。ICT 网络教学改变了人们对于获取知识根深蒂固的观念，书本也不再是知识的唯一载体。总之，ICT 网络教学对推动欧州高等教育一体化改革和实施交换生教育影响是巨大的。

2. ICT 网络教学特点

ICT 网络教学的突出特点是现代信息技术与传统课堂的有机整合。该教学模式以现代教育教学理论为依托，将学生作为课堂的核心，充分发挥学生的积极自主性，借助信息交互的网络平台、丰富的教学资源、新型的教学模式以及创新性的教学环境，突破传统单一的教学模式，打破了教学环境和教学资源的时空限制，使教学更加自主化、新颖化。从而改变了老师是课堂的主导，老师讲解知识、学生被动接受的传统格局。ICT 网络信息教学使学生有机会从之前被动接受的学习转变为积极主动的学习，激发了学生的思维，培养其创造性。教师也从传统的知识讲解员转变为现代信息技术支持下的自主学习的指导者、领航者，在一些欧洲知名大学如帝国理工大学、巴塞罗那大学、巴塞罗那自治大学、里斯本大学（Instituto Universitário de Lisboa/Lisbon University Institute）、乌普萨拉大学（Uppsala University）等，ICT 网络信息教学在一些学科领域还取得了显著的应用效果，彰显了现代信息技术对教育模式的交互作用。其主要特点如图 7-2 所示。

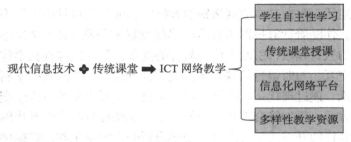

图 7-2

7.2.2 欧洲大学 ICT 网络信息教育特点

1. ICT 网络课程在线讲授模式

ICT 网络课程在线讲授模式可分为线上和线下的一对一模式（O to O）、线上和线下的一对多模式（O to M）、线上和线下的多对多模式（M to M）等三种。线上和线下的一对一模式（O to O）最常见的表现形式就是一名教师通过网络课件等多媒体工具向一名学生提供个性化指导，当然也可扩展为教师与学生之间或是教师与教师之间的远程交流。这种模式虽然与传统教学方式比较相似，但已经有了质的飞跃，即至少解决了时间与空间的延伸问题。例如，欧洲大学的远程教育和交换生教育的学生由于分布在不同国家，教师教学可通过此种网络在线模式来实现，教师与学生在时间、空间的不统一性亦可通过录制视频的方式来解决，如西班牙远程教育大学（Universidad Nacional de Educación a Distancia）的学生就属于此类模式的受益者，学校定期通知跨学科学生和交换生接受线上和线下的一对一教学。线上和线下的一对多模式（O to M）则是教师将自己的讲座课件发送给多名学生，或者通过通讯软件进行视频会议即可达到以往课堂讲座的效果，教师也可将自己的讲座内容放在公共网络平台上供学生学习和研讨。瑞典乌普萨拉大学对于学生选课人数较少的小班授课便采用此种教学模式。线上和线下的多对多模式（M to M）进一步扩展了教师与学生交互的模式，课程的参与者都可以将把自己的观点和见解发布到互联网平台上，同时又在互联网平台上也可学习其他人的观点，如巴塞罗那大学、卢森堡大学（University of Luxembourg）在实施多校区教学时就采用了线上和线下的多对多模式，有效地解决了学生分散的教学问题。

2. ICT 网络环境下学习途径多元化

ICT 网络教学在传统教学模式的基础上，融入多媒体与计算机网络、数字化教室、交互式白板、网络平台等技术，以满足不同的教学和学习群体需求，提高了课堂教学效率。学生的知识获取不再局限于单一的面对面（Face-to-Face）课堂，还可以借助在线学习资源（Online Resource），运用不同的媒体与信息传递方式实时在线学习和研讨。学生也可以通过教学互动平台实现与教师的互动。教学互动平台由教师、学生、管理员参与其中，教师可以根据课程进度和学生对知识的掌握情况，实时发布一些符合学生自身情况的题目给学生，引导学生学习，加强知识的更新。学生则可以根据教学平台查看老师布置的作业，同时可以利用平台的学习辅助功能自主学习。学生通过网络平台提交作业，通过系统评判后，将作业评估情况反馈给学生和教师。学生可方便、快捷地了解自己的作业情况，以巩固所学知识。老师可以通过教学平台检查和管理学生作业，根据学生作业完成情况制定新的教学计划或针对之前的教学计划作出合理的调整。另外，学生也可以利用网络课程平台，结合明确的学习目标和任务探索丰富网络教学资源。ICT 网络信息教学突破了时空限制，使学习和研讨在任何时间、任何地点都可以进行，其教学资源可以满足学生的不同需求，使教学和学习更加人性化、自主化。学生遇到问题时可以给老师发邮件寻求答案，也可以通过交流平台、聊天室、BBS 论坛等与教师或同学进行研讨。ICT 网络课程平台给教师和学生提供了在线交流学习的机会，在学习知识的同时，培养了学生的创新思维能力。同时，丰富的 ICT 网络教学资源也有益于锻炼学生的创新创业能力、培养学生的自主学习能力，使知识的学习转变为积极的认知与探索过程。

3. 强调体验式学习

ICT 网络教学对欧洲大学传统的讲座式教学模式提出了挑战，强调学习过程中的体验。学习是一种动态的过程，ICT 网络教学所倡导的对知识的体会、理解、感悟、消化、吸收的理念为探究性学习、自主学习、合作式学习等提供了体验式学习的具体表现形式。体验式学习学到的是活的知识而不是呆板的理论，ICT 体验式学习站在学生的角度，以学生为中心，激发了学生主动学习的动机和兴趣。学生在快乐的心境下学习知识，提高了教学效率，增强了学习效果。体验式学习学到的是一种隐性的、潜在的、创造性的知识，为学生的隐性知识向显性知识的转化提供了便捷的途径。在任何 ICT 网络教学所提倡的体验式学习课程中，参与团队起到了较大的作用，团队活动鼓励参与者投入到学习的过程中，并让学生和教师成为合作伙伴，高度参与成为体验式学习的最大特色，通过游戏、角色扮演、模拟练习和案例讨论等促进了学生的认知体验，为他们的创新创业提供了多样化途径，如西班牙大学所提倡的语言教育的网络游戏学习理念（Aprendizaje Basada en Los Juegos Online）就成为 ICT 网络教学环境下体验式学习的成功案例。

4. ICT 网络信息教学在欧洲大学教育中的应用

欧盟委员会 2020 年颁布的《数字教育行动计划》（Digital Education Action Plan）指出，将 ICT 引入高等教育体系赢得了欧洲大学家长、教师协会以及政府的支持。根据社会需求的变化，学校应该适当地调整教学方式和教学内容，以获得社会的认可。对于成长于 21 世纪的"数码一代"来说，学校教育需要与时俱进，适应"数字时代"的需求。可见，大学教育有助于推动 ICT 信息化教育的发展，ICT 网络平台有教师管理和学生权限设置，学生只要登录就可以进入交互式信息平台进行探究式学习。教师和学生则利用网络教室这一平台讨论课程、分享资料、解答疑惑。在意大利威尼斯大学，其 ICT 网络信息教学发展在欧洲独具特色。由于威尼斯大学的各个学院分布在威尼斯的各个岛上，跨学科教学十分不便。因此，每个岛上的教室里都配有电脑、白板、信息交互切换设备等数字化教学辅助设施，为 ICT 网络教学提供了设备保障，学生可以在各个岛上方便地连接校园网络进行视频教学，从而避免了由于地理位置的不同而造成的教学限制。同时，学校图书馆的微机、打印机、扫描仪、复印机等设备均免费对学生开放，电子期刊和学术文献资料数据库也得到及时更新，为学生的自主学习提供了极大便利，ICT 网络教学也使得教师与学生之间的沟通与交流不再受地域、天气等因素的限制。英国帝国理工大学率先倡导 ICT 学习和教学的灵活性，新的教学技术和计算机辅助学习管理系统等设施促成了新颖的教学模式。图书馆藏书丰富、检索技术先进，有利于 ICT 网络教学和博客化教学的开展。图书馆的校园技术服务为学生提供了广泛的电子学习资源和免费资料，实现了图书馆和校园网络一体化教育的模式。

5. ICT 网络教学存在的问题

ICT 网络教学给欧洲大学的学习者带来诸多好处和便利的同时，其在教学中存在的问题也不容忽视。不可否认的是，ICT 网络教学对学生的终身学习产生了深远影响，但也存在着教师不能够实时、有效地了解学生的学习状况，即使 ICT 网络教学实现了师生通过网络平台的互动交流，解读或讨论了一些研究难点。在当前的技术条件下，ICT 网络教学还达不到计算机智能化管理的完美应用，教学管理过程相对比较松散，很难做到对学生听课和学习情况的全程监控和管理，目前欧盟委员会尚未出台 ICT 网络课程质量的评估准则，其发展前景和实践效果不容乐观。

1）ICT 网络教学的认知教育

ICT 网络教学的性质特征决定了教师和学生之间时空分离，学生只能通过网络平台向教师学习知识、进行网上互动，缺乏近距离的真实相处和学习，难以形成感情上的亲近，这样教师就很难做到从自身教学或科研认知出发，影响学生的学术发展。同时，学习不仅仅是单一的知识传授，更重要的是教会学生研究方法和创新思维能力。欧洲大学的研究者发现在传统的讲座式教学中，教师可以一边向学生传授知识、一边通过自己的亲和力言传身教，引导学生形成正确的学术研究方向，为学生未来的创新创业打下基础。而 ICT 网络教学环境下，由于教师和学生时空分离，并非真正的面对面教学，教师在某种程度上也无法影响学生的学习和研究方向，因此无法系统地培养学生的终身学习能力。

2）ICT 网络教学管理

在 ICT 网络教学环境下，教师很难管理学生。因为教师和学生时空的分离，不能做到真正意义上的面对面教学，教师无从了解学生是否在认真听课，也不了解学生的听课反应。如果学生自制力不强，容易出现放任自流的现象。虽然 ICT 网络教学带来了很多新知识，但是如何将学生不断积累的知识应用到创新研究中去也是值得商榷的问题。在当前的技术条件下，ICT 网络教学还达不到计算机智能化管理的效应，教学管理过程相对比较松散，很难做到对学生学习过程的全程监控管理。另外，ICT 教学资源的管理、开发和使用机制大多由公司开发并提供学习资料、在线课程等网络资源，而大学在线购买学习资源的资金也成为一个主要问题。

目前，欧洲一些大学通过电子学习积分来购买网上学习资源，ICT 资源供应商再到政府特定部门将电子学习积分兑换成企业的发展基金，这种方式保证了网络资源供应商和大学间的平等市场机会，但对于一些私立大学和资金来源困难的大学发展 ICT 信息化教育则带来了难度。

3）ICT 网络课程质量不容乐观

尽管信息技术教育与大学学科课程整合后促进了欧洲大学信息化教育的迅速发展，但 ICT 网络课程的课程质量不容乐观，信息技术课程整合难以深入。不少 ICT 网络教学只是通过现代信息技术将传统课程原封不动地搬到网上，教师授课的形式与之前相比并未发生根本性变化，只是以前是面对面给学生讲课，现在则沿用信息化教育方式异地在线授课。和传统的教学模式一样，学生仍旧是被动接受知识，未能充分发挥主观能动性和潜力，因此对于如何促进学生批判性思维的形成、鼓励学生协同工作、主动获取知识和独立解决问题等方面探索也不够。

4）ICT 网络教学的等级标准

目前欧盟尚未出台统一的 ICT 网络信息教学标准，多数国家按照自己的实际情况制定标准，如英国教育部 2012 年出台的《ICT 应用于学科教学的教师能力标准》（The Use of Information and Communication Technology in Subject Teaching）将网络教学分为八个等级。第一，使用文本，图像和声音表述；第二，创立、修改、保存、检索文件工作；第三，正确查找、使用存储的信息；第四，对于不同来源的信息进行添加、修改和综合编辑；第五，以不同方式组织、提炼和演示信息；第六，从听众的角度理解演示信息；第七，挑选、使用与工作相适应的信息系统；第八，根据具体任务独立选择适当的 ICT 工具和对软件包和 ICT 模型进行评估，分析它们的开发使用环境，评定其功效和易用性。以此标准为例，欧洲大学的网络教学还主要停留在组织、提炼和演示信息以及与相应的信息系统交互使用的阶段，但大多缺乏对 ICT 模型和功效进行评估和改进。不可否认的是，21 世纪欧洲高等教育一体化发展使 ICT 网络教学已经成为大学教育的主流趋势，其发展也会随着科技进步不断完善，因为科技的发展总处于一个发现问题和解决问题的过程中，而这些方面的不断改进最终又会形成一个质变，最终达到培养学生独立获取知识的能力和批判性思维的目的。

7.2.3 博客化教学发展创新

1. 博客化教学的兴起

欧洲大学信息化教育一直在发展、创新中不断推进。由于传统教学对教学时间、地点存在限制，教师的教学与学生的学习都受到时空的束缚。随着现代信息技术的飞速发展，博客的普及成为适应当前教育教学活动和提高教学效率的手段之一。在博洛尼亚进程推动下，欧洲大学逐渐将教育教学融入到博客化教学中。从而打破了时间和空间的限制，拓展了教师发展的维度。同时，博客化教学还使教育教学活动更具有个性化、包容化、创新化，教师可以随时随地分享自己对教育心得，甚至可以将自己的教学设计、教案上传到博客，供大家分享、交流。教师将自己的教学经历和教学心得发表在博客上不仅是对教学和学术的回忆和认知，而且是一种动态的教学反思，教师会思考教学过程中不足和亮点在哪里，如何推广发扬优点。教学的不足之处如何进行改进、创新，如何将自己的教学方法不断完善从而提高课堂教学效果，提升学生的创新能力。通过博客，教师之间也可以交流、合作。在博客上，老师们可以对同一主题展开讨论，突破时间、地点的限制，调动不同老师的思维和知识储备，互相启发，激发出创新的观点。教师间博客化交流有助于教师的专业化建设，促进教学课程的科学化研究。学生也可以通过博客在不同时间、地点学习不同的教学资源，当遇到教学和研究问题时也可以通过博客向教师询问。同时，学生之间也可以通过博客相互交流、学习。学生可以分享自己对某个学习问题的思考和看法，大家互相交流，共同进步。教师与学生都可以平等地交流，然后在博客和推特上分享各自观点。

2. 博客化教学特点

教师通过博客可以分享教学资源，写下自己对教学的感受，记录自己的教学方法、课堂情境和教学过程中遇到的疑难问题。同时也在博客上进行教学反思，思考在教学过程中如何进行改革创新，以期将自己的教学方法不断完善，提高课堂教学效果，推动学生成绩的提升。

在博客化教学中，教师与学生、其他教师、学生家长联系更加紧密，交流更加频繁。欧洲大学实施博客化教学有效推动了教师专业化队伍的建设，有利于提升课堂效率，培养学生的团结合作意识。

1）博客化教学提升了教师与学生的心理交流

博客化教学便于教师与学生的心理交流且不受时间、地点的限制，学生可以随时随地和教师互动交流。在传统教师面对面授课的形式下，有些性格比较内向或基础知识比较薄弱的学生缺乏向教师提问的勇气，对于教师教授的课堂知识模棱两可却不愿提问。长此以往，学生的问题会越积越多，形成学习或研究上的心理障碍，影响知识体系的建构。而博客化教学则为教师和学生的心理交流提供了平台，学生可以抛却心理障碍，积极主动地与教师交流，向教师请教疑难问题。通过博客，教师与学生的交流更加直接、及时。教师也能够了解学生的知识掌握情况，对症下药，给学生提供针对性的学习建议，有利于因材施教。在教师与学生博客化交流的过程中，教师会思考自己的教学方法和教学内容，对于教学中存在的问题及时修正，实现教学相长。欧洲很多大学的知名教授都有自己的博客并将其用于教学和科研。当然，在这方面欧洲的顶级大学做得更好一些，如牛津大学、剑桥大学、帝国理工大学、巴塞罗那大学、巴黎大学等，这些大学的教授们通过博客或推特对学生进行教学和科研指导。

2）博客化教学便于教师与教师的交流

博客化教学打破了教师之间面对面的小组对话和讨论的格局，也突破了传统课堂的时空限制，教师之间可以不限时间、不限地点通过博客对某一主题进行交流和讨论，教师可自由发表自己对学术问题的看法，如教师在博客上看到某位教师在某个时间发表的观点或提出的某一学术主题，都可以采用跟帖的方式阐明自己的学术观点。博客化教学使教师与教师之间的交流更加方便和快捷，也促进了教师与教师的认知交流，且突破了地域限制。欧洲不同国家和地区以及不同大学之间的教师可以交流思想、分享教学和科研感悟，有利于提高教师的专业化水平。博洛尼亚进程也对欧洲大学之间的教师交流提出了要求，大学教师会定期交换到不同国家进行学术交流和工作，时长为半年到一年时间，而博客化教学的普及更便于教师间科研和学术交流的进行。

3）博客化教学促进了教师与家长的交流

博客化教学使教师、学生、家长都能参与到大学教学活动中。相比传统的教授治校模式，教师与学生家长通过博客沟通，为家长了解学生的在校情况提供了一种高效的途径。对于学生的教育而言，家庭教育和学校教育都至关重要。目前欧洲的传统老牌大学仍然保持着家长和教授共同治校的传统，为了让学生家长了解学生的学习和科研情况，学生家长和学校的联系已成为欧洲大学创新教育的重要方面。因时间、地点或其他方面的限制，家访或校访并不能充分地交流与沟通学生的情况，教师也不能及时将学生的在校情况反映给家长，传统的电子邮件沟通方式也存在信息的滞后性问题。博客化教学的出现，使教师与家长的交流突破了时间和空间的限制，成为 21 世纪欧洲大学家校联系的新桥梁。

4）博客化教学便于培养学生的合作意识

博客化教学便于学生与学生的交流，从而为学生提供交流的平台。学生可以通过博客提出问题、与其他同学交流和讨论，更深入地探讨问题。在交流讨论过程中，学生受到启发后对问题有了新的理解和认知，如欧洲私立大学的微课设计就将博客化教学引入其中，学生通过博客将兴趣引导、探究认知和课件展示等过程设计成微课并进行交流和展示。博客化微课交流不仅促进了学生之间的合作化学习，还有助于培养学生的团结合作意识。博客化教学在具体教学情境中的实施会面临诸多挑战。在知识不断更新的时代，学习和创新是进步的关键。博客化教学符合欧洲高等教育一体化的时代特点，有利于培养学生的学习能力和合作意识，能够推动教学活动灵活多样，激发学生去思考。同时，博客化教学也打破了时空限制，有助于促进教师与教师、教师与学生、教师与家长、学生与学生的交流。但是作为网络信息化教学的一种模式，博客化教学也具有一定的局限性。由于博客的个性化发展特点，很难使其与大学教育教学达到完美的融合。如何促进博客化教学发展、探索更加高效的博客化教育教学模式也成为欧洲高等教育一体化深入发展的新挑战。

7.3 欧洲大学合作教学模式

7.3.1 合作教学模式的运行

合作教学（Co-Teaching/Collaborative Teaching/Cooperative Teaching），就是共同教学。教学模式是在一定教学目标、教学任务的指导下，教师和学生组织起来形成一种密切的合作关系。合作教学模式包括教师与教师之间、教师与学生之间、学生与学生之间的合作。该模式强调合作意识和团队精神。现代欧洲大学合作教学模式摒弃了过分强调学生竞争意识和竞争能力的教学模式，强调竞争与合作相互依存。合作是人类社会生生不息的不竭动力，推动人类社会向前发展。当然，合作教学模式能够促进教师与教师之间、教师与学生之间、学生与学生之间的交流，有利于提高教学质量，共同进步。如果教学中过分强调竞争，忽视合作既不利于学生的成长，也不利于教师的发展。为了促进学生的学术进步和教师的专业发展，合作教学模式打破了传统的教学模式，力求发掘教师与教师之间、教师与学生之间、学生与学生之间合作的无限潜能，提高课堂教学效率。自博洛尼亚进程以来，欧洲大学合作教学模式致力于建立一种和谐、民主、互助、友爱、合作的教学和研讨氛围，使教师与学生在合作教学中共同进步，其合作教学具有以下特点：

1. 教师与教师的合作

根据教学任务和教学目标，同一年级同一科目的教师之间可以分享教学资源、探讨教学方法。遇到教学中的重点、难点时可根据自身的教学经验交流各自观点。通过交流和讨论形成有利于学生接受的教学方式，从而使学生更好地掌握知识、改善教学效果、提升创新思维。教师之间在合作过程中通过互相交流课堂反馈，不仅能够发现自己教学过程中存在的不足，而且更能理解学生课堂学习中的薄弱环节，有针对性地给予辅导，该合作过程有利于课堂反思。教师与教师的合作也体现在教学观摩过程中。通过一位教师在课堂上给学生讲解，其他几位教师则通过听课的形式记录学生的课堂表现和教师的教学情况。之后，教师之间通过交流、讨论，指出亮点和不足，发现学生的差异，有利于因材施教，制订下一步行之有效的教学计划。长此以往，教师的专业技能和教学水平得到了不断改进，教学质量也相应提高。教师之间的合作教学在北欧大学较为流行，瑞典隆德大学（Lund University）、乌普萨拉大学（Uppsala University）、挪威奥斯陆大学（University of Oslo）、丹麦哥本哈根大学（University of Copenhagen）等北欧老牌传统大学在许多本科和研究生课程教学上均采用教师与教师的合作教学模式。

2. 教师与学生的合作

在合作教学模式下，教师根据教学目的提出明确的教学目标，提出问题让学生思考，学生则明确学习目标，认真思考问题，找出问题答案。教师与学生的合作能够启发学生的好奇心，激发强烈的学习兴趣。同时，教师与学生的合作也有利于培养学生的自主学习能力、独立思考问题的能力。此外，合作教学模式还能够调动学生学习的积极性，有利于课堂教学的顺利开展，使学生直接参与到课堂中，与老师一起探讨。教师与学生的合作在欧洲大学商科专业教学中较为普及，英国克兰菲尔德大学（Cranfield University）、法国蒙彼利埃大学（Université de Montpellier）以及摩纳哥国际大学（International University fo Monaco，IUM）等工商管理硕士均采用教师与学生的合作教学模式。

3. 学生与学生的合作

学生与学生的合作多以小组为单位，课堂注重以学生目标为主体，充分发挥学生的主观能动性。学生之间的合作有利于突破教学中的重点、难点，培养学生的创新思维和团结协作意识。教师按照一定的教学任务和教学目标提出问题，学生则以小组的形式针对问题进行讨论，大家互相交流学习，各抒己见，可以存在不同意见。在此合作教学模式中，教师也要按照既定的教学计划给学生讲授知识。该模式与传统教学模式的不同之处在于学生在教师讲座的过程中会加入一些团队讨论和竞赛等，他们会被分成若干团队，每个团队都有自己的项目，待项目完成后，团队之间再进行讨论和交流。学生间的合作过程有利于培养学生协调个人与小组成员之间的关系，同时在合作过程中学生也学会尊重他人意见、虚心听取其他同学的建议。学生之间的合作教学模式能够充分调动每个人的积极性，同时也能够锻炼组织能力。而每个成员都能参与到学习过程中，有利于多方面提升学生的综合素质。学生间合作学习模式最早起源于英国大学，目前英国大学依然流行此教学模式，教师会让学生参与课堂研讨项目，采用分组讨论、协作学习解决研究难题，增加学生之间的合作，如牛津式小组协作学习、剑桥式团队合作学习等。在参与的过程中，每个学生都能表达自己的观点，互相讨论，在合作交流中解决问题。

4. 教师讲座

不论是哪一种合作教学都离不开教师的讲座。在教师讲座的过程中，学习中的重点、难点以小组讨论的形式穿插进行，小组成员进行讨论、交流，然后选出小组代表，陈述交流讨论结果。教师针对发言进行点评，解答疑难问题。学生认真听取各小组代表发言，如有不明白的地方可以提出疑问，教师和学生再进行讨论，教师给出自己意见供大家参考。通过这种教师与学生以及学生之间的合作方式，学生对问题有了更透彻、深刻和开放的理解，从而形成自己的知识体系。欧洲大学所倡导的教师与教师、教师与学生、学生与学生的合作模式使整个教学环节顺利、有序地进行。教师与教师之间不断交流学生的课堂反馈，有助于教师进行课堂反思，帮助教师在合作中发现自己教学过程中存在的不足，找出学生在课堂学习中的薄弱环节，并有针对性地给予辅导。教师与学生的合作进一步拉近了师生之间的关系，使学生更乐于学习，主动与教师配合、交流，有利于课堂教学的顺利开展。学生之间的合作有利于突破教学中重点和难点，从而更有成就感。随着欧洲大学不断发展终身教育，提高和改进传统意义上的合作教学已经成为一种潮流。

7.3.2　合作教学模式对教师的要求

欧洲大学的课堂合作教学模式主要体现在教师与教师、教师与学生、学生与学生的合作等方面。学生是课堂的主角，教师则是课堂的组织者、引领者。由此可以看出，合作教学模式的关键在于教师的引导与学生的积极参与。在合作教学模式中，教师面临的直接挑战是如何调动学生的积极性，让课堂充满活力。教师需具备领导学生、把控课堂的能力。教师在课堂上需不断激发学生的学习兴趣，引导学生进入最佳思维状态。同时，教师还需关注学生的心理反应，及时调整教学方式，以保障教学过程按照教学计划进行，最终实现教学的交互性和创新性。欧洲大学合作教学模式要求教师除了应具备丰富的专业知识和教育理论知识外，还应该熟练地运用各种信息交互技术。教师需将教材内化成自己的知识体系，然后轻松、熟练地驾驭教材，为学生解决疑难问题创设有利环境。同时，合作教学模式还要求教师能够灵活机智地处理教学过程中出现的问题，巧妙地处理教学过程中出现的问题和矛盾，将其转化为促进学生学习和进步的契机。教师与学生的合作模式则是在教师的指导下，鼓励学生以团队的形式开展讨论和辩论，并积极参与合作教学。合作教学课堂致力于创设的最佳学习情境，即合作学习情境。而合作教学模式能够让学生尊重彼此的差异，敢于发表自己的见解。通过教师与教师之间的研讨、教师与学生之间的互动以及学生与学生的合作，促进师生之间的交流，推动了学术发展和创新创业目标的实现。自欧州高等教育一体化以来，欧洲大学教育所倡导的终身教育、创新创业和信息交际的理念都体现在合作教学的过程中。当今社会，很多工作都是由多人协作完成的，而这种合作教学模式更符合现代社会对欧洲高等教育一体化人才培养的需求。

7.3.3 欧洲大学校企合作教学模式

自博洛尼亚进程启动以来，欧洲大学一直保持着校企合作教学模式，如英国、德国、法国等大学的产学合作传统。与企业建立战略性合作关系是欧洲大学普遍采用的校企合作方式，如英国曼彻斯特大学商学院的产学合作便取得了一定的成效。该校以培养学生的职业能力为导向，曼彻斯特商学院（Manchester Business School）与国际顶尖企业一直保持着长期的教学合作关系，其校企合作情况如下：

表 7-1 曼彻斯特商学院校企合作教学模式

企业名称	富士通、IBM、Intel、毕马威、安永、普华永道以及摩根斯坦利	捷豹路虎公司、美国软件公司	英国电信、通信系统中心、联合利华、埃森哲管理咨询公司	英国电信、通信系统中心、联合利华、埃森哲管理咨询公司
合作方式	提供"三明治"培养模式的实习基地	提供专业课程所需的真实商业项目	为学生提供进入公司网站的权限	为学生提供讲座或培训课程

富士通（Fujitsu）、国际商业机器公司（IBM）、英特尔公司（Intel）、毕马威（KPMG）、安永（EY）、普华永道（Price Waterhouse& Coopers）以及摩根斯坦利（Morgan Stanley）等国际企业为曼彻斯特商学院提供了"三明治"培养模式下的实习基地。为使学生获得的知识更贴近公司的真实状况，捷豹路虎公司（Jaguar Land Rover）、美国软件公司（SQUARE）还提供了专业课实践所需的真实商业项目，增加了教学的针对性。同时，一些企业还为学生在企业学习实践期间开放了进入公司管理网站的权限，比如在美国埃森哲管理咨询公司（Accenture），曼彻斯特商学院的学生便有机会通过公司网站真实地了解公司状况。英国电信集团公司（BT）、通信系统中心（Communication System Center）、联合利华（Unilever）、埃森哲管理咨询公司（Accenture）还以讲座或培训课程的方式，为在校学生提供职业指导或相关培训。根据课程内容要求，曼彻斯特大学商学院的学生还需完成一些与企业工作有关的作业，这使得学生学习的知识更有实际意义，富有社会实践性。校企合作的教学模式使得学生能将所学理论与实践联系起来，直接面向未来职业和工作选择。学生学习的知识和技能可以更直接地运用到工作中，学生因而也有了更强的就业竞争力。学生毕业后可以直接承担企业的工作，缩短了工作适应期，欧洲大学的产学合作模式对学生在实习期间的职业培训和质量管理起到了重要的作用。另外，欧洲大学还通过校企合作的"三明治"教学模式培养了学生的创新创业能力，如爱尔兰国立都柏林大学（University College Dublin）的创新创业体系、教育体系以及资金体系比较系统和完善，为该校与企业和其他学校的合作提供了有力保障。都柏林大学与圣三一学院（Trinity College Dublin）的校际合作和共同投资缓解了学生创业的资金难题，使学生自主创业项目能够顺利运行。欧洲的一些大学还积极扶持学生的初期创业项目，诸如孵化器和科技园等，鼓励学生创新创业，为学生提供项目资金支持。由于欧洲大学的学生在创业刚开始时，资金缺口是他们必须面对的一大挑战，因此创业初期，欧洲一些大学如爱尔兰国立都柏林大学、爱尔兰圣三一学院等都为学生提供了创业平台和资金支持。

自博洛尼亚进程以来，欧洲大学长期坚持的校企合作教学模式取得了一定的成就，校企双方通过签订合作协议，实现了合作双赢，学校为企业输送优秀人才，避免了企业的人才空缺。同时，企业为学校解决学生实习的问题。通过校企合作过程的交互反馈，学校能够更好地培养出适应现代社会需求的毕业生，实现大学教育与就业的有效接轨，为企业带来更多的经济效益。欧洲大学校企合作的教学模式不仅体现在学校与企业之间的合作，还体现在课堂上教师与教师、学生和学生以及师生之间的合作。这种教学模式下的课堂合作体现在大学聘请企业的管理人员担负起课堂教学任务，为学生讲授企业经营和管理的知识，由此可以看出，校企合作的教学模式是由欧洲大学教师、企业管理人员和学生共同参与完成的。在该模式下，教师面临的挑战是如何调动学生的积极性，实现理论与实践的完美结合。公司或企业的教师也需具备领导学生、把控课堂的能力，以激发学生的学习兴趣，使课堂充满活力。同样地，校企合作教学模式下的大学教师应具备扎实的专业知识、教育理论知识和丰富的实践能力，熟练运用现代信息交互技术，为学生合理地解决疑难问题。此外，教师应具备团队意识和相互协作意识，灵活恰当地化解校企合作教学模式所带来的矛盾，如学校人才培养需求与企业实训平台资源有限的矛盾，使校企合作这一欧洲大学的传统教学模式成为促进大学人才培养的孵化器。

7.4 欧洲大学创新创业人才培养模式

创新人才即那些具有创新意识和创新能力的人才。欧洲大学在培养创新创业人才方面一直进行着积极的探索，并总结出了一些切实可行的方法和策略，值得其他国家借鉴。

自博洛尼亚进程以来，欧洲大学更加注重学生创新意识、创新能力的培养，尤其是私立大学，由于在生源和就业方面与公立大学的激烈竞争，使它们更加注重创新创业人才的培养工作。在培养创新创业人才这一领域，英国、法国、德国、西班牙、意大利等欧洲大学率先作出了尝试，欧洲大学实施的创新创业政策及模式也给我国大学"双创"教育提供了宝贵的参考。

7.4.1　英国大学创新创业人才培养

　　英国大学在创新创业方面的做法虽然各有不同，但创新创业培养的目标和方式是一致的，如牛津式小组协作学习、剑桥大学的原创性人才培养、帝国理工大学的 ICT 网络教育等。英国大学生可以自主规划学习，选择自己喜欢的专业。同时，如果学生不喜欢自己的专业也可以自由更换。英国大学充分注重学生的学习兴趣，推动创新创业的学习进程，而且学生可以自主选择自己的创新创业论文研究方向，并与未来的创业结合起来进行研究。学生的论文自始至终都是独立完成的，自主选择与创新创业相关的论文题目后进行撰写。学生在撰写论文中需要独立思考，这对于培养他们的创新创业能力大有益处。

　　英国大学的课堂教学没有固定班级，各种专业的学生通常在一起学习同一门课程，其课堂教学着力引导学生参与到课堂外的创新创业项目学习中。在这一过程中，每个学生都充分展示自己的观点。同学之间互相讨论，碰撞出思维的火花。学生还积极参与课堂外的创新创业项目，提升其创业能力和独立思考的社会能力。英国的创新创业教育和学习方式包括调查报告、口头演讲、专题讨论、教师辅导、小组作业等。学生的思维能力、学习能力、表达能力、实践能力以及学生的团队合作能力的全面提升，均得益于英国大学精心设计的多种多样的创新创业教育项目，为学生未来的创业之路提供了有力的支持。

7.4.2　法国大学创新创业人才培养模式

　　法国大学一直秉持为国家培养教师和研究人员以及具备较高科学素养的行政人才的办学理念，多年来培养了大量优秀人才，享誉全球。在法国所有大学中，以巴黎高等师范学校的创新创业教育最具特色。巴黎高师文科和理科之间并无明确界限，这一点也体现在其高层行政领导结构上。该校校长和副校长分别具有文科和理科背景，即从自然科学和人文学研究的候选人中交替选出。学校注重学生的综合培养，鼓励文理渗透、文理兼修。理科学生学习人文科学知识，文科学生也可了解相应的理科知识。文理科的相互交融能够扩大学生的知识面、开拓思维空间以及拓宽分析模式。此外，该校的课程体系突破了学科界限，以实现创新创业人才培养的跨学科目标。此外，巴黎高师的招生特点鲜明且具有一定的准则。该校每年从数以万计的报名者中仅选拔出200多名优秀的学生。特殊的招生体系和标准能够保证巴黎高师高质量的生源，使学生的创新创业学习能力得到迅速发展。同时，巴黎高师丰富的教师资源也为学生创新创业能力的施展提供了有力保障。

表7-2 巴黎高师年招生概况

招生生源	每年招生人数
法国本土	40 名
欧盟国家	200 名
总人数	240 名

巴黎高等师范学校从拓宽学生的知识面和提升认知水平方面，着力培养学生的创新能力。该校学生在藏书丰富的图书馆学习知识、查阅资料，利用技术先进的实验室进行科学研究，巴黎高师的整个氛围激发了学生开展创新创业项目的积极性。学生们充分利用学校资源，受益良多。与此同时，巴黎高师同法国其他大学之间也保持着友好合作的关系。该校定期组织或由个人发起组织一些学术聚会，让全体师生参与其中，对新知识、新理论进行探讨、研究，从而营造出活跃的学术氛围。在巴黎高师200多年的历史中，该校涌现出大量的知名学者，其中不乏创新创业的成功人士，使学校声名远扬。一些在法国甚至全球具有一定影响力的创新创业传奇人物，都曾就读或工作于巴黎高等师范大学。此外，巴黎高师拥有众多世界一流的实验室，其中包括法国科学院等国家机构设立的实验室。学校十分重视科学研究以及新学科和交叉学科的发展，实现了教学科研与创业的一体化发展。换句话说，在巴黎高师，教学科研与科创相互促进、共同发展。师生借助教学科研平台来开展创新创业活动，同时这些创新创业成果也进一步推动了教学科研活动的深入发展。学生在创新创业实践中不断掌握实践技能，对创业项目进行归纳总结，形成自己独特的见解。再辅以教师的讲解，学生的思想体系得以不断完善。

　　同时，巴黎高师也十分注重培养学生的创造性思维和动手能力，为学生以后的创新创业打下基础。在历史、文化、哲学、语言、信息和工程技术等领域，巴黎高师拥有一批在国际上享有崇高学术声望的著名教授、专家。一旦前沿科学研究领域出现新成果，该校就能很快将其确定为一个集中且独立的研究方向。虽然巴黎高师的院系设置相对精简，只有为数不多的学生，但学校的创新创业教育依然处于欧洲领先地位。由于学生数量较少以及资源相对丰富，该校学生在使用实验室进行创业项目研究时，巴黎高师为学生们接触不同学科领域的杰出研究员和教授提供了途径，使得学生每天都有机会和他们取得联系。在欧洲一流学者的悉心指导下，学生不断取得创新创业的进步。同时，巴黎高师为学生举办高水平的讲座和提供学术研讨平台，以培养学生的创新思维和动手能力，为学生提供参与最前沿的科学研究的机会。另外，巴黎高师不断促进不同学科的研究人员、教师和学生的交流和切磋，通过举办跨学科报告会以及题材丰富多样的讨论会，有力地促进了学科的交叉融合，为学生提供了广阔的创新创业学习平台。

　　巴黎高师前副校长巴斯蒂（Marianne Bastid-Bruguière）强调，大学要致力于培养所有的天才。学生来巴黎高师并不是仅仅为了文凭，而是来此拓展知识面、开阔视野和进行未来的创业革命，学生可以在没有文凭压力的情况下学习自己感兴趣的课程。巴黎高师的另一特色是在大学学习的第一学年不区分文科和理科，学生可以全面地学习文理科知识。学校关注学生的全面均衡的发展，并尽力为培养复合型创新创业人才提供途径和平台，使学生的发展不局限于某一专业或某一领域。因此，巴黎高师培养的学生对人文知识和自然科学知识都有一定的了解，他们并非为名为利，而是为创新创业发展而学习。巴黎高师尊重并激发学生的创业兴趣，学生可根据自己的喜好选择课程，制订独特的学习计划。同时，学校鼓励学生去国外学习，提倡学生开拓国际化的创业视野。

　　另外，法国大学的类型丰富多样，既有综合性大学也有大学校，人才培养方式的多样化有利于创新创业人才的培养。法国创新创业教育体系的另一个特征是将培养医学和工学的学校与培养基础科学或人文学科的学校相互分开，如中央理工学院、巴黎国立高等矿业学院、巴黎国立高等路桥学院等特殊学校主要致力于培养未来的工程师，使其掌握特殊的专业技能。这种学术有专攻，专业化和目的性强的培养模式有助于创新创业精英人才的培养。

7.4.3 德国大学创新创业教育模式

德国大学的创新创业教育改革相对于欧洲其他国家较为成功，其中尤以私立大学不来梅国际大学（International University of Bremen，IUB）的创新创业人才培养最为突出，被称为"不来梅试验"。

自博洛尼亚进程后，德国开始积极打造一种既重实用、教学内容贴近市场需求，又拥有高水平研究的创新创业人才培养模式，21世纪后出现的不来梅国际大学代表了德国私立高校发展的一种新趋势。此前德国的私立高校专业覆盖面很窄，绝大多数集中在应用性很强的经济学领域，而不来梅国际大学以其宽泛的专业设置独树一帜。美国莱斯大学校长马尔科姆·济尔斯（Malcolm Giles）认为，不来梅国际大学（IUB）是美国经验与欧洲大陆洪堡理念的创造性融合。

不来梅国际大学（IUB），也称不来梅雅各布大学，是一所由公司创办的私立大学，学校为大学董事会主席领导下的扁平化教育组织管理模式。大学委员会里没有政府的代表，学校董事会由股东和经股东大会选举的成员组成，作为中心决策机构决定着所有大学发展的基本问题，包括任命校长及教授。主要管理经营者为大学校长，学校专设顾问委员会，成员都是来自德国经济、政治、科学界的知名人士，包括联邦德国前外长根舍在内，主要任务是提升大学的威望，为董事会及创新创业教育发展提供咨询。其创新创业人才培养理念具体可归纳为：

1. 国际化

学生来源国际化，2016年以后该校外国学生占到75%以上；课程和学位承认方面采用英美学制学位（BA/Master/PHD），没有德国传统的硕士（Magister/Diplom）学位。根据德国基础教育时间长达13年的实际情况，该校将学士学位的学习时间缩短为3年。英语作为唯一教学及工作语言，学校的校名及所有宣传材料（包括学校网站）都使用英语，旨在培养具备创新创业人才能的欧洲公民。

2. 跨学科

本科生在第一学年末才选择专业，文理学院的学生则必须跨院选修4门课，同时所有学生还必须选修4门大学研究课程，两者相加占到全部学时的1/5。在创新创业教育及继续教育方面，该校强调实现自然科学与人文社会科学学科的融合；在创新创业研发方面，该校围绕相关问题组成跨学科研究中心，与科研机构和企业共同合作开展创新创业跨学科的研发项目。

3. 互动性

德国大学教学与科研相对自由，对科学家和学生都具有极大的吸引力。学生可以自主地选择课程和教师。教师与学生则在一种完全平等、十分活跃的气氛下进行学术观点的探讨。当然，学术自由也是相对的，每个参与者必须服听从教授的指导，学生需要对教授负责。

不来梅国际大学创新创业教学环节多种多样，有理论讲座、实习报告、实验实习、学术专题讨论、学术旅行等，理论与实践环节互为补充，环环相扣，有利于培养学生的创业综合研究能力和创新思维。另外，学生可以根据自己的兴趣和论文题目选修核心课程与辅修专业课程。通过构建网络化的教学环境、多样化、跨文化的校园生活，该校将教学与研究方面的理论与实践成功结合，拓展创造性合作来丰富创新创业教学环节。

4. 独立性

不来梅国际大学是一所私立且独立管理的学校，在创新创业方面有较高水准，在组织和管理方面决策迅速且高效灵活。学校由两个学院及一个中心组成，分别为工程与科学学院、人文社科学院以及雅各布斯终身教育机构发展中心。大学分别与不来梅大学和美国莱斯大学签署创新创业的教学科研合作协议，实现创新创业的资源共享。此外，有创新创业项目的学生也可在美国莱斯大学及华盛顿州立大学继续深造，2004年不来梅国际大学加入伊拉斯谟（Erasmus）欧洲大学交换生项目以来，进一步促进了该校的创新创业人才培养。

尽管德国私立大学发展空间有限，政府也没有将打造德国精英大学或振兴德国大学的任务交付给年轻的私立大学，而是希望现有的私立大学能够成为培养创新创业人才的一流大学。从不来梅国际大学的案例可以看到，德国私立大学的发展不仅开始追求科研学术的卓越，而且开启了适合自己的创新创业人才培养模式。随着德国各州在法律和财政上对创新创业人才教育的支持以及欧盟内部服务业市场的逐步开放，创新创业人才培养在德国有望获得进一步的发展。

7.4.4 欧洲大学创新创业教育模式的借鉴

1. 国际化

国际化是欧洲大学创新创业教育改革的一个重要特色。国际化的办学理念是一种为国内外学生打造的教育环境，在教学内容和教学方式上趋向国际多元化，旨在培养在国际化和多元文化社会环境下具备生存能力的创新创业人才。这在欧洲各大学创新创业教育中得以充分的体现，如巴黎高师的创新创业教育面向欧盟国家招收学生的模式就是如此。此外，欧洲不少大学还要求学生必须有一个学期的国外创业经历，以鼓励学生开阔视野，成为适应社会发展的跨国人才。

2. 校际交叉教学

欧洲大学非常重视校际间的教育科研和创新创业资源共享，并开设了跨校交叉专业，尤其是一些新兴专业，如不来梅国际大学的数字媒体专业就是由不来梅大学、不来梅应用科学学院、不来梅应用科技大学和不来梅艺术学院这四所学校联合招生授课的。这样学生可以从各个学校选择相关创新创业的课程，校际交叉教学有助于实现创新创业人才的跨学科交叉培养。

3. 教育实践与创新创业的紧密结合

教育实践与创新创业的紧密结合是欧洲创新创业人才培养的重要理念，欧洲大学始终遵循着这一理念，不论是牛津式小组协作学习、剑桥大学的原创型创业人才培养、帝国理工大学的 ICT 网络教育、巴黎高师的精英人才培养还是不来梅国际大学的跨学科人才培养等，都将教育实践与创新创业的结合作为主要教学目标。学校要求学生进行为期一年的创新创业课题研究工作，在课题研究的初始阶段，学校为学生开设专门的课程，内容涵盖与创新创业课题研究相关的理论知识。指导老师也会在此期间开设与课题研究有关的专题讲座，帮助学生在研究过程中解决遇到的创新创业实践问题。例如，不来梅国际大学积极深化与企业和政府部门的产学合作，充分利用企业和政府部门的财政资助、科研经费和创业场所开展创新创业活动。在不来梅大学校园里，还专门设有一块创业技术园地（Technology Park），吸引了超过三百家企业入驻，使其成为德国西北部著名的高科技产业创业中心，在这里，教育实践始终围绕创新创业的实例问题展开研究。

4. 快速占有市场的意识

博洛尼亚进程后，新兴私立大学迅速崛起，快速占领了教育市场。为了应对近年来欧盟国家失业率不断攀升的态势，欧洲大学开设的专业大多比较贴近创新创业市场需求，应用性强，追求"短平快"的教育效果，同时高度关注就业市场的发展和变化。随着新的就业增长点的出现，不断开设和调整新专业和更新专业设置，以差异化发展培养创新创业人才已成为后疫情时代欧洲大学高等教育发展的宗旨。博洛尼亚进程中的欧洲大学创新创业人才培养的经验也值得我国大学"双创"教育发展借鉴和参考。

注释：

1. 混合式学习（Blended Learning）：混合式学习是一种在适当的时间点通过运用适当的学习技术与风格针对不同的学习者传递适宜的能

力，从而达到学习效果最优化的学习方式。也就是说，混合式学习既要发挥教师引导、启发、监控教学过程的主导作用，又要充分展现学生在学习过程中作为主体的主动性、积极性与创造性。国际教育技术界的共识是，只有将传统学习与网络化学习相结合，使二者优势互补，才能获得最佳的学习效果。

2. 探究型学习（Inquiry-based Learning）：探究型学习要求学生在学科领域内或现实生活情境中选取某个问题作为实破点，通过质疑、发现问题、调查研究、分析研讨、解决问题等探究学习活动以获得知识和掌握方法的学习方式。探究型学习为新课程所倡导，能让学生从探究中主动获取知识、应用知识和解决问题，并在这个过程中掌握科学的方法、技能与思维方式，进而培育出科学观点和科学精神。

3. 体验式学习（Experiential Learning）：体验式学习是 1982 年由英国心理学博士马丁·汤姆森创立，其学习活动种类达到了 100 多种，每一种活动都是针对特定的培训需求而设计的，并被全球范围 1,000 多家一流企业在培训中使用。体验式学习是指从阅读、听讲、研究、实践中获得知识或技能的过程，这一过程只有通过亲身体验才能最终得以有效地完成。语言教学中所指的体验是指教师以课堂为舞台、以任何可用感官接触的媒质为道具、以学生为主体，精心设计出值得学生回忆和感受的语言活动。

4. 博客（Blog）：博客是使用特定的软件在网络上出版、发表和张贴个人文章的方式，通常由个人管理，不定期张贴新文章。博客是 21 世纪兴起的网络交流方式，是以超级链接为手段的网络日记，现已受到教师学生的欢迎，代表着一种全新的生活、工作和学习方式。博客上的文章通常以网络日志形式出现，并根据张贴时间以倒序排列。许多博客专注于特定的课题，不仅提供评论，还结合文字、图像、其他博客或网站的链接及与主题相关的各类媒体，让读者以互动的方式留下反馈意见。由于博客内容涵盖了文字和视频、音频等媒介，因此也进入到社会媒体和教育教学中，成为网络传媒不可或缺的一部分。

5. 不来梅国际大学（International University of Bremen，IUB）：不来梅国际大学是位于德国境内不来梅邦联州的一所国际化专业学院，该校于 1999 年建成并投入使用，属于采用英美教育体制的新型大学。

20世纪90年代德国对美国私立研究型大学推崇和学习的成果之一就是所谓的"不来梅试验",在对公立大学进行大刀阔斧改革的同时,德国高等教育开始探索建立一种既重实用、教学内容贴近市场需求,又具备有高水平研究的新型私立大学,这种高水平研究型私立大学的榜样就是美国一流私立研究型大学。作为私立大学改革先行者,不来梅国际大学肩负着这种使命,该校也被称为一所设在德国的美国式私立大学。

6. 摩纳哥国际大学(International University of Monaco,IUM):摩纳哥国际大学位于摩纳哥大公国西部的芳特维耶,成立于1986年,是摩纳哥唯一的高等教育机构。2010年,摩纳哥国际大学被法国高等经济与商业研究学院(INSEEC)兼并,成为其摩纳哥校区。摩纳哥国际大学凭借国际化教学和多元文化吸引了世界各地的众多留学生,该校的每个专业每年向全球招收40名学生,每个班同一国籍的人数不超过20%,并且授课教师也分别来自世界各地,其中包括资深教授、大型跨国企业经理人等,为学生创造了一个多元化的国际环境,摩纳哥国际大学的工商管理(MBA)专业名列世界百强。

7. 巴黎高等师范学院(Ecole Normale Superieure,ENS):巴黎高师是依照法国1794年10月30日政令而创办的一所高等师范大学,其初衷在于培养已受过实用知识训练的公民,使他们在各领域最有能力的教授指导下,掌握教学的艺术。巴黎高师几乎与法兰西共和国同龄,距今已有200多年历史。它为法国培养出无数的杰出人才,如存在主义先锋萨特、前总统蓬皮杜等;在自然科学方面,巴黎高师甚至培养出11位诺贝尔奖得主。巴黎高师的在校学生总数大约2,000人左右,从相对值来看,该校可以算是世界上诺贝尔奖得主"单产"最高的大学之一,在法国可算是家喻户晓。然而迄今为止,巴黎高等师范学校仍然沿用学校的传统名称。巴黎高师本部在巴黎设有3处校区,还在外省设有分校。该校每年只招收200多名学生,最多不超过300名,但是该校没有毕业证发放资格,也没有国家学历证书的授予权。由于在国家层面得到高度重视和大力支持,巴黎高师的办学条件越来越好,对全球范围内的优秀学生和教师的吸引力日益增强。

参考文献

车如山，李昕. 2014. 博洛尼亚进程与匈牙利高等教育改革. 西北成人师范学院学报，（3）：69–73.

车如山，李昕. 2015. 匈牙利高等教育质量保障：认证委员会的视角. 高教发展与评估，（1）：39–43.

陈斌岚. 2017. 芬兰多科技术学院的人才培养及其启示. 云梦学刊，（3）：95–100.

陈汉聪，邹晓东. 2011. 发展中的创业型大学：国际视野与实施策略. 比较教育研究，（9）：32–36.

陈芝波. 2009. 德国高校教师制度理念探析. 国内高等教育教学研究动态，（2）：14.

方鸿琴. 2005. 英国高等教育质量保证署的院校审核. 高等教育研究，（2）：104–107.

桂诗春等. 2010. 语料库语言学与中国外语教学. 现代外语，（4）：419–426.

郭朝红. 2011. 芬兰、瑞典高等教育外部质量保障经验考察. 世界教育信息，（1）：59–63.

胡子祥. 2013. 芬兰大学生参与教育评估的机制研究. 高教发展与评估，（3）：57–63.

姜勇. 2009. 知识型欧洲：欧洲高等教育区改革述评. 高教探索，（4）：80–83.

孔捷等. 2010. 讲座制下德国大学教师的职业发展. 外国教育研究，（1）：76–80.

李婧，罗玮. 2009. 鲁汶公报—2020年前的博洛尼亚进程. 大学（研究与评价），（Z1）：91–94..

李俐. 2012. 芬兰高等教育国际化的趋势及启示. 现代远距离教育，（4）：15–19.

李雪梅. 2015. 英国教师培训之"教育研究生资格证书（PGCE）"模式介绍. 考试周刊，（14）：19–20.

廖苑伶. 2013. 芬兰博士生教育改革探析. 重庆高教研究，（6）：84–87.

刘文艳. 2015. 德国高校青年教师专业发展的研究和启示. 亚太教育，（7）：243.

玛格雷特·比洛·施拉姆. 2014. 德国大学教师发展：培训与继续教育. 北京大学教育评论，（2）：1–12.

乔兴媚. 2012. 英国社区学院办学模式及启示—以利物浦社区学院为例. 现代远程教育研究，（5）：65–70.

曲一帆，史薇. 2014. 中国应用技术大学路向何方—基于英国与芬兰多科技术学院不同发展路径的比较研究. 清华大学教育研究，（4）：71–77.

时凯，刘钧. 2015. 德国高校分类与办学模式的研究. 黑龙江高教研究，（7）：61–64.

束义明，罗尧成. 2010. 博洛尼亚进程中的芬兰博士生教育改革及其启示. 学位与研究生教育，（1）：75–76.

司显柱. 2012. 基于语料库的英语动转名词研究. 山东外语教学,（1）: 33–39.

谭敏. 2011. 芬兰多科技术学院与应用型本科人才培养研究. 大学（学术版）,（2）: 75–79.

王会花，张雪梅. 2014. 匈牙利职业教育发展演变及改革特色. 职业技术教育,（25）: 79–83.

王俊. 2010. 芬兰高等教育质量保障体系探析. 现代教育管理,（7）: 114–116.

王庆年，秦玉洁. 2016. 匈牙利研究型大学的评估体系、标准及其影响. 神州（下旬刊）,（15）: 157.

王文礼. 2013. 芬兰博士生教育的现状和问题述评. 高教探索,（2）: 67–72.

吴清. 2017. 德国大学教授制度研究 [D]. 南京：南京理工大学硕士论文.

徐冰. 2015. 欧洲学分转换系统对我国成人教育发展的借鉴和思考. 职教论坛,（21）: 59–62.

徐理勤. 2008. 博洛尼亚进程中的德国高等教育改革及其启示. 德国研究,（3）: 72–76.

许衍艺. 2014. 经济危机背景下的匈牙利高等教育学费制度改革. 高教探索,（5）: 74–78.

杨超，杜豫川，赵鸿铎. 2012. 芬兰高等教育体系与大学教学评估. 教育教学论坛,（31）: 39–41.

杨慧. 2014. 芬兰高等教育国际化的理念与实践—以《2009—2015 年芬兰高等教育国际化发展战略》为中心的探讨. 辽宁教育,（11）: 88–91.

赵硕. 2016. 安道尔大学母语教育与外来语文化的博弈. 西班牙联合时报, 8 月 17 日.

赵硕. 2016. 巴塞罗那大学语言教育的网络游戏理念. 西班牙欧侨报, 8 月 11 日.

赵硕. 2016. 博洛尼亚进程的捷克布拉格查理大学多语种教学模式. 西班牙欧侨报, 7 月 21 日.

赵硕. 2016. 西班牙拉蒙尤依模式引领欧洲新兴大学发展方向. 西班牙联合时报, 6 月 8 日.

赵硕. 2016. 战火硝烟中的华沙大学高等教育变革. 西班牙侨生报, 9 月 9 日.

卓泽林. 2017. 芬兰阿尔托大学创业生态系统主体功能及实现路径. 比较教育研究,（1）: 52–58.

Blackburn, J. 2000. Understanding Paulo Freire: Reflections on the Origins, Concepts and Possible Pitfalls of his Educational Approach. *Community Development Journal*, (1): 3–15.

Cardiff. 2017. Study Undergraduate Courses. 08–12. From Cardiff University website.

Gobierno de España. 1982. Derecho de Las Personas con Discapacidad La Integración Social de España. El Comunicado del Gobierno de España. 04–30. From Baidu website.

GOV. 2017. UK Recognised Bodies 2017. 08–09. From UK Government website.

Hall, S. 2001. A Historical Context: Contemporary Photo. London: Phaidon Press.

Hea. 2017. Training and Events for HE Teaching Professionals. 08–19. From UK HEA website.

Hefcw. 2017. Regulating Higher Education in Wales. 07–08. From UK HEFCW website.

Hefcw. 2017. About the Higher Education Sector in Wales. 07–08. From UK HEFCW website.

Hefcw. 2017. HEFCW Funds Directly the Following Universities in Wales. 07–08. From UK HEFCW website.

Hefcw. 2017. Studying in Wales-Universities in Wales Offer a Range of Courses to Suit Learners at Many Levels. 08–10. From UK HEFCW website.

Hefcw. 2017. Working with Higher Education Providers. 06–06. From UK HEFCW website.

Howatt. A. P. R. 1999. *A History of English Language Teaching*. Shanghai: Shanghai Foreign Language Education Press.

Kai, M. 2021. A New Approach for Language Learning and Changing the Teacher's Role in Online Education. Interbational Journal of Gamed-based Learning (IJGBL), 1: 1–15.

Krahnke, K. 1987. *Approaches to Syllabus Design for Foreign Language Teaching*. New Jersey: Prentice-hall, INC.

Kramsh, C. 2000. *Language and Culture*. Shanghai: Shanghai Foreign Language Education Press.

Leech, G. 1993. Corpus Annotation Schemes. *Literary and Linguistic Computing*, (1): 275–281.

QAA. 2017. About Us-The Quality Assurance Agency for Higher Education (QAA). 08–01. From UK QAA website.

QAA. 2017. Wales-Welsh Language Commitment. 08–15. From QAA website.

Renouf, A. 1997. Teaching Corpus Linguistics to Techers of English. W. Anne (Ed.) *Teaching and Language Corpora*. New York: Longman, 259–260.

Roger, B. 2004. *Quality Assurance in Higher Education: The UK Experience since 1992*. London: Routledge.

Schulte, P. 2004. The Entrepreneurial University: A Strategy for Institutional Development. *Higher Education in Europe*, (2): 187–191.

Uh Paris. 2021. Consultative Meetings on Mainstreaming Information and Communication Technology(ICT) for Person with Disabilities to Access Information and Technology. 12–30. From UNESCO website.

附录：思考题

第一章

1. 英国大学的学位制度与中国高校有何差异？
2. 英国大学的高等教育文凭有何特点？
3. 英国高等教育质量保证署（QAA）对大学教育的管理体现在哪些方面？
4. 英国大学的评价考核方式与中国大学有何异同？
5. 英国高等教育学会（HEA）对高校教师培训和终身教育有何作用？
6. 三明治课程对高校创新创业人才培养的作用体现在哪些方面？

第二章

1. 西班牙大学语言教育模式有何特点？对大学研究型人才培养有何作用？
2. 基于网络游戏的语言教育理念是如何在西班牙大学教育中体现出来的？
3. 无障碍信息和传播技术是如何在西班牙大学特殊教育中得到应用的？
4. 西班牙大学所倡导的个性化残疾学生教育理念在现代教育中是如何体现的？
5. 西班牙大学自治对拉蒙尤依模式的出现有何影响？
6. 格拉纳达大学教育发展模式对西班牙和欧洲的高等教育演变有何影响？

第三章

1. 芬兰高等教育的"双轨制"模式有何特点？
2. 芬兰高等教育质量保障体系是如何发挥其作用和功效的？
3. 芬兰博士生教育和培养有何特色？与我国大学博士生教育有何异同？

4. 芬兰多科技术学院的发展模式对培养社会所需人才有何作用？

5. 芬兰高等教育评估机构（FINHEEC）与欧洲其它国家的质量评估机构有何异同？对我国高等教育评估和"双一流"大学建设有何借鉴？

第四章

1. 德国大学的讲座制和双元制形式在大学的发展中有何作用？

2. 德国大学教师教育发展体系与我国教师教育发展有何异同？

3. 德国的"精英大学计划"对国际化一流大学的发展进程有何作用和影响？

4. 德国高校质量评估与认证体系对教师教育有何激励作用？

5. 德国大学教师的反思型教学模式对教师专业化发展有何作用？

6. 洪堡理念对近代德国和世界高等教育发展有何影响？

第五章

1. 博洛尼亚进程之下欧盟各国所推行的两层三级式学位体系对匈牙利高等教育有何影响？

2. 博洛尼亚进程的匈牙利高等教育发展推行了哪些举措？

3. 捷克布拉格查理大学的多语种教学模式有何特点？

4. 20 世纪的两次世界大战对波兰华沙大学的高等教育变革有何影响？

5. 冷战的结束和博洛尼亚进程的实施对波兰华沙大学高等教育的国际化发展有何作用？

第六章

1. 欧洲双语教育政策在不同国家的体现与多元文化语境有何联系？

2. 过渡性双语教育与双向性双语教育模式有何异同？

3. 多元文化导入对欧洲多语种教育有何作用？

4. 安道尔大学传承母语教育与传播外来语文化对其本国经济发展有何作用？

5. 英语在欧洲的通用语地位是如何发展嬗变的？

第七章

1. 博洛尼亚进程的欧洲大学翻转课堂教学模式出现的原因何在？与我国高校的翻转课堂有何异同？
2. 欧洲大学的 ICT 网络信息教育有何特点？
3. 欧洲大学博客化教学发展的起因是什么？对欧洲高等教育一体化有何影响？
4. 合作教学模式对现代欧洲高等教育发展有何影响？
5. 欧洲大学校企合作教学模式与欧洲传统的双元制教育有何异同？
6. "不来梅试验"的成功对未来欧洲大学创新创业教育模式有何影响？